中国城市科学研究系列报告

中国小城镇和村庄建设发展报告

（2017—2018）

中国城市科学研究会　编

中国建材工业出版社

图书在版编目（CIP）数据

中国小城镇和村庄建设发展报告．（2017－2018）/中国城市科学研究会编．--北京：中国建材工业出版社，2018.11

ISBN 978-7-5160-2340-2

Ⅰ．①中… Ⅱ．①中… Ⅲ．①城镇—城市建设—研究报告—中国—2017－2018 ②乡村建设—研究报告—中国—2017－2018 Ⅳ．①F299.21 ②TU982.29

中国版本图书馆CIP数据核字（2018）第170906号

中国小城镇和村庄建设发展报告（2017—2018）

中国城市科学研究会　编

出版发行：中国建材工业出版社

地　　址：北京市海淀区三里河路1号

邮　　编：100044

经　　销：全国各地新华书店

印　　刷：北京雁林吉兆印刷有限公司

开　　本：787mm×1092mm　1/16

印　　张：17.5

字　　数：330千字

版　　次：2018年11月第1版

印　　次：2018年11月第1次

定　　价：88.00元

本社网址：www.jccbs.com，微信公众号：zgjcgycbs

请选用正版图书，采购、销售盗版图书属违法行为

编制单位：中国城市科学研究会

编 委 会

序　言

乡村振兴背景下的村庄整治八原则

党的十九大作出了“乡村振兴”的重大决策部署，这项战略的实施推进不仅关系到“三农”问题，也决定着中华民族伟大复兴的中国梦能否顺利实现。随着2018年中央一号文件《中共中央国务院关于实施乡村振兴战略的意见》和《国家乡村振兴战略规划（2018—2022年）》等一系列政策文件的发布，全国自上而下掀起了乡村振兴热潮，各级党委、政府开始开展乡村振兴规划及试点工作。

然而，在乡村振兴与建设整治的过程中，部分地方政府出现了一些错误倾向和不可为的做法。例如照搬城市模式，脱离乡村实际，在打造村庄外部环境时只注重简单移植城市文化元素，使乡村失去得以吸引城市居民的一些异质性文化特征；大拆大建，拆除破坏乡村文化遗产，过度建设大公园、大广场、大牌坊形象工程与不适宜的旅游项目等；破坏乡村风貌和自然生态，存在推山削坡、填塘以及溪流、沟渠等驳岸硬化过度等破坏乡村风貌和自然生态的行为等。因此在乡村振兴的背景下，村庄整治应遵循以下八项原则。

振兴原则一：保护村庄周边的山水和自身的空间肌理。村庄得以维持的基本自然资源直接来自于它的周边山水田园，乡村规划应尽可能保留和修复乡村原有的自然地理形态、生物多样性和这两者之间的联系。这样的原则也适用于农村建筑，应保护本地传统建筑形式，例如徽派建筑、马头墙等风格特色。

振兴原则二：坚持功能和空间的有机混合。乡村生活与生产在土地与空间适用上的混合性是一种有效率的存在，应该尊重农民生活的需要，尊重其原有空间，并加以“拾遗补缺”式的优化，而不能按城市“规整”的模式将它们推倒重来。在整治过程中注重达成美和效率的结合，保持农村自然和谐的面貌，例如民房周边的空地，其使用方式与表现形式应由农民自主决定，不建议进行统一规划；乡村道路要坚持有机改造，部分断头路可以在打通后进行一定的修整，但要尊重原有弯度，不建议武断曲直；村口设计应与周围环境浑然一体，表达自然且层次分明；村庄广场选择适宜的尺度；不应修建规整的别墅群。

振兴原则三：保持乡村生态循环。乡村居民的生理健康在很大程度上依赖于周边环境的健康，维持干净的水、土壤、生态良好的生态系统，将成为脱贫致富之后农民的第一需求。村庄周边的区域对农民的资源供应能力和废物吸收能力是有限的，乡村规划也应注重“生态承载力”。因此，对工业模式的农业生产应保持警惕，种植业要坚持农药限制，养殖业要做到规模小型、排布分散，不建议盲目引入大型养猪场等业态，其超负荷排放的污染物会影响土壤、地表水和地下水等，并渗透到整个生态循环，将导致灾难性的结果；与工业模式相反，村内农户小规模生态养殖中的动物粪便，以及历史较久的土坯墙，均可作为有机肥料应用，形成生态循环体系。农村建筑所使用的材料也要来源自然、顺应自然、回归自然，如土木结构形式的房屋等；不应建设生态破坏性较大的硬化驳岸与城市别墅等。

振兴原则四：传承乡土文化。农民的心理健康，如对社区的认同感、友好感和安全感，建立在他们所熟悉的传统文化场景之上，村庄的规划建设要尽可能地向历史学习。保护村庄文化遗产、地域文化特征及其自然特征的混合布局，不仅应成为村庄整治建设的重要内容，而且更是乡村旅游发展的主要资源。当部分规划与当地乡土文化产生矛盾时，应对后者予以尊重，因为乡土物质的存在顺应了农民的生活方式，蕴含着劳动人民千百年的智慧，是村民与大自然休戚与共的结果，具备较高的合理性，例如白洋淀农户为防止涨水修建的门槛，四川雅安上里村的溪岸为方便挑柴没有修建栏杆，陕北顺应地理与气候条件的窑洞等。而对于城市风格的大广场、水景等不利于乡土文化传承的建设形式，在整治过程中应避免修建。

振兴原则五：坚持适用技术推广。乡村生态的循环链、乡村生活与生产混合等特点必须加以完整细致的保护。尽可能应用小规模、微动力、微循环与原有生态循环链相符合的环境保护技术和能源供应方式。一方面，农村以家庭为中心的模式，应该是分散的、独立的，因此不适宜采用城市集中式、大规模的供应模式，成本高而效率低。例如在采光方面，推广城市型路灯较为困难，而以家庭为单位发放两套灯具用于室内与道路照明，更符合农民需求，因此推广效果极好；在污水处理方面，城市化水池净化效果较差，应采用小型分散式农村污水处理设施，如集装箱式污水处理单元、家庭人工湿地、村内稳定塘等。另一方面，在民居建设中，盲目采用不适宜的新型建筑形式往往打破生态平衡，如陕北某些农村新建别墅代替窑洞，保温效果降低，导致每户年度用煤从 800 公斤上升到 2 吨。而依据当地具体条件，可进行新型土坯房改建，使用新型夯土材料配合暖棚，提高热容量。

振兴原则六：尊重自然。村庄的“建成区”往往叠加在比它大几十、几百倍的农田、山水、原野之中，农业和生态用地的保护，特别是基本农田、湿地、水源地、生态用地的保护，应成为乡村规划管制和修复的重点。对于乡村建成区广阔的生态腹地，浙江武义俞源村秉持“不动山上一木一草”的原则落实保护。而在保护的同时也应充分利用，例如在大坡度的非保护用地修建农房以享受更大面积太阳辐射，或修建山体窑洞提高居住舒适度等。然而，与农村自然环境格格不入并且会造成一定破坏的玻璃景观栈道观景台、大转盘等城市化景观设施，不应在农村中建设。

振兴原则七：因村施策。我国不同地区县、乡、村的自然条件、文化传承、经济社会发展水平有很大不同，应当从各自实际情况出发，确定不同的县、乡镇村庄规划编制方法和重点。在产业方面鼓励“一村一品”，一方面将本地历史上优质的农产品传承好、发展好，注重农产品品牌和命名，体现差异化价值；另一方面可以通过新技术培养出新的产品，如江西农村的富硒农产品，以及国外引进优良品种水果等。在建筑改造方面，可在尊重历史的基础上，将古老文化和科学技术相结合，进行土坯房改造，以及窑洞、福建土楼等特色建筑改造。尽量避免错误的道路硬化与台阶硬化。

振兴原则八：坚持“逆向整治”。凡是城里有的景观，例如广场、宽马路、整齐的行道树、玻璃幕墙建筑等不应在村庄中出现。而取而代之的是因地制宜的晒谷场、弯弯曲曲的乡间小道、就地取材的道路铺装、自然的树丛、当地风格的农舍和庭院经济等形式。遵循习近平总书记“不拆一座房，不砍一棵树，不填一口塘”的整治原则，把农村建设得更像农村。

综上所述，乡村振兴背景下的村庄整治应注重生态文明，满足以下几点要求。一是村庄（整治）规划必须尊重自然、乡土文化和农民利益，防止照搬城市模式和大拆大建；二是农房改造应在尊重当地乡土建筑和文化传统基础上，增强安全、宜居、绿色和美观，防止照搬工业化、产业化、单一化模式下乡；三是村庄的基础设施改造（除城郊农村之外），原则上应采用分布式、小型化、微循环的新技术，防止照搬工业文明时代城市的大规模、中心化的模式；四是村庄规划和农居设计都要传承本地、本村文化传统风格，防止照搬城市设计造成“千村一面”。

仇保兴

2018 年 7 月

本书作者：仇保兴，男，国务院参事，住房城乡建设部原副部长，中国城市科学研究会理事长，中国城市规划学会理事长，经济学、工学博士，中国社会科学院、同济大学、中国人民大学、天津大学博士生导师。

目　录

第三篇　传统村落

第四篇　美丽乡村

第五篇　村镇治理

第一篇　乡村振兴

实施乡村振兴战略，是党的十九大做出的重大决策部署，是决胜全面建成小康社会、全面建设社会主义现代化国家的重大历史任务，是新时代“三农”工作的总抓手。

2017 年 10 月 18 日，习近平总书记在党的十九大报告中，提出坚持农业农村优先发展，实施乡村振兴战略，为新时代农业农村改革发展指明了方向、明确了重点。2017 年 12 月 29 日，中央农村工作会议首次提出走中国特色社会主义乡村振兴道路，让农业成为有奔头的产业，让农民成为有吸引力的职业，让农村成为安居乐业的美丽家园。2018 年 1 月 2 日，中央一号文件《中共中央国务院关于实施乡村振兴战略的意见》，对实施乡村振兴战略进行了全面部署，确定了实施乡村振兴战略的目标任务。2018 年 2 月 5 日，中央农村工作领导小组办公室提出《国家乡村振兴战略规划（2018 - 2022 年）》初稿基本形成，提出要走中国特色社会主义乡村振兴道路，并搭建起实施乡村振兴战略的“四梁八柱”顶层设计。2018 年 3 月 5 日，李克强总理在作政府工作报告时提出，大力实施乡村振兴战略，科学制定规划，健全城乡融合发展体制机制，依靠改革创新壮大乡村发展新动能。

现阶段，乡村振兴战略已作为国家战略，提到党和政府工作的重要议事日程上来，相关报告与文件均强调农业农村农民问题是关系国计民生的根本性问题，必须始终把解决好“三农”问题作为全党工作重中之重，并对具体的振兴乡村行动明确发展思路、目标任务和具体措施。乡村振兴正是关系到我国是否能从根本上解决城乡差别、乡村发展不平衡、不充分的问题，也关系到中国整体发展是否均衡，是否能实现城乡统筹、农业一体的可持续发展的问题。因此，本章节选取《实施乡村振兴战略 创新县域乡村建设规划编制——以<安徽省广德县县域乡村建设规划>为例》、《中国乡村振兴及其地域空间重构——特色小镇与美丽乡村同建振兴乡村的案例、经验及未来》、《乡村振兴、集体经济组织与土地使用制度创新——基于江西黄溪村的实践分析》、《基于城乡相互作用的中国乡村复兴研究》和《乡村社区复兴的两种模式：韧性视角下的启示与思考》五篇文章，从规划编制、空间重构、土地制度、城乡互动等角度对乡村振兴进行研究探讨，以期对国家乡村振兴战略的推进提供理论指导与实践参考。

实施乡村振兴战略 创新县域乡村建设规划编制

——以《安徽省广德县县域乡村建设规划》为例①

引 言

当前，县域乡村建设规划，一再被中央重要文件提及。2015 年 11 月初，中共中央办公厅、国务院办公厅印发《深化农村改革综合性实施方案》，强调完善城乡一体化的规划体制，健全县市域空间规划衔接协调机制，尽快修订完善县域乡村建设规划和镇、乡、村庄规划。同年 11 月 24 日，住房城乡建设部出台《关于改革创新、全面有效推进乡村规划工作的指导意见》，确立县（市）域乡村建设规划先行及主导地位。2017 年初，中央三农一号文件《关于深入推进农业供给侧结构性改革，加快培育农业农村发展新动能的若干意见》出台，要求加快修订村庄和集镇规划建设管理条例，大力推进县域乡村建设规划编制工作。作为一项非法定规划，县域乡村建设规划为何一再受到如此“高规格”重视？究其原因，关键在于其可以弥补当前法定规划体系的固有缺陷。研究发现，当前法定规划涉及村庄的主要包括县城总体规划中的城镇体系规划及镇和村庄规划，前者的规划核心在于划定重点镇，并通过政策投放来带动面域发展，属于发展的逻辑，对三农问题关注不足；而后者致力于通过涉农资金投放，引导所辖农村各项服务设施建设及村庄清洁与风貌改善，属于帮扶逻辑，与上位规划衔接不足。笔者认为，县域乡村建设规划，是具有一定统筹带动能力并指导涉农资金精准投放的中观层次规划类型。

更为重要的是，习近平总书记在十九大报告中明确提出“实施乡村振兴战略”，进一步凸显了县域乡村建设规划的重要性。为响应中央政策要求，解决因乡村规划缺失导致农村建设无序发展、村庄实施有资金无目标、有措施无重点，涉农政策和资金投放没有方向等一系列问题，切实加强精准扶贫，全面实施乡村

① 本文摘自《小城镇建设》，2017（12）：16－23。

振兴战略，安徽省全力推进县域乡村建设规划，从2016年初4个县的试点先行到2016年9月出台《安徽省县域乡村建设规划编制导则》，已有35个县完成规划编制工作，至2017年底，将实现县域乡村建设规划的全覆盖。广德县是安徽东进西出的桥头堡，是长三角区域山地资源最丰富区域，是安徽省两个省直管县之一，探索其县域乡村建设规划编制的理念和方法，对于全面实施乡村振兴战略、完善具有安徽地域特色的县域城镇化战略和城乡规划体系，激发乡村发展活力，培育乡村发展动力，有序引导精准扶贫，合理布局城乡空间，构建共享惠民的公共设施体系具有直接的指导意义。

一、规划理念与思路

（一）紧扣广德特质

区位交通：三省通衢。广德县位于安徽省东南部，东临杭嘉湖，北倚苏锡常，是安徽省唯一与苏浙两个发达省份毗邻接壤的县份，是东进西出的桥头堡、南北经济的结合点，是华东沿海经济挺进安徽等中西部地区的第一站，素有“三省通衢”之美誉。

城市名片：综合示范。县域面积2165 km^2，户籍人口51.85万，城镇化率55.2%。广德地形地貌多为山地和丘陵，下辖六镇三乡，共有行政村137个（含城镇社区33个，农村地区行政村104个），有自然村庄1880个。广德县是中国竹子之乡、中国板栗之乡、全国绿化模范县、全国经济林建设示范县、全国山区综合开发示范县、全国十佳生态休闲旅游城市、全省美丽乡村建设先进县、安徽省两个省直管县之一。

生态本底：竹乡栗海。广德县位于皖南山地与沿江平原的过渡带，是长三角区域山地资源最丰富区域，“七山、一水、半分田、半分道路和庄园”具有良好的大环境生态基底。广德建县已有1800年的历史，古称桐，拥有众多具有历史文化价值的遗址。广德被誉为“竹乡栗海”，毛竹蓄积量居全国第六。

（二）甄别关键问题

在乡村空间上，呈现村庄“多、小、散”，土地集约利用度不高的问题。北部地形开阔，村庄密度相对较大，主要分布在公路、河谷两侧，成片成团布局。南部山地和山冲较多，村庄密度小，多延山冲布局，多为条带状。

在乡村经济上，村集体经济弱，传统农业增长乏力。农民就业以外出务工为主，收入来源单一，存在空心村现象。生态、资源优势得天独厚，但并未转化为旅游发展优势，旅游未有效促进民富，旅游带动就业人口仅9000人左右。

在乡村设施上，道路微循环不畅，北部采矿业干扰乡村路，南部山路不畅，基层设施配置不够完善。设施配置城乡差异、乡镇差异、村庄差异大，乡村旅游设施严重不足，尤其是南部山区交通瓶颈限制强烈，驿站等配套保障设施较为欠缺，垃圾、污水处理问题突出。

（三）明确创新思路

针对当前广德乡村发展在空间、经济、设施、风貌等方面面临的一些关键问题，结合其区位特质、创新名片、山水条件及现有规划工作基础，主要围绕“制定县域新型城镇化战略，引领乡村体系重构”“结合多规合一实践，引导村庄用地合理布局”“补齐短板精准扶贫，引导涉农资金精准投放”“结合省直管县创新平台，探索乡村建设政策创新”等四个方面开展规划创新。简言之，规划创新的思路和主线是：把握国家新型城镇化发展大势，构筑广德新型城镇化战略格局，实施乡村振兴战略和农村改革，引领乡村体系重构和城乡布局，引导和保障涉农资金精准投放。

1. 制定县域新型城镇化战略，引领乡村体系重构

从把握国家城镇化发展的新趋势和动向出发，结合广德城镇化特征，构筑广德新型城镇化战略格局和路径，进而引领广德乡村体系重构，关键在于实现两个回归。

（1）从人口预测向人口流动趋势分析回归，强调从人口预测向人口流动趋势分析回归，出发点在于城市人口规模预测方法，在广德这农村劳动就业流动规律难以琢磨的地区近乎失灵，传统的职工带眷系数法、综合平衡法等并不适用于此类农村地区，只有准确认识人口流动趋势才能更好地把握广德城镇化发展的未来走向，才能合理地制订城镇化战略和实施路径。

（2）从乡村产业规划向乡村发展动力分析回归，强调从乡村产业规划向乡村发展动力分析回归，主要因为有别于城镇产业规划存在从空间组织到用地规模、业态形态的匹配范式，农村产业中目前并不存在规律性的人地空间关系和业态模式，只有理清乡村发展的内在动力及其导向的乡村空间组织模式，才能准确构筑新形势下的乡村体系，进而引导各类村庄合理发展。

2. 结合多规合一实践，引导村庄用地合理布局

按照中央和安徽省的部署要求，广德县已同步编制多规合一规划（空间规划），为此，本次县域乡村建设规划充分结合多规合一规划工作基础，按照生态保护要求，进一步明确生态红线范围和永久基本农田保护区域，执行刚性约束保护。在充分遵循生态保护红线、永久基本农田边界、城镇开发边界以及城镇空间、农业空间、生态空间的管控要求基础上，锁定乡村建设总量，分类引导农村居民点发展。

3. 补齐短板精准扶贫，引导涉农资金精准投放

结合现场踏勘、行政座谈、村庄走访和问卷调查，梳理和提炼村民最关心、最直接、最现实的利益问题。针对道路交通、饮水、教育、医疗卫生等基本公共服务领域，围绕人民群众最关心、当前最为薄弱的环节，通过规划引导开展精准扶贫，引导和保障涉农资金精准投放，核心在于突出获得感，满足人民群众最关心、最迫切的诉求，率先全面实现小康社会。

4. 结合省直管县创新平台，探索乡村建设政策创新

作为安徽省两个省直管县之一，广德县已出台了一系列促进乡村建设的实施办法和政策，为进一步实施乡村振兴战略，激发农村发展活力，规划结合广德县农村土地资源特点、产业发展特色、涉农资金使用需求，鼓励在事权范围内不断先行先试，持续创新，如推进集体经营性建设用地的创新使用和涉农资金整合使用，培育支持特色产业。

二、规划特色和创新点

（一）制订具有地域特色的乡村建设目标

1. 目标定位：探索具有广德特质的新型城乡发展道路

通过对广德县乡村发展脉络的系统梳理，重新构建乡村发展体系，打破由观念和行政边界分割的城乡二元体制结构，实现城市与乡村的良性互动发展，在生态立县的前提下，探索出新型城镇化战略下工农关系和城乡关系，具有广德特色的新型城乡发展道路，确定广德乡村发展的总体定位是中国美丽乡村、竹乡栗海、和美家园。

按照近期（2017—2020 年）、中期（2021—2025 年）、远期（2026—2030 年）分别制订各阶段县域乡村建设规划的发展目标。近期属于阶段性城乡融合阶段，目标是改善乡村设施配套和环境，建设现代生态乡村；中期属于城乡融合阶段，目标是发展乡村经济，提升乡村竞争力；远期属于城乡一体阶段，目标是弘扬乡村特色文化，差异发展，实现城乡共同繁荣。

2. 关键指标：契合总体施政方针对标确定规划指标

十三五时期，广德县坚持“一个目标”、瞄准“四个定位”。“一个目标”指在全省率先全面建成小康社会，“四个定位”指建设长三角先进制造业基地、长三角生态休闲旅游目的地、国家生态文明建设示范区和皖江城市带现代化县级城市。广德乡村发展的目标和任务应积极契合全县整体目标和施政方针，为此，围绕“一个目标、四个定位”中与乡村建设发展紧密相关的领域和指标，对标同类型县市的乡村发展指标，规划聚焦六个方面，形成二十八个乡村发展建设关键

指标（图1）。

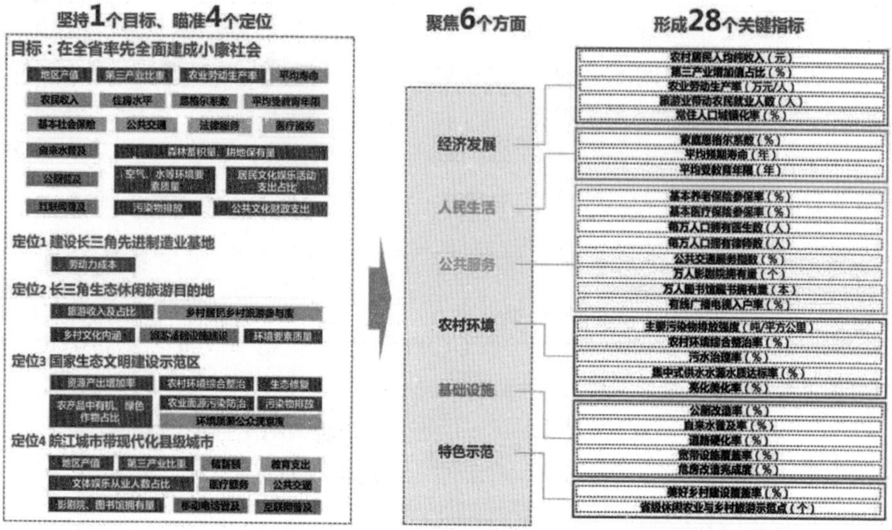

图1　广德县县域乡村建设规划指标建构体系

（二）把握国家城镇化发展大势，提出县域新型城镇化战略

1. 国家城镇化发展大势

研究发现，国家城镇化发展呈现如下新的特点：关于城镇化趋势，安徽等中西部地区人口回流，县一级单元吸纳人口的能力显著增强；关于城镇化动力，城镇化、工业化、农业现代化、绿色化互动，因地制宜，多样发展；关于城镇结构体系，从传统的规模等级式结构向扁平式特色网络化结构进阶；关于乡村发展体系，呈现多样化、特色化特征，强调贯彻乡村振兴战略，落实经营乡村理念，促进村组织自我发展。

2. 广德县城镇化发展特征

相较于周边绩溪、郎溪等县，广德县常住人口增长突出，人口回流态势增强，农村劳动力呈现在就近城镇流动的特征（表1）。城镇化率稳步增长，县城和重点镇镇区吸纳本地农村人口的能力增强。工业化发展处于主导地位，工业强县的战略作用凸显，除在特别扶持的开发区以外，工业空间主要集聚在新杭镇、桃州镇和邱村镇。传统农业呈现明显的地理附属特征，现代农业集中于城镇中部平畈岗地地带，聚集发展；农业创新趋势明显，休闲农业、创意农业与乡村旅游相伴。服务业发展聚焦于住房、教育、医疗等消费性服务领域，主要载体是县城和产业重镇，旅游服务业伴随着乡村旅游逐渐兴起不断发展，日益增多的旅游者将更多地分享城市的各项服务资源（图2）。

表1　2010—2015 年广德与周边县市人口变化情况一览表

类别（单位：万人）		广德	安吉	长兴	宜兴	溧阳	郎溪	宁国	绩溪	泾县	旌德
2010 年	常住人口	48.7	46.66	64.19	123.5	74.93	32.06	37.69	15.61	29.96	12
	户籍人口	51.5	45.77	62.31	107.2	78.15	33.9	38.38	17.7	35.49	15.07
	差值	-2.8	0.89	1.88	16.3	-3.22	-1.84	-0.69	-2.09	-5.53	-3.07
2015 年	常住人口	50.7	46.61	63.24	125.3	76.02	32.6	38.1	15.9	30.2	12.2
	户籍人口	51.85	46.41	62.94	108.3	79.6	34.66	38.59	17.62	35.47	14.99
	差值	-1.11	0.2	0.3	17	-3.58	-2.06	-0.49	-1.72	-5.27	-2.79
人口回流总数		1.69	-0.69	-1.53	0.7	-0.36	-0.22	0.2	0.37	0.26	0.28

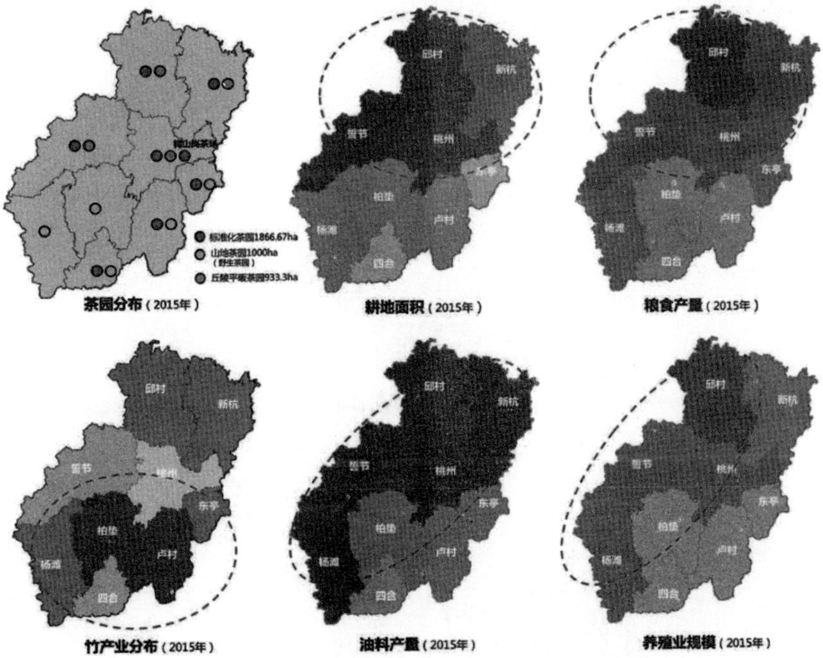

图2　广德县农业空间聚集分析图

3. 广德县新型城镇化战略

（1）广德城镇化发展阶段与趋势预判，根据钱纳里的工业化发展阶段判断，广德县目前处于工业化加速阶段，工业生产向资本密集、规模化和专业化方向发展，出现工业对能源、原料依赖程度下降的趋势，工业产值占工农业总产值比重超过70%。

广德现状城镇化率55.2%，处于城镇化加速发展阶段。在工业化及长三角区域一体化等新机遇带动下，城镇化进程将稳步推进，仍会延续较高的城镇化增速，主要目标是与工业化协同发展的城镇化、产业发展基础完善的城镇化（一、

二、三产协调发展）、生态导向环境友好型城镇化。

（2）新型城镇化发展战略与空间格局，在把握国家城镇化发展大势，对广德城镇化发展阶段与趋势预判的基础上，规划提出“工业强县、生态立县、旅游活县”的新型城镇化发展战略，进而构筑“以城转农，高度城镇化”“以业聚农，中高城镇化”“以游富农，特色城镇化”的新型城镇化战略格局，并提出具有针对性的城乡发展策略（表2、图3）。

表2　广德县新型城镇化格局与分区发展策略一览表

地区	城镇化形态	城乡发展策略	村庄整治策略
中部平原发展区	高度城镇化	以城转农	规划建设区内全现拆除；规划区内少量保留，整备城市空间
中部平畈岗丘发展区	中高城镇化	以业聚农	重点向镇区、新型社区集中
山区、丘陵发展区	特色城镇化	以游富农	迁村并点，下山脱贫，结合特色职能发展，重点向新型社区集中，适当向镇区集中

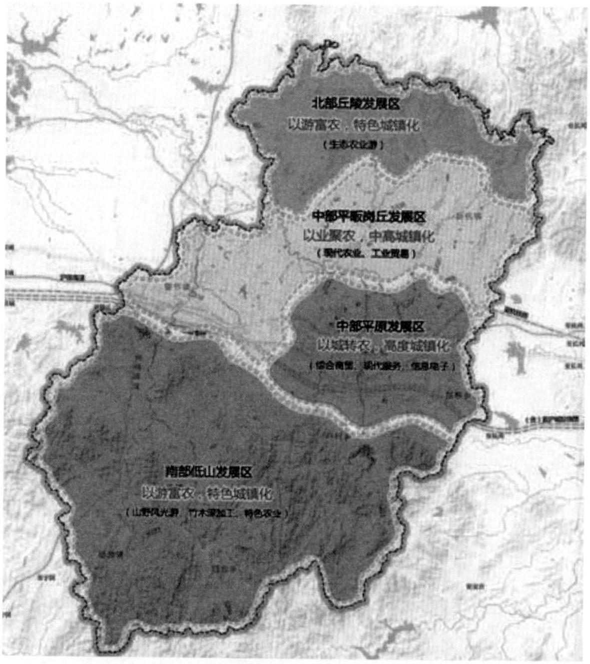

图3　广德县新型城镇化战略格局

（3）新型城镇化战略路径，为有效支撑广德新型城镇化战略及其空间格局，规划分别从人口迁移、产业调适、生态保育、空间聚集、交通先导等五个方面提出了实施路径（图4～图6）。一是人口迁移路径，把握“一般乡镇——大量转移，聚散并存”“重点城镇——亦留亦转，过渡衔接”“中心城市——吸引回流，高度集聚”的人口流动趋势。二是产业调适路径，强调一产特色板块化（十大农业板块）、二产园区集聚化（两区两园）、三产区域联动发展（四大主题旅游片区、五大乡村旅游集群）。三是生态保育路径，强调绿水青山就是金山银山，坚持生态优先、绿色发展，严格划定并管控三区三线。四是空间聚集路径，明确中心极化龙头带动、四大片区（农业休闲与旅游片区、现代农业片区、循环经济片区、南部生态旅游综合片区）错位发展。五是交通先导路径，强调区域交通高速快捷，对接长三角交通网络；重点乡镇道路多环串接，互联互通；山区乡村道路保畅，服务三农。

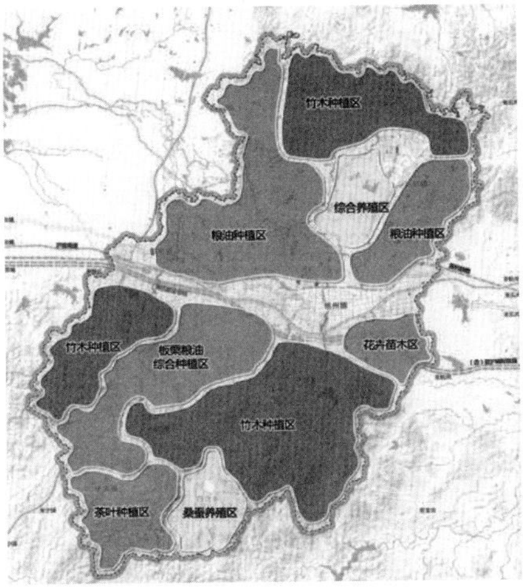

图4　广德县农业板块化布局图

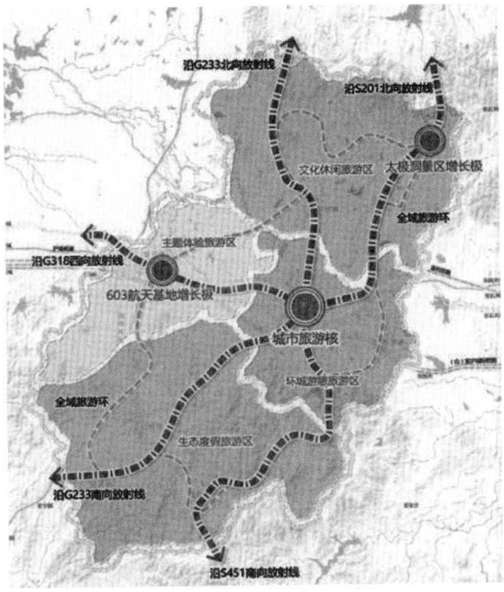

图5　广德县全域旅游空间格局图

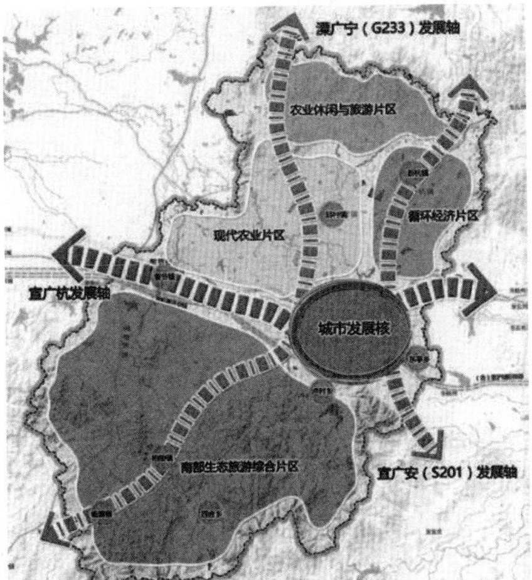

图6　广德县城乡一体发展空间结构图

（三）实施乡村振兴战略，引领县域乡村体系重构

1. 乡村发展动力及其空间组织模式

在新型城镇化战略指引下，重新认识乡村发展动力及其空间组织模式，提出乡村体系构建的空间新视角：乡村发展动力差异与乡村聚落。在综合分析现状地形地貌、资源分布、交通条件、人口密度、各村庄主要产业及城镇发展重点的基础上，厘清了五类乡村发展动力，提出了五种乡村聚落形式：一是壮大乡村自我发展动力，培育农产品供给型乡村聚落。二是拓展景区影响力，培育观赏资源型乡村聚落。三是借助市场推动力，培育休闲农业型乡村聚落。四是稳固生态约束力，发展生态保护型乡村聚落。五是发挥城镇吸引力，优化城镇带动型乡村聚落（图7）。

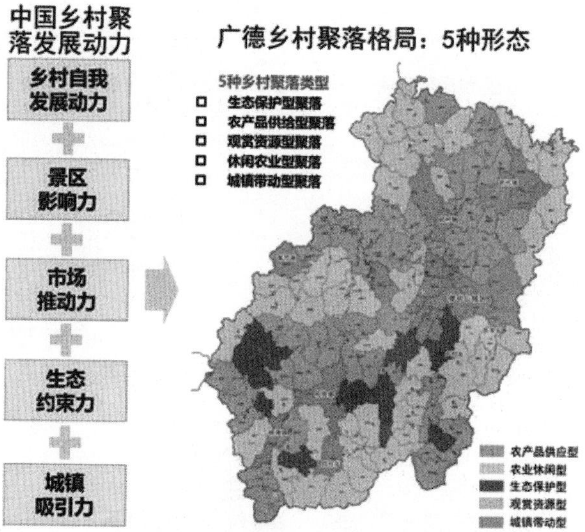

图7　广德县乡村发展动力及其空间组织模式图

2. 乡村振兴战略与经营乡村理念

强调全面实施乡村振兴战略，深化农村集体产权制度改革，保障农民财产权益，壮大集体经济，激发乡村发展活力、培育乡村发展动力。落实经营乡村理念，盘活乡村各种资源、资产，深入挖掘自身优势特色，以富民惠农为核心，以乡村聚落为载体，以资产经营为途径，深度践行“县—乡（镇）—村”三级运营体系。在甄别各类乡村聚落资源特征、动力机制的基础上，针对五种乡村聚落分别提出差别化的经营模式、经营策略和乡村体系引导策略。

3. 乡村聚落与乡村体系规划

结合乡村聚落特征、乡村发展动力及其空间组织模式，打破传统城乡等级规

模结构，强调“城—镇—村”三者的作用，凸显乡村特色与差异化的动力机制和发展模式，结合乡村五大发展动力和五大聚落形态，重构“城镇社区—重点村—中心村—特色村—基层村”的特色化乡村体系。结合乡村振兴战略和经营乡村理念，强调突出特色、错位发展、精准扶持，在产业发展、土地指标、服务设施等政策方面提出差异化的扶持思路（图8）。

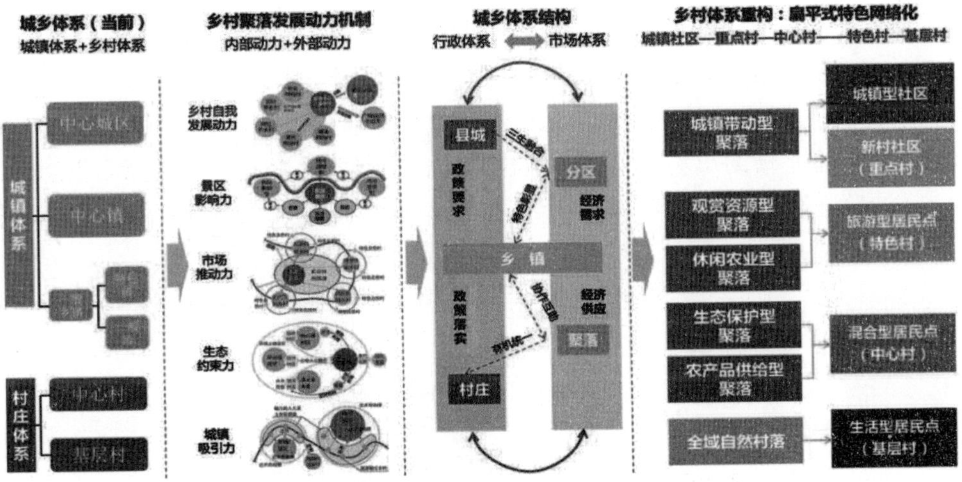

图8　广德县乡村聚落与乡村体系重构图

（四）利用“多规合一”工作平台，优化乡村用地布局

基于现有多规合一工作平台对城乡建设用地进行底线控制，按照生态保护要求，进一步明确生态红线范围和永久基本农田保护区域，执行刚性约束保护。在充分遵循生态保护红线、永久基本农田边界、城镇开发边界及城镇空间、农业空间、生态空间管控要求的基础上，构建城乡用地布局框架。与此同时，强调乡村的地域差异，通过分析有利于乡村聚集的城镇带动、交通条件等要素，以及不利于乡村聚集的地形地貌、历史价值、村民意愿等要素，确定拆迁改造型、拆迁新建型、旧村整治型、特色保护型等四种类型的农村居民点布局模式。结合广德县人口流动的特点以及双栖人口特征，在依据多规合一锁定乡村建设总量的前提下，考虑双栖人口的双向资源占有需求，参考多地经验，按照40%农业人口不完全转化的标准预留农村居民点建设用地指标。

（五）落实共享发展理念，构建城乡一体的公共服务设施体系

1. 突出差异配置，实施“四分”控制体系

首先，结合供给方式和运营特点，将设施分为网络系统型设施和服务半径型设施两大类；其次，按照服务等级和范围进行分级，鼓励城、镇、村各有侧重，

聚散相宜配置设施，并引入“生活圈”概念，将设施落实到人口、落实到单元，着重配置以行政村、中心村为主的一次生活圈；再次，按轻重缓急分期，综合考量投入成本和财力支持程度来明确现状保留、现状改造、近期和远期建设项目库；最后，结合投入主体进行分效，将设施建设分为公益性、市场性及偏公益性，鼓励市场充分参与和调节（图9）。

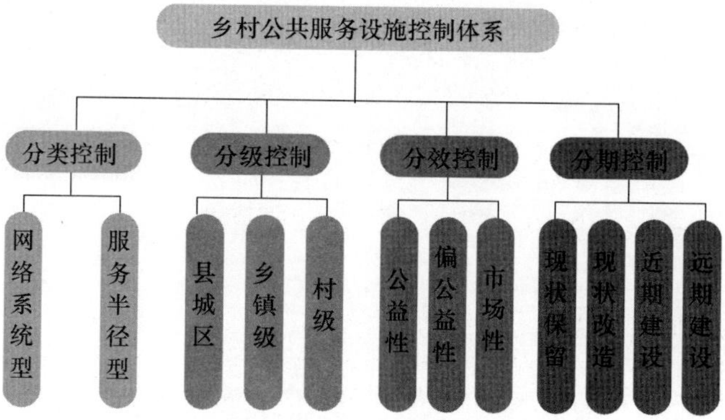

图9　广德县乡村公共服务设施体系控制图

2. 突出获得感，满足人民群众最迫切的需求

聚焦道路交通、饮水、教育、医疗卫生等基本公共服务领域，围绕人民群众最关心、当前最为薄弱的环节，开展精准扶贫。如精准实策，加强微循环，优化提升交通条件薄弱乡村地区道路，结合矿山环境综合治理，优化环境综合整治地区道路。简言之，规划关键在于突出获得感，满足人民群众最关心、最迫切的诉求。

（六）坚持精准扶持，构筑分类型差别化的乡村整治体系

结合村庄现状问题，规划从生理需要、环卫需要、一村一品等三个方面需求层次出发，提出了三类整治村庄类型和治理策略。一是对提升生活类村庄，强调发展保障。此类村庄细分为重点发展保障类和一般发展保障类，前类村庄生存条件极差，主要表现在饮用水困难、交通通达性极差，需要采取区域协调供水、工程饮水、道路硬化等治理策略重点保障；后类村庄基本满足饮用水及交通要求，卫生室等基础设施和公共设施不完善，需要进行卫生室、老年活动中心等配套设施的完善。二是对改善环境类村庄，强调环境优化。此类村庄细分为重点改善环境类和一般改善环境类，前类村庄需重点整治垃圾、污水、河道、公厕，环境优化；后类村庄进行美化亮化。三是对特色品质类村庄，强调特色品质提升。此类村庄资源条件较好、文化特色独特、生态环境优美，需提升特色文化、田园风光等，打造一村一品（图10）。

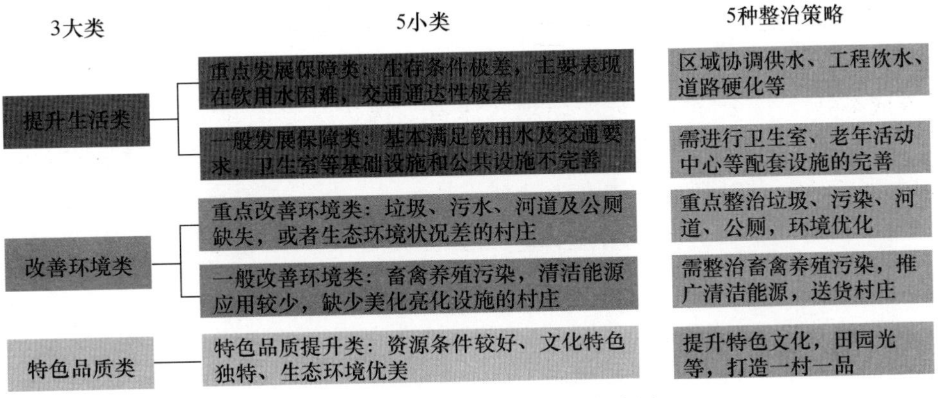

图10　广德县乡村整治引导模式图

（七）依托省直管县改革创新平台，促进乡村建设创新

依托省直管县改革创新平台，结合乡村建设用地特色，提出集体经营性建设用地“两种路径”的创新利用思路。创新利用“路径一”是不改变产权模式，统筹更新，主要思路是争取集体经营性建设用地入市试点的政策，创新城乡一体化发展，推动规划城镇建设用地范围内村庄产业用地与城镇土地同地同权，统筹利用工业大院等集体经营性建设用地，发展集体经济，产业收益可用于市民化成本支出、新型社区建设和维护、股权分红等。创新利用“路径二”是改变产权模式，出让再开发，主要思路是政府按照国有土地储备机制对村庄经营性用地进行征地收储，完成一级开发后出让给开发企业。村集体共享开发带来的公共环境及土地价值增长。同时，提出加快农村土地流转，促进涉农资金整合，培育支持特色农业产业等一系列促建乡村建设发展的创新思路。

三、结语

新形势下，县域乡村建设规划广受中央关注和地方重视，是具有一定统筹带动能力，指导涉农资金精准投放、实施乡村振兴战略的中观层次规划类型。广德县县域乡村建设规划实践，以“把握国家新型城镇化发展大势，构筑广德新型城镇化战略格局，实施乡村振兴战略和农村改革，引领乡村体系重构和城乡布局，引导和保障涉农资金精准投放”为主线，从“制定县域新型城镇化战略，引领乡村体系重构”“结合多规合一实践，引导村庄用地合理布局”“补齐短板精准扶贫，引导涉农资金精准投放”“结合省直管县创新平台，探索乡村建设政策创新”等多个方面开展了规划创新。冀望其规划编制创新理念和方法，能为同类型地区全面实施乡村振兴战略、完善具有地域特色的县域城镇化战略和城乡规划体系，激发乡村发展活力，有序引导精准扶贫，合理布局城乡空间，构建共享惠民的公共设施体系提供借鉴。

参考文献请见原文。

（撰稿人：吴亚伟，合肥市规划设计研究院编研所所长，高级工程师；张超荣，合肥市规划设计研究院规划设计师，工程师；江帆，安徽省广德县城乡规划局副局长，助理工程师；吕婷婷，安徽省广德县城乡规划局村镇科科长，工程师）

中国乡村振兴及其地域空间重构

——特色小镇与美丽乡村同建振兴乡村的案例、经验及未来①

“地域是从事生产和生活的人类活动的场所，是在经济社会和自然方面都具有一定自律性和个性的完整的地理空间”。按这一定义延展，农村地域则是指县以下不同层级的地理空间。中国农村地域空间包含乡（镇）和建制村两个行政管理层级，即乡（镇）域地理空间、村域地理空间。这是两个土地及其他资源权属边界清晰，成员利益及其归属关系明白，行政区域经济社会管理职能完整的行政区域空间。“乡村振兴”应包括上述两个地域空间内的特色小镇（含森林小镇，全文同，不赘述）和美丽乡村同步规划、建设与和谐，农业现代化、农村三次产业融合发展、农民生活品质大幅度提升，域内生态环境和精神文明普遍向好。

一、中国乡村振兴已进入到农村地域空间综合价值追求新阶段

（1）中国农村全面复兴从农业始，从主要追求经济价值阶段，渐次进入追求生态环境价值、生活价值等多元价值新阶段。

中国农村全面复兴始于中华人民共和国成立。中国共产党执掌政权接手治理的中国农村，是一个处于“崩溃与动荡之状态中”千疮百孔的农村。“农村经济之衰落，在中国已成普遍之现象。水旱蝗虫之天灾，兵匪苛捐之人祸，物价飞涨，举债之绝路”。因此，新中国农村全面复兴的首先是农业复兴。最近，中央广播电台的一句公益广告词——“啥叫新中国？新中国就是人人有饭吃”，——形象的说明了中华人民共和国成立后农业生产的主要任务：要在最短的时间内，迅速恢复处于崩溃边缘的农业经济，确保粮食供应满足国民生存最低要求。

1949～2000年，中国农业主要追求经济价值，“以粮为纲”是那个时代的农

① 本文摘自《南京农业大学学报（社会科学版）》，2018（02）：17－26＋157－158。基金项目：浙江大学土地与国家发展研究院项目“山区发展与国家安全战略研究”；发展中国论坛课题“全国森林小镇评价体系及发展指数研究”；国家自然科学基金青年项目“西藏农地流转、农户响应与农业规模经营模式选择：机理与实证”（41601110）。

业生产的中心任务。从1949年到1978年，中国农业一直承载着保障国民“生存水准之上”的粮食、棉花、油料、糖料、蔬菜、水果、肉类、奶类等大宗农产品生产和供给。“发展生产、保障供给”，形象地阐释了新中国前30年间的农业，主要追求其经济价值，始终“处于一味重视生产的扩大和发展的‘生产的农学’阶段”。

1980年代，由于农业机械化、水利化、化肥化、电气化持续推进，加之农村基本经济制度改革成果初显，大宗农产品产量稳定增长，供给稳定，追求可持续农业和提升国民是生活品质的要求逐渐显现，农业的生态环境价值开始受到人们重视，高校专家学者以及政府部门领导和实际工作者提出了中国必须发展生态农业的观点主张，如叶谦吉教授的《生态农业决策分析》（1981），石山、杨晗熙、杨挺秀、沈长江的《生态问题与开创农业新局面》（红旗杂志，1983）等。这些观点和主张受到了政策层面的关注。1984年，国务院64号文件决定“成立国务院环境保护委员会”，要求“各级环境保护部门要会同有关部门积极推广生态农业，防止农业环境的污染和破坏”。1990年代中后期，中国主要农产品逐渐由短缺转向结构性过剩，至2000年，农产品告别了短缺时代，农产品生产和供给结构调整的需求趋强。2001年，中国加入世贸组织，“提高农产品国际竞争力”的约束显现。中国农业在双重压力下，更加重视生态农业。时至今日，堵、霾、涝等大城市病凸显，为了生存和持续发展，生态农业前被所未有的追捧，中国农业进入到“为维持和保护人的生命而追求生态环境价值”的“生命和环境的农学”阶段。

1990年代，中国工业化、城镇化加速推进，人们对乡土的怀念日盛，在深圳市首届荔枝节（1988）的影响下，农业观光、体验和农村旅游业发展起来。2000年，中国总体小康目标实现后，“农家乐”和“民宿”在全国各地呈现加速发展态势，中国农业功能大踏步向观光、旅游、休闲方向拓展。

进入新世纪，蕴涵在农业和农村的生活（包括社会、文化）价值被重新挖掘出来。农耕时代，农业生产与农民生活紧密相连，“农活”、“耕读传家”等汉语词汇所蕴含的“以耕事稼穑、丰五谷、养家糊口、以立性命，以读知诗书、达礼义、修身养性、以立高德”等崇高境界曾一度消失。至此，中国农业重新拾回了“……所应担负的生活上的功能”，进入到所谓“生活的农学”或“社会农学”阶段。

2013年12月，习近平总书记在中央城镇化工作会议讲话中提出，“要让居民望得见山、看得见水、记得住乡愁”。此后，中国加快了传统村落修复保护和农耕文化遗产挖掘、整理和弘扬。“乡愁”时兴，意味着农民的生活（包含社会、文化）价值被高度重视。2015年2月，中共中央、国务院印发了《关于加大改革创新力度加快农业现代化建设的若干意见》（中央1号文件），强调“积极开发农业多种功能，挖掘乡村生态休闲、旅游观光、文化教育价值”；同时“推进农村一二三产业融合发展……”。这标志着中国农业产业多元价值追求，已经拓展到农村地域空间多种产业融合，进入到祖田修所说的“空间的农学”阶段。

（2）中国历经社会主义农村建设、社会主义新农村建设，美丽乡村建设平台上同时植入多重梦想和愿景，推动农村地域空间重构及综合价值追求。

“社会主义农村建设”是新中国为迅速扭转旧中国遗留的农业、农村衰败残局而选择的道路，拉开了新中国农村地域空间大规模重建和乡村全面复兴的序幕。1955 年底，毛泽东主席主持编辑《中国农村的社会主义高潮》，翌年 1 月人民出版社出版。该书分上、中、下三卷，共收录各省（直辖市、自治区）报送的典型合作社材料 176 篇，毛泽东主席为该书写了序言，并为其中 104 篇加了按语。该书被称为“中国合作化运动百科全书”。1956 年 1 月，中共中央政治局提出《1956 年到 1967 年全国农业发展纲要》（草案），几经修改完善后正式颁布，称简称为《农业发展纲要四十条》，是中国第一个到第三个五年计划期间为迅速发展农业生产力、提高农民以及全体人民生活水平的纲领性文件，也可以看成是中国农村的社会主义建设纲领。

“社会主义新农村建设”是改革开放的中国为扭转“三农”发展相对滞后局面而提出的振兴任务，农村至此进入到地域空间综合规划建设新阶段。农村复兴是恢复过往的兴盛，振兴则是将农村发展提升到前所未有的程度和水平。2017 年召开的中国共产党第十九次全国代表大会明确了实施乡村振兴的 20 字方针，即“产业兴旺、生态宜居、乡风文明、治理有效、生活富裕”。20 字方针概括的是中国全面小康目标下的农村发展目标，它指明了农村地域空间必须按照生产、生活、生态、社会、文化和治理之间的和谐发展目标予以再造。

“美丽乡村建设”则是一个逐渐富裕的中国对农村地域空间综合价值追求的高标准规划和建设。“美丽乡村建设”平台上，同时植入了“四化同步发展”，“新型城镇化”、“城乡一体化”和“基本公共服务均等化”“看得见山、望得见水、记得住乡愁”“绿水青山就是金山银山”等多重梦想和愿景，农村地域空间综合价值追求，推动其空间结构“翻天覆地”似的重构。其一，人口、产业及其相对应的村庄、集镇、道路重新规划布局和建设；其二，生产空间整备（农田水利、土地整理、三次产业融合），生活空间改造（危旧房和旧村改造、新村建设社区及服务中心、文化体育广场），生态空间修复拓展（森林、湿地、生态产业和产品、城乡空间绿化），以及“三区三线”空间边界的划定、管控及互动关系重新架构和理顺；其三，由上引发的农业和农村产业组织、农村社会和经济组织的重构，尤其是农民专业合作与信用合作组织的兴起，已经和正在引发农村社会、经济关系乃至农民、集体、国家关系的重新架构和重大调整。

（3）中国农民与市民的收入水平、生活品质、权益保障和基本公共服务等

方面的差距正在全面缩小

根据国家统计局的统计数据，改革开放以来，中国城乡居民人均可支配收入差距经历“缩小→扩大→缩小”的循环。1978－1983 年城乡居民收入差距逐年缩小，由 2. 57：1 缩小到 1. 82：1；1984－2009 年城乡居民收入差距逐年扩大，由 1. 84：1 扩大到 3. 33：1；2010－2016 年城乡居民差距又进入逐年缩小阶段，由 3. 23：1 缩小到 2. 72：1，基本恢复到 1978 年的差别水平（图 1）。

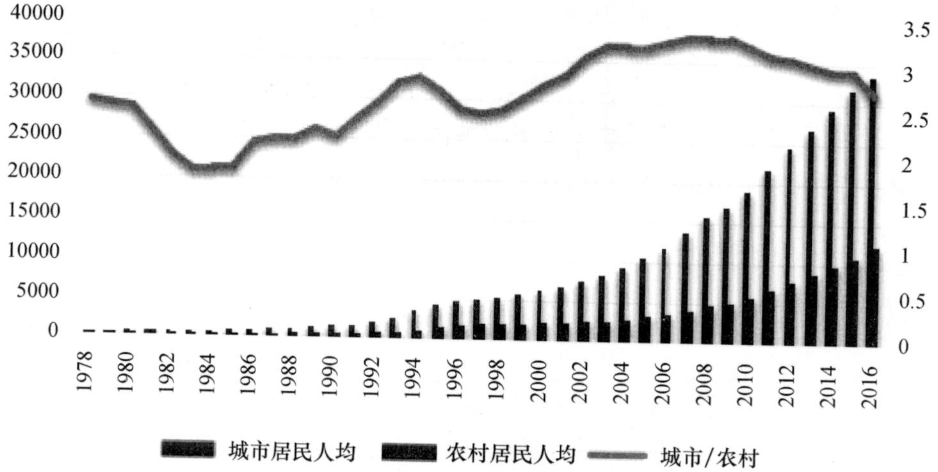

图 1　中国城乡居民人均可支配收入变化

衡量居民生活水平的一个重要指标就是恩格尔系数，改革开放以来城市居民的恩格尔系数从 1978 年的 57. 5% 下降至 2016 年的 29. 3%，农村居民恩格尔系数也持续下降，从 1978 年的 67. 7% 下降至 2016 年的 32. 2%。城乡差距经历了“缩小→扩大→缩小”的过程，至 2016 年，城乡恩格尔系数只相差 2. 9 个百分点（图 2）。

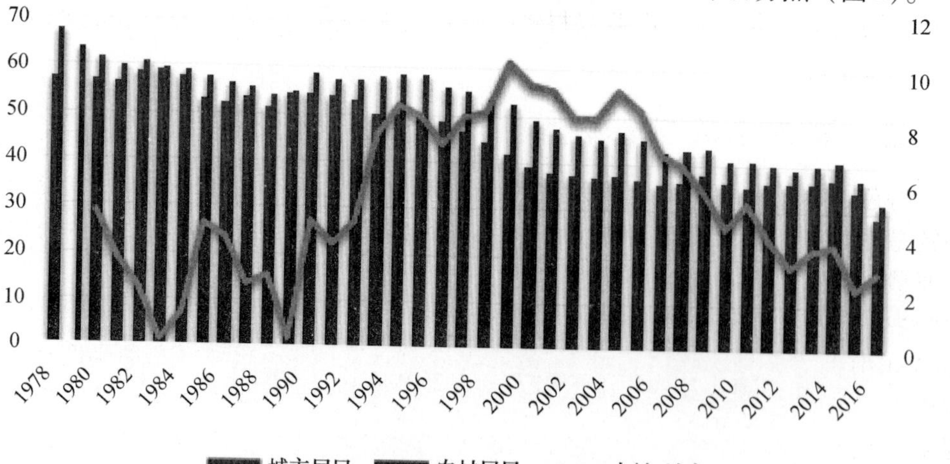

图 2　改革开放以来中国城乡居民恩格尔系数变化

按照联合国的标准，1978－1980年，中国农村居民生活“贫穷”，城市居民生活已进入“温饱”。1981－1995年，城乡居民生活水平同处于“温饱”阶段。1996年，城市居民生活率先跨入“小康”门槛，2000年农村居民进入小康”。2012－2015年，城乡居民生活再次处于同一（相对富裕），2016年，城市居民生活先进入“富足”阶段。城乡居民生活水平不断提高并且城乡差距在缩小(图3)。

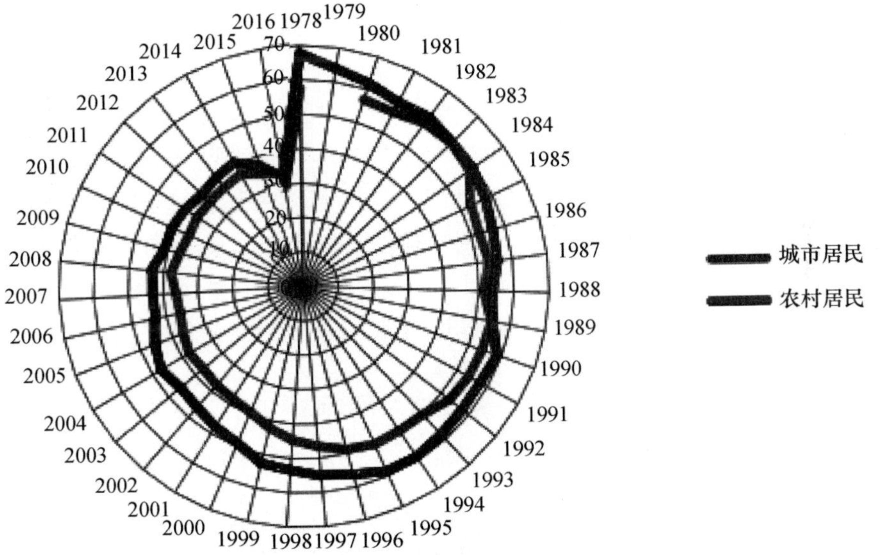

图3 中国改革开放以来城乡居民生活水平变化

此外，城乡居民待遇的其他方面差距也在缩小。比如：赋予农民更多的财产权，缩小了城乡居民的财产差距；基本公共服务均等化缩小了城乡居民社会保障差距；农民工返乡创业、产业兴村镇、农村电商兴起等等，开始翻转农业衰退、农村凋敝格局。

二、特色小镇与美丽乡村同建振兴乡村的案例和经验

特色小镇是中国农村改革以来“小城镇”建设的延续和新形式。建设特色小镇是“城乡一体化”重要节点，更是乡村振兴、农村城镇化和农民市民化的重要载体和平台。

农村改革之初，中国政府就认识到农村小型经济文化中心建设的重要性。1983年中央“一号文件”要求，“改变农村的面貌，建设星罗棋布的小型经济文化中心，逐步缩小工农差别和城乡差别……”。1984年中央“一号文件”进一步强调，“农村工业适当集中于城镇，可以节省能源、交通、仓库、给水、排污等方面的投资，并带动文化教育和其他服务事业发展，使集镇逐步成为农村区域性经济文化中心”。此期间，中国著名社会学家费孝通先生先后在《瞭望》周刊发

表了“小城镇大问题”、“小城镇再探索”、“小城镇苏北初探”、“小城镇新开拓”等4篇文章，系统阐述了他的小城镇理论，并且论证了小城镇战略对于走符合我国国情的现代化道路的现实意义。费老的小城镇理论对农村改革时期小城镇建设产生了重要影响。1998年10月，党的十五届三中全会《决定》首次把小城镇建设提升到战略高度，指出，“发展小城镇，是带动农村经济和社会发展的一个大战略……”。“小城镇、大战略”推进了中国小城镇迅猛发展，仅建制镇就从1978年的2176个发展到2010年的19410个。中国小城镇事实上要大大超过建制镇的数量，它还应包括以下五种类型的小镇：其一，乡府驻地形成的集镇；其二，国务院关于把“与政府驻地的实际建设不连接，且常住人口在3000人以上的独立的工矿区、开发区、科研单位、大专院校等特殊区域及农场、林场的场部驻地视为镇区”精神所涵盖的集镇；其三，自改革以来著名经济强村建成的村域特色小镇；其四，农村“三集中”引发农村聚落和产业布局重构而形成的集农村产业园区和新社区为一体的特色小镇；其五，传统（古）村落修复、保护及合理利用过程中复活的历史文化古镇。这五类都非建制镇，但它们却完全属于中国小城镇。

“特色小镇”被高度重视源于浙江杭州云栖小镇（2014）。2015年12月，习近平总书记为之做出重要批示：“抓特色小镇、小城镇建设大有可为，对经济转型升级、新型城镇化建设，都大有重要意义”。至2017年7月末，国家三部委已经审查，认定和公布两批全国特色小镇（127＋276）403个。有意思得的是，囿于建制镇才能申报特色小镇的规定，被公认为特色小镇发源地的杭州云栖小镇却不在公布的全国特色小镇名录中。

按照国家政策文件精神，“特色小镇”是指那些具有明确的产业定位、文化内涵、旅游功能和社区特征的发展载体或空间平台。“森林小镇”是特色小镇的一种类型，是以提供森林观光旅游、休闲度假、运动养生等生态产品和服务为主要特色的，融合产业、文化、旅游和社区功能的创新平台。当今中国特色小镇建设展现出多样化的方式和类型。

（1）经济强村工业化、城镇化和农民市民化——村域特色小镇。工业布局打破城乡藩篱，以及“小城镇、大战略”实施，给农村工业化、城镇化和农民市民化带来了前所未有的机遇，那些具有深厚的工商业文化根基、较多的手工业技术和社队企业管理经验积累、处于城市工业技术辐射范围内、民间资本相对充足且具有活跃的民间借贷市场的村，抓住市场先机，推进了工业化、市场化，进而实现了村域城镇化和农民市民化，形成了为数众多的村域特色小镇，从而将中国农村发展推进到村域城镇化的新阶段。

笔者根据实证研究界定：村域城镇化是建制村域经济社会结构、人口集聚规模、聚落建筑景观、农民生产生活及基本公共服务的方式和水平趋同于城镇的过程，是农村现代化的新阶段，也是城乡一体化的重要表现形式之一，是居村农民不可剥夺的发展权，但并不是所有村域都要建成城镇，所有农民都脱离农业和农村。按照这一定义，我们建立了村域工业化、城镇化和农民市民化评估体系（表1），分别深入山西平顺县西沟，昔阳县大寨，河南新乡县刘庄，浙江奉化市滕头、东阳市花园、台州路桥区方林、杭州萧山区航民，上海闵行区九星，山东邹平县西王，河北滦平县周台子等10个著名经济强村进行了实地调查和评估，认为这些村庄已经实现了村域城镇化和农民市民化。

表1 村域“三化”评估指标

类别	评估指标	参考目标值
村域工业化	三次产业产值结构	A≤10%或I+S≥90%
	三次产业就业结构	a≤20%或i+s≥80%
	人均地区生产总值	42000元人民币
村域城镇化	中心村（集镇）人口数	最低2000人，较理想1万人
	中心村（集镇）人口集聚度	中心村（集镇）人口占村总人口90%
	中心村（集镇）建成区面积	1平方公里
农民市民化	农民人均纯收入	13700元
	村集体提供的农民社会福利	人均村级集体经济纯收入≥2500元
	农民居住条件	公寓楼标准人均建筑面积≥32平方米
	医疗和教育条件	≥所隶属县城关镇居民水平

数据来源：《中国建制镇统计资料·2010》（国家统计局编，中国统计出版社，2010年）。

注：①A、I、S分别代表第一、第二、第三产业产值比重，a、i、s分别代表第一、第二、第三产业劳动力比重，下同。其中，I>S是工业型村域经济类型，I<S是市场型村域经济类型。②钱纳里以人均GDP（1970年美元）衡量一个国家的工业化发展阶段。2008年，浙江省人均地区生产总值41405元人民币，按1970年美元折算为2269美元。据此，笔者把村域人均地区生产总值达到42000元作为工业化成熟期上限或工业化发达期下限。③农民人均纯收入和人均住房建筑面积的推算依据是：2005年，全国“千强镇”农民人均纯收入7735元，按年均增长12%的速度推算，到2010年，全国“千强镇”农民人均纯收入可达13700元；2010年，全国城市居民人均住房建筑面积31.6m^2。

值得注意的是，目前中国农村工业化推动村域城镇化的“引擎”作用由强转弱，现代农业、旅游业和农村商贸业发展，反而成为农村城镇化的主动力。比如：

——浙江兰溪市诸葛村。诸葛村诸葛亮后裔全国最大聚居地，约在元朝至正四年至十四年（1344~1354年）建村，历经670余年，至今保存完好的明清古建筑200多套，村域常住人口6000余人。该村1994年成立“诸葛文物旅游管理处”，村域旅游业起步（门票3.00元/人），当年进村游1.4万人次，门票收入2.1万元。到2015年，进村游48万人次、门票收入1886万元、旅游综合收入和1亿元。新中国以来，该村一直是乡（镇）人民政府驻地。

——浙江义乌市何斯路村。何斯路村是一个山区小村。2016 年，该村 431 户，1023 人，2008 年，农民人均纯收入只有 4570 元，村集体经济亏损 14.6 万元。换届选举后开始现代农业建设，找到了种植薰衣草、办薰衣草节、黄酒节等旅游项目。2016 年，村民人均可中配收入 36060 元，村集体可支配收入 2230 万元。本科生到该村创业 70 多人，义乌经商外国人常住该村 10 多人。CCTV4《走遍中国之——何斯路村启示录》（2015 年 1 月 24 日首播）曾就该村究竟是乡村还是特色小镇开展讨论。

如果把村集体当年经营收益超过 1000 万元的村都列入中国著名经济强村序列，在中国当今 61.3 万个建制村中，估计约有 1.2% 的村可以达到村域“三化”标准。另据农业部农村经济体制与经营管理司、农村合作经济经营管理总站的统计，2013 年，村集体当年经营收益 100 万元以上的，占统计汇总村总数的比例已达 2.7%，其中，越来越多的村集体当年经营收益达到或超过了 1000 万元，各种迹象表明，中国将有越来越多的村步入实现村域“三化”的行列。各个经济强村因其不同的产业定位、传统村落文化和社区特征，已经形成了一定规模、各具特色小城镇。

我们认为：“随着新型城镇化、城乡一体化成为国家发展战略和政策的主轴，全域城镇化及城乡同步建设渐成市域和县域发展新潮，越来越多的村域实现了工业化、城镇化和农民市民化，标志着中国农村进入村域城镇化新阶段；工业化的“引擎”作用由强到弱，农村商贸业向现代服务业拓展成为主动力，基层行政区划调整及建制村撤并的推力作用逐渐显现，是未来中国村域城镇化的重要特点和趋势。把村域城镇化作为中国新型城镇化战略的重要组成部分，将村域城镇发展纳入市域、县域城镇发展体系中统一规划、建设和管理，将有利于城乡融合，统筹发展”。

（2）基层区划调整及农村社区和产业园区同建形成的小型经济文化中心。基层行政区划调整及建制村撤并过程中，在建设农村新社区的同时建设社区的产业园区，从而形成了为数众多的区域性小型经济文化中心，其中一些有特色的小型经济文化中心将跻身于特色小镇行列。

——山东德州市的“两区同建。德州市编制的市级城镇规划（“全域城镇化”），其中包含 1 个中心主城区、10 个次中心城市（县城）、36 个中心镇、710 个小集镇（农村社区）。在规划指引下，实施农村产业园区和农民居住社区统一规划建设（“两区同建”）。该市将 8319 个行政村，合并为 3070 个行政村；再将 3070 个行政村规划为 710 个社区；同步规划了农业、工业、商贸、文化旅游等各类产业园区 1538 个。到 2017 年 9 月中旬，已建成社区 430 个、园区 900 个。已经建成的农村社区和产业园区相互依托，每个社区人口规模 5000～10000 人，产业包含现代农业、农产品和农村生活用品加工工业、旅游业等各种类型，聚落景观堪比小集镇，基本符合政策界定的特色小镇的内涵。

——湖北十堰市（秦巴山集中连片贫困区）特色镇和农村片区联建共创，造就了众多乡村经济文化中心。“竹房城镇带”（竹山、竹溪、房县）建设中形成了许多有研究价值的案例。比如：竹溪县蒋家堰镇，处于鄂陕交界处，与陕西省平利县长安镇接壤，是湖北通往大西北、出入大西南的重要门户，楚长城横亘其间，历史上就是边贸重镇，素有“朝秦暮楚”之称。目前，镇区建成区面积已达2.5平方公里，集聚1.1万人，商贸重镇已经成型。同时，该镇将所隶的32个村（场）规划4个中心片区，通过商贸重镇（镇区）核辐射和带动镇域新农村片区联建共创，镇域内出现了商贸重镇与秀丽、宜居、宜业、宜游的美丽乡村新片区（小集镇）交相辉印的景象，受到到此调研的时任湖北省委书记李鸿忠的肯定（2015.4）。

——四川巴中平昌县驷马镇（建制镇）驷马水乡景区。驷马镇是一个建制镇，处于秦巴山集中连片贫困山区。该镇在巴中市全域扶贫接轨新型城镇化发展战略指引下，利用水域、森林资源和本土文化特色，以创举村、当先村为中心，数村联建驷马水乡景区，已经作为新的旅游景区对外开放，形成了以旅游特色小镇。以此为由，驷马镇于2017年7月被评选为第二批全国特色小镇之一。

应该看到：中国农村部分村域城镇化和农民市民化形成的村域特色小镇，以及为数众多跨村域的小型经济文化中心建成区域性特色中心小镇，不仅为乡村振兴提供了动力，而且对于吸引城市产业、人口向农村回流，走出中国城市人口过密、安全隐患不断累积和乡村人口过疏、衰落难以有效遏制的困境，以及未雨绸缪建设国家安全体系等，有重要的战略性意义。

（3）森林特色小镇建设推动山区、林区振兴和地域空间再造。2017年7月，国家林业局办公室印发了《关于开展森林特色小镇建设试点工作的通知》。广东省早于全国（2016.12）启动森林小镇示范、试点工作。2017年9月末，省林业厅组织过专家评审核验、并征求广东省发改委、财政厅、住房城乡建设厅的同意，认定和公布了38个镇（街道）为广东省首批森林小镇。浙江省林学会（2017.9）公布了10个乡镇为首届“浙江省森林文化小镇”。四川省绿化委员会、省林业厅（2017.10）发布了首批省级森林小镇32个乡（镇）。

自2017年初始至10月中旬，笔者及其课题组已先后对吉林、浙江、江西、广东、广西等省（自治区）森林小镇试点建设情况进行了调查，发现中国森林小镇试点建设至少有三种类型：

第一种类型是国有林改革和林业经济转型发展过程中，利用原国有林业局的局址、国营林场场部和工区的存量建筑和存量建设用地，维修、改建职工居住区，扩建、新建林区一二三产业融合发展的基础设施及用房，建设林区旅游业基础实施及用房，从而形成了森林特色小镇。

——广西壮族自治区六万大山森林特色小镇。六万国有林场地处广西玉林市，隶属广西壮族自治区林业厅。如果用国家相关部、委、局关于特色小镇政策含义的界定来衡量，六万大山森林特色小镇框架格局和景观已经形成。（1）集镇建设已具一定规模。小镇规划建设面积 5.2km^2，其核心区位于该林场的河嵩分场场部、旧址占地 182 亩（约 0.121km^2），存量建筑包括职工宿舍、学校、卫生所、警务室、食堂等存量建筑 70 余座，总建筑面积 54250m^2，曾容纳 2000 名职工居中生活。截止到笔者调查日（2017.10.19 日），小镇核心区的基础设施以及存量建筑维修和扩建已基本完成，另在河嵩、茶山等分场场部建成李宗仁展馆，知青人家（包括纪念馆、食堂、旅舍），党性教育体验馆，爱国教育展馆，香海文化馆，酒店、星空露营地和房车营地，森林健身步道和音乐大草坪等一批文化、旅游及服务设施；（2）产业定位明确且已形成链条和规模。小镇主导产业为八角（别名八角茴香、大茴香）种植及八角莽草酸［莽草酸具有抗炎、镇痛、抗肿瘤、抗血栓、抗脑缺血等作用。令人注目的是，莽草酸是合成抗禽流感药物“达菲”关键原料。从八角茴香中提取莽草酸对开发和利用我国丰富八角茴香资源具有十分重要意义。］加工提取，辅助产业有林下中草药种植、娃娃鱼养殖、以及森林步道、中医药疗养等康养产业。其中，八角连片种植面积已达 11 万亩，号称中国香海，八角加工厂已经建成，年生产能力可提取莽草酸的 300t（目前价格 90 万元/t）；（3）小镇文化内涵深厚。六万林场历史悠久，河嵩分场场部所在地曾经是抗日名将李宗仁先生屯兵旧址，李宗仁在国民政府任职期间已于 1935 年在此设立六万垦区，李宗仁展馆展示了当年屯兵文化；新中国成立后，1951 年设立六万国有林场，1960 年代初，共有 199 名知识青年上山插场，知青人家展现出浓郁的知青文化。小镇周边大面积种植的八角茴香所展现的“中国香海”文化，国内第一、世界仅有；（4）小镇旅游功能已经具备，2016 年获批为 3A 级森林特色旅游景区，2016 年接待游客 10 万人次；（5）小镇居住生活着职工 378 户、500 余人，加上每天平均近 500 人次的游客，小镇具备一定的人口规模和社区功能。六万大山森林特色小镇创建，推动了国有林场转型发展，也为全国国有林场改革和发展、山区未来发展提供了可资借鉴的案例。

第二种类型是在大中城市外围的生态屏障或水源涵养地带，以森林资源富足的乡（镇、街办、国有林场场部等）为依托，建设森林小镇。

——广东省深圳市盐田区（梅沙街道）。梅沙街道是广东省首批认定的 38 个森林小镇之一。该小镇由华侨城集团投资（中央企业），其子公司东部华侨城有限责任公司建设、经营和管理，于 2007 年建成开业，是由中国国家环境保护部和国家旅游局联合授予的首个“国家生态旅游示范区”。东部华侨城占地 9.6km^2，建成区 3km^2 左右，建筑容积率 0.3%，景区总建筑面积 25 万多平方米，其中商业运营面积15万m^2。核心区内建成2个主题公园、茵特拉根等3座旅游小镇、四家度假酒店（3000床位）、2座36洞山地球场、大华兴寺和天麓地产项目。小城常住人口3600人，其中华侨城工作人员2600人，其余为当地居民——茶农。2016年接待游客370万人次（平均每天余额1万人次）。从小城及周边地区的森林覆盖率、产业定位、文化内涵、旅游功能、社区特征以及小城建成区规模、人口及景观等方面衡量，东部华侨城单独即可构成一个很有特色的森林小镇。该森林小镇为深圳大都市提供生态屏障保护、优化城市结构、疏散过度密集的城市人口和提供安全保障方面，将越来越显示出它的重要价值。

第三种类型是延伸森林城市建设的做法，以建制镇（乡）为单元，在已有的集镇建成区内的绿化、美化等方面下功夫，建成具有一定森林覆盖率（比如广东要求达到30%以上）的小城镇。

——广东省江门市恩平市大田镇。大田镇按照《恩平市创建珠三角森林城市群建设规划（2015～2018年）》，于2016年启动“大田森林小镇”建设，2017年9月，被认定为广东省首批森林小镇。该镇位于山区，森林资源丰富，全域森林覆盖率71.63%，已建成河排国有林场国家森林公园、茶山坑镇级森林公园。镇政府驻地大田集镇具有一定规模，镇区面积约2km^2，聚集人口3500人，镇区北部（锦江河北岸）湿地公园（250亩），镇区植树造林新增绿化面积101.13公顷，占镇域总面积的52%，镇区森林覆盖率提升到40%。另外，在全镇12个建制村（居）中，建成3个森林村庄，其中朗北村庄的“风水林”300亩，其中古树名木98棵。镇域支柱产业为农业，同时按照江门市首个独居岭南特色休闲文化宜居型森林小镇建设目标发展旅游和康养业，并已初具规模，建成锦江温泉、山泉湾温泉2个国家4A级旅游区，2015年，该镇分别荣获“中国最佳生态休闲旅游名镇”、“江门市乡村旅游示范镇”称号。镇域内除浓郁的岭南文化以外，该镇又是广东人民抗日游击队和解放军的根据地，该镇岑洞曾经是广东人民抗日解放军司令部旧址，在全镇的156个自然村中，革命老区村共有73个，这里流传着广东的“狼牙山五壮士”——镬盖山六壮士的故事，红色革命文化在这里传承。恩平市大田镇通过森林、集镇、农业农村和旅游业资源整合，建成了“森林公园（国有林场）、森林集镇（镇区中心）、森林村庄（建制村）、森林休闲度假区、森里田园”五位一体的森林生态和绿色发展网络，为以建制镇为单元建设特色小镇和农村地域空间综合价值追求，趟出了路子。

三、结论和启示

中国未来可持续发展战略应该转向“经略农村”。“农村仅仅依靠农业就能生存的时代已经结束”，农村地域空间应该是“向外部开放的、具有自律性、独特的多种产业复合体的经济空间，”“完全无视经济需求而述说乡愁，……农业和农村是无法存续的”；“仅仅站在生态学的立场上强调恢复自然的权利，常常会忘却人类的存在”。农村一二三产业融合发展，特色小镇和美丽乡村建设推动农民就近、就地城镇化，将进一步打破农村单一依靠农业的格局。新时代的乡村振兴，必须对农村地域空间重构及其综合价值追求做出科学的规划和布局：要综合规划农村人口、产业、村庄、集镇、道路建设；要科学布局农村生产空间，重建农民生活空间，修复和拓展城乡生态空间，划定和管控“三区三线”空间边界并理顺其互动关系，追求农村地域空间的经济价值、生态环境价值、生活（社会、文化）价值三者和谐；要理顺农村政治组织、产业及合作组织、社会组织之间的关系，以及调整农民之间及其与各类产业及合作组织、村组集体和国家的关系。

参考文献请见原文。

（撰稿人：王景新，浙江大学土地与国家发展研究院教授；支晓娟，河海大学公共管理学院博士）

乡村振兴、集体经济组织与土地使用制度创新

——基于江西黄溪村的实践分析[①]

一、问题的提出

党的十九大报告再次强调，要始终把解决好“三农”问题作为全党工作重中之重，并首次提出实施乡村振兴战略，明确了“产业兴旺、生态宜居、乡风文明、治理有效、生活富裕”的总要求，这是中国特色社会主义进入新时代后“三农”工作的重大战略任务，是当前我国“三农”工作的重心。而明确乡村振兴战略的实施主体、找准关键切入点，则是推进实施乡村振兴战略的基础。

时代是理论之母，乡村振兴战略的提出有其特定的时代背景。中国特色社会主义进入新时代，我国社会主要矛盾发生转化是其最主要的时代背景。改革开放近40年，我国各项事业发展取得巨大成就，我国社会主要矛盾已由“人民日益增长的物质文化需要同落后的社会生产力之间的矛盾”转化为“人民日益增长的美好生活需要和不平衡不充分的发展之间的矛盾”，从过往的“如何更快发展”转变为“如何更好发展”，强调不能单纯追求经济增长速度，而应重点解决发展不平衡不充分问题。而发展的不平衡在很大程度上表现为乡村和城市之间不平衡，发展的不充分更多表现为乡村发展的不充分。在工业化和城镇化快速推进中，农村、农业和农民受到了前所未有的冲击。截止2016年，我国城市达到657个，建制镇20883个，全国城镇化率已经达到了57.4%。然而，全国每年却以4万个左右的村庄在消失，其中具有重要文化价值的传统村落正以每天1.6个的速度消失。根据《中国统计年鉴（2016）》，全国劳动力农业就业人口数从2000年的36043万人减少到2015年的21919万人，平均每年减少约940万人。2016年，全国农民工总量达到28171万人，大量农村青壮年人口选择外出务工，农民兼业成为一个较为普遍的现象，不少农民在农业生产中土地粗放经营甚至直接“抛

---

① 本文摘自《南京农业大学学报（社会科学版）》，2018（02）：27－34＋158。基金项目：国家自然科学基金项目“生计分化中农户农业面源污染防控行为及其调控对策研究——以江西省为例”（71473112）；国家社会科学基金项目“新时期土地流转视野下农民可持续生计问题研究”（16BJY112）；江西省高校人文社科基地招标项目“农户生态耕种行为及其调控研究”（JD17067）。

荒”“撂荒”。2015年农村地区65岁以上老年人口所占比重为11.52%。农村青壮年人口的流出和以代际分工为基础的“半工半农”家庭生计模式的形成也让老年农民成为了从事农业生产的重要力量。关于农村人才流失、农地荒芜、“道德沉沦”、环境破坏以及“秩序崩塌”等乡村“衰败”的现象更是常见报道。“农村空心化”“农业边缘化”“农民老龄化”成为了为新时期的“新三农”问题，其本质就是工业化和城镇化过程中工农失衡和城乡失衡。“三农”不平衡不充分发展已成为全面建成小康社会的短腿短板。

乡村振兴既是对十六届五中全会提出的“社会主义新农村建设”的延续和升华，又是中国特色社会主义进入新时代背景下，中央对“三农”工作的新发展、新部署与新战略。那么，谁来振兴乡村？是基层地方政府？还是生于斯、长于斯最后可能还要葬于斯的广大农民？党的十九大明确提出：“坚持以人民为中心”“坚持在发展中保障和改善民生”“人民是历史创造者，是决定党和国家前途命运的”，显然农民才是振兴乡村的主人，但乡村振兴战略是一项系统性、综合性工程，要求将“三农”各项具体工作的协同推进，就需要强有力组织保障，而作为单个行为的农民难以胜任；此外，基层地方政府具有很强的组织与协调能力，但由基层地方政府操办具体事务，已在新农村建设中表现出诸多弊端：“一刀切”的行政手段常导致乡村的同质化发展而成效不高、过分追求经济发展而忽视乡村整体协调发展，支农惠农政策与地方实际要求结合不紧而反哺农业策略失灵，村民形成对政府依赖的习惯而缺乏主人翁的创新精神，乡镇干部陷入繁杂的具体事务而压力巨大。因此，在乡村振兴战略中，必须改变当前普遍存在的基层地方政府大包大揽现象。

土地是农业最基本的生产要素，也是农民最根本的生存资源，农村最宝贵的发展资本，在乡村振兴战略中扮演着基础性的关键角色。而在推进新农村建设中，一方面，农村大量建设用地闲置、低效利用，造成巨大土地资产沉淀，难以实现其资源、资产和资本的权能；另一方面，现代农业需要的适度规模经营土地条件难以形成，农村公共基础设施建设用地难以保障，土地征用、土地拆迁等社会纠纷频繁发生，有学者甚至把土地制度作为制约新农村建设最关键的因素之一。实施乡村振兴战略追求的是城乡融合发展，城市与乡村形成相辅相成，互为促进增长的共生共荣关系，而国家长期具有城镇倾向的土地政策是导致我国城镇化与新农村建设间不协调的重要原因之一。因此，创新土地使用制度已成为推进城乡融合发展、实现乡村振兴的重要基础性课题。

我国实行的是农村集体土地所有制，同时具有乡村自治发展的传统。作为土地所有者的集体经济组织，理应成为土地使用制度创新的主体和组织乡村振兴的实施主体。实践出真知。江西省黄溪村充分发挥村集体的主体作用，以土地使用制度创新为抓手促进乡村振兴，取得了良好效果。通过对黄溪村实践案例的深入剖析，论述如何发挥村集体的乡村振兴主体作用和推进土地使用制度创新，可为我国乡村振兴的实现路径提供参考。

二、江西黄溪村的实践

（一）黄溪村乡村振兴的主要做法

黄溪村地处赣、湘、鄂三省交界的修水县马坳镇南部，三面环水，一面朝山，方圆 11.3km^2，拥有耕地 88.4 公顷，林地 200 公顷。下辖 15 个村小组（含 1 个移民小组），有村民 3100 余人。2008 年以前，黄溪村曾是一个有名的“上访村”“贫困村”，如今却成为了远近闻名的“秀美乡村”，先后荣获“全国民主法治示范村”“全国一村一品示范村”“江西省美丽宜居村庄”，2016 年实现全村脱贫，成为了乡村振兴的一个典范。其实践具体可归纳为：“确权确股不确地”助推农业现代化；“人－地－钱”挂钩推进农村现代化；“村事村议”提升社会治理成效，建设文明乡风。

1. “确权确股不确地”，助推农业现代化

2009 年多个土地整治项目在黄溪村实施，伴随田块平整和农田基础设施的配套，承包权的调整不可避免。以此为契机，黄溪村提出“确权确股不确地”模式，实行“确权不确地、分红按人头、补贴归原户、组级管理、村级整包”，即以村民小组为单位，确定耕地所有权，以户为单位，明确各农户拥有耕地承包经营权的份额（即每户耕地承包面积），但不确定具体地块，承包权和经营权分离，承包权归农户拥有，经营权则转化为股份，依据自愿、有偿原则，统一流转至村集体（村两委），村集体遵循优先本组村民、打破组界的原则，集中成片流转，规模经营；流转费用由村集体、村小组、承租者三方依耕地质量协商确定，由承租者付给村集体，再通过村集体支付给村小组，年底以组为单位按人口进行股份分红。

“确权确股不确地”的做法表现出了强大的生命力。一是确实落实了承包地“三权”分置制度，加速了规模经营和现代农业经营主体形成。现代农业生产主体直接与村集体商谈，签订流转合同，确保稳定的流转期限，易形成规模经营，并激励企业增加投入。调研发现，江西欣宁蚕种科技有限公司之所以愿意落户于区位优势并不好的黄溪村，一个重要原因就是省去了与各家各户耕地流转的谈判成本；二是凸显了土地村集体所有，有利于公益建设和土地管理。各项建设不可避免要占用一定耕地，若与各家各户协商，是个繁杂的工作，还可能遇上个别“钉子户”。“确权确股不确地”，消除了与各家各户协商的环节，减少谈判成本，利于公益事业建设。调查中，基层土地管理部门的管理者告诉我们：“过去，个别农户对承包地存在私有的认识误区，在自家承包地上违法建房和葬坟的现象屡

禁不止。自推行‘确权确股不确地’后，黄溪村再也没有出现违法建房和随意葬坟现象，强化了对土地用途管制，实现了管理上变‘被动’为‘主动’。”三是减少了分地成本。传统“确权确地”，追求绝对公平，工作量大，成本高，且易形成耕地互相插花、破碎度加大，生产条件降低。“确权确股不确地”则省去了分户田块划分成本。

在“确权确股不确地”的基础上，黄溪村通过完善生产体系和推行高效农业，共同推进农业现代化。一方面，优化生产环节抓效益。以蚕桑业为例，一是与江西省蚕桑茶叶研究所合作，把黄溪建成全省制种基地，目前黄溪蚕种产量占全省60%以上；二是引进了优良桑树品种、推广了高产栽培技术，使桑叶产量提高了近50%；三是改进了产业经营模式，推行“集中养殖低龄蚕，分户养殖高龄蚕”，解决了低龄蚕技术条件高、易死亡的问题，降低了农户养殖风险；四是与苏州丝绸厂直接建立原料供应关系。另一方面，大力发展生态高效农业。通过严格化肥农药使用，控产量、保品质，提高产品的市场竞争力。

2. “人－地－钱”挂钩，推进农村现代化

黄溪村把人口迁移、建设用地指标和政策资金整合在一起。充分利用国家移民、“增减挂钩”项目试点等政策，通过“人－地－钱”挂钩，促进要素的同步聚集，实现了农村现代化：一是科学编制村庄规划，推行迁村并点、整村搬迁，打造新型农村社区，实现人口集中；二把移民建设用地指标、“增减挂钩”返回用地指标集中用于新型农村社区建设；三是把移民搬迁资金、农民拆旧补助资金、新农村建设项目资金等统筹在一起，解决农民建房和社区基础设施建设的资金问题。

黄溪村在农村现代化建设中，紧紧抓住“就业、就学、就医”核心工作。就业上，通过改善农田生产条件，农民要么骑摩托车种自家的地，要么到企业中当农业工人。同时人口聚集催生了超市、早餐店、茶楼、饭店、建材店等第三产业。2008年以前，全村青壮劳力基本上外出谋生，高峰时候有600多人在外，目前不到200人。就学上，以留住优秀教师为抓手确保教学质量，为每位老师提供住房，并设立教师学业奖进行奖励；为解决生活之忧，还特聘请烧饭师傅。就医上，成立了村医务室，长年有4位医生坐诊，实现了村民小病不出村。

3. “村事村议”提升社会治理成效，建设文明乡风

黄溪村发展转折点是2008年新村委班子的成立。新村委提出“农业产业化、土地园林化、耕作机械化、住房城镇化、农民工人化”的“五化”发展目标，坚持“家家有资产、户户有股份、人人有就业、年年有分红”的“四有”发展理念，并实实在在地付之于行动。同时坚持“依法建制、以制治村、民主管理”社会治理工作原则。推行“四议四公开”工作法，即重大事务一律采取“党组织提议－两委会商议－党员大会审议－村民代表大会或村民大会决议”模式，做

到“决议公开、村务公开、实施过程公开、实施结果公开”。每10户选举一个代表，实行“村民代表大会议事、支部决策、村委会执行”自治机制。这些年来，在中心村建设、流转土地、修路架桥等各项事务中，采取“一事一议”筹资200多万元，筹工筹劳1万多个。特别值得一提的是，该村独创了“三角章”财务监督审核制度，即将一个公章平均分为三分，分别由该村三个片区的村民推举一位为人正道、做事公正的代表掌管，只有在三个代表均对某财务议决无异议时，一起盖章才通过财务审核，，此举切实保障了村民的知情权、监督权，大大提高了广大村民参政议政积极性。

（二）黄溪村乡村振兴的成效

黄溪村振兴发展的成效是全方面的。不仅经济发展，物质生活水平明显提高，农村人均收入由2008年的1300元提高到2016年的8400元；由2008年负债200多万元、村干部连续5年拿不到工资，发展到现在集体资产超过2000万元。而且村民精神面貌发生了翻天覆地的变化，精神生活水平同样明显提高。

1. 农业产业兴旺，农民生活水平显著提高

“确权确股不确地”不仅为现代农业提供了规模经营的土地条件，也实现了农民收入实现多样化，农户既有承包地的分红，也有作为农业产业工人领取工资。在这里，勤劳就能致富。如陈某某夫妇以前靠家中0.13公顷土地维持生计，一年只有4000元左右收入，现在丈夫在农业企业从事技术指导与管理工作，年薪近10万，妻子参与蔬菜生产，每月收入3000元左右，全家年收入近15万。

目前黄溪已形成了具有市场竞争力的农业支柱产业。江西欣宁蚕种科技有限公司、修水县康绿蔬菜公司、江西南洋茶叶有限公司等多个现代农业龙头企业落户黄溪，促进了规模经营，发展壮大了蚕桑、蔬菜、花卉苗木、茶叶、水果五大支柱产业。其中，全村桑园面积已由2008年的5.3公顷发展到现在的53.3公顷，产值却由7万元猛增到500多万元，年纯收入5万元以上的蚕农就有31户。生态高效农业也初见成效。目前种植的4公顷有机葡萄，其品质远近闻名，30元一斤还供不应求；生产的蔬菜，其自然储存保鲜效果与口感完全与众不同，不少路过的旅客都会驻足黄溪采购。一位64岁的蔬菜种植户，免费到各养蚕户中清理蚕粪，用作肥料，硬是用0.05公顷地种出了3.8万元产值的丝瓜。

2. 村庄生态宜居，土地利用效益明显提高

目前黄溪村的新型农村社区已完成三期建设，不仅水、电、交通、休闲广场、文化活动中心、农贸市场等基础生活设施齐全，还成为了该县唯一一个有公租房、有公墓、有垃圾处理场的美丽乡村。现已落户了503余户2870人，包括来自外村的深山、库区移民138户，本村分散村民363户，聚集了全村总人口的93%，这些人在这里享受着与城里人一样的生活基础设施。有村民自豪地说“这

里既有完善的现代生活设施，又可享受农村清新的空气与优美的乡村风光”。尤其是小孩教育，黄溪小学的教学质量已挤身全县小学前十，每年毕业生的“5A”成绩超过50%，吸引了不少周边村庄孩子来此求学。在320多学生中，外村学生占了15%。

通过迁村并点、建新拆旧，农村建设用地集中形成规模，优化了土地利用空间结构，提升了土地利用效率。原来村庄零散，农户圈占宅基地现象普遍。调研中，有一八口之家宅基地高达5267m²。现社区建房统一安置，独家独院三层小洋楼，加上公共用地，户均也不到333m²。全村自然村庄已由原来的32个，减少至目前的11个。2008年全村2341人，2017年增至3100人，人口增加近800人，村庄用地反而减少了66.7公顷，其中20多公顷已复垦成农业用地。另外，农村社区的统一规划建设，虽然前期一次性投资较大，但长期可大大节省建设成本。仅以村村通公路为例，若按该村原有的32个自然村庄进行修路，不仅要投入200多万元资金，还要占用2公顷多土地，等一些村庄自然荒芜后，又要投钱对一些硬化的道路进行复垦，这无疑增加了发展成本。

3. 社会治理成效显著，乡村文明蔚然成风

2008年以前，黄溪村是有名的“上访村”“落后村”，是连村民说亲都会被嫌弃的地方。6年无法开展计划生育，村民因基本生活难以保障而经常上访，团伙盗窃、打架闹事不断。2008年之前的15年间就有60多个人犯法被判刑。没有领导愿意驻黄溪村，即使下乡调研也都绕着走。如今黄溪村零上访零投诉，连续7年被评为县综合先进单位，2012年被评为第五批“全国民主法治示范村”。黄溪已成为对外宣传的一个窗口，几乎每天都有慕名而来的学习考察团。2017年7月30日，纪念“三个90周年”网络媒体大型主题宣传活动走进黄溪，黄溪的发展变化得到自全国的30多家网媒记者的一致赞叹。

黄溪村的社会治理成效突出表现在两个方面：一是干群关系融洽，集体公益事务推进顺利。不准接受请吃、不准接受烟酒礼物、不准接收红包，是黄溪村村干部的三条铁律，即使村民办喜事，也只随礼而不吃饭。村两委干部的长期坚持，融洽了干群关系。拆房、迁坟是农村的天下第一难事，黄溪村平安顺利完成了300多户农户的拆房，2800多穴的迁坟。迁坟中还涉及一座有数百年历史的祖坟，其后裔有数万人，可在迁坟后而无一上访。今年，一位84岁五保户的临终嘱托也是一个很好例证。这位老人临终前一个星期找到村支书，老人要像有儿有女的一样风光地走，有多少存款、多少现金、外借某某多少，后事希望如何办理等等具体进行了托付。亲戚们知道此事后深感内疚，在这个老人心里，村集体组织及村书记才是她真正的亲人。二是社会风气明显好转，大家尊老爱幼互帮互助。以往的黄溪赌博成风，不少村民无所事事，有村民因赌博欠下几万元债务。为了铲除麻将赌博这个“毒瘤”，经村民代表大会决定，将全村62台麻将机全部

封存，如发现有人打麻将，一次奖励举报人300元。现在人人忙于工作，赌博现象没了。为了解决了孤寡、五保等弱势群体的住房问题，黄溪村建设了22套公租房，产权归村里所有，孤寡老人和五保户等困难群体免费居住。整个黄溪村呈现“邻里和睦、互帮互助”的传统文明乡风。

三、乡村振兴离不开集体经济组织这一关键主体

乡村振兴是整个乡村整体的全方位振兴，具有系统性和地域性的鲜明特征。一方面，乡村振兴是典型的系统工程，既要硬件建设也要软件建设，既要建设也要管理。客观上要求把涉及“三农”内容的工作统筹在一起，形成“一盘棋”的工作格局。黄溪村成功的一条重要经验就是坚持了系统工作理念，特别是注重“两个同步”推进：一是把以新型农村社区为载体的农村现代化与以“确权确股不确地”为抓手的农业现代化同步推进，既改善了村民的生活环境，又培育了支撑农村发展的农业产业；二是把以就业为突破口解决村民生活的经济收入与以健全自治、法治、德治相结合的乡村治理体系构建文明乡风同步推进，既提高了人们的物质生活，又提升了乡村精神文明。另一方面，乡村振兴必须立足于自身的自然资源条件和社会经济基础，因地制宜地发展振兴。我国地域广阔，不同地域条件环境下的乡村振兴优势不同，面临的制约因素也不同，只有深入认识自身的特征，才能找到合适的振兴之路。黄溪实践也是充分认识自身的资源优势，抓住生态，做出特色，错位竞争，同时延长产业链，降本增效，才促进了农业的兴旺。

诚然，广大农民是乡村振兴的建设主人，但乡村振兴的系统性和地域性要求有一个强有力的协调者和组织者，决定了单个的农民难以成为乡村振兴的实施主体，而村集体组织才是胜任这一责任的必然主体。我国的村集体组织沿袭着传统的村落历史脉络，具有地域与血缘的先天性特征，村民与村落的发展和村集体经济组织的兴衰荣辱与共，已成为了农村社会发展的基本“生命共同体”。村集体组织是农村社会经济发展的关键主体，他们在协调个人与集体利益、局部与整体利益矛盾中具有得天独厚的优势。只有充分发挥出这一关键主体的主动性和积极性，农村振兴才能形成内生动力机制。实践也证明，发展好的乡村，都是村集体战斗堡垒作用发挥好的乡村，黄溪村本身就是一个典型，在黄溪振兴中村集体起着关键性作用。

由于改革开放以来，我国的村集体经济组织建设不仅没有随着社会经济的发展而加强，反而呈现出日益弱化的明显趋势。结果导致很多地区的乡镇基层政府不得不全身投入乡村的具体建设之中，一方面，农民的主人翁作用难以发挥，甚至一些地方出现“上热下冷、外热内冷”和“政府干、村民看”的现象，且由于对各乡村实际情况的掌握不够透彻或乡镇基层政府主要领导的不断换届变化，

导致乡村发展效果并不理想，多重面子轻里子、重短期行为轻长久发展。另一方面，由于需要大量精力投入乡村的具体建设事务中，使处于“上面千条线，下面一根针”的乡镇基层干部，工作任务更加繁重，“五加二、黑加白”的工作方式成为了常态化，使乡镇基层干部成为现阶段工作压力最大的群体之一。

加强村集体经济组织建设，切实发挥集体经济组织的乡村振兴实施主体作用，是实施乡村振兴战略的基础性任务。如何培育下一届村集体组织班子，也是黄溪村发展的一个隐患。目前村两委班子 7 个成员大部分是 50 岁以上，且都有一定的经济基础，虽然存款越来越少，但子女支持，生活保障无忧。对于年青人，仅凭奉献精神做好村干部本职工作是不现实的，他们也有着与同龄人一样的物质需求。黄溪村也曾吸收一些年青人加了班子，但过低的待遇留不住人。因此，应加强村集体经济组织建设，改变目前多数村集体“无资产、无资本、无资金”现状，特别是要改善村干部的待遇，吸引年青的能人进入村集体班子，培养造就一支懂农业、爱农村、爱农民的“三农”管理队伍，并不断提高村干部带领村民振兴乡村的能力与本领。

四、乡村振兴中的土地使用制度创新应坚持系统思维

乡村振兴同样离不开土地、劳动力、资金、技术等基本社会生产要素，但由于面积的有限性和位置的固定性，土地比资金、劳动力、技术等要素的战略地位更加凸显。资金可以筹集，劳动力可以调配，技术可以引进，唯独土地无法再生。土地要素配置的本质就是土地使用制度设计。为此，十九大报告对于实施乡村振兴战略，提出了一系列具体政策，明确提出要深化农村土地制度改革，不论是完善承包地“三权”分置制度、保障农民财产权益，还是确保国家粮食安全，都与土地使用密切相关。

改革开放以来，随着工业化和城镇化的推进，农村、农业和农民受到了前所未有的冲击。造成城镇化和工业化进程中的城乡失衡的原因众多，但土地制度是其中最重要的一个因素。随着土地的城镇化，依附在土地上的资本及其生产、生态、景观价值也由农村向城市转移，政府本应限制其可能带来的负外部效应，努力实现土地城镇化与人口城镇化、土地城镇化与农村土地利用之间的协调。然而由于长期以来，政府偏向于通过农地转用充分发挥土地的经济价值，而忽略对农村土地的生态景观和社会综合价值的损失。这种偏向城镇的土地政策在城市化进程中加剧了城镇和农村间土地关系的失衡，导致了人口城镇化远远滞后于土地城镇化、农民转移人口难以市民化，相应就出现了大量穿梭城乡之间的“两栖人口”，他们即使在城市拥有住房，也不愿放弃农村的宅基地，甚至不断新建农村住宅；即使能有一定的经济收入，也不敢放弃家中的承包地，随时准备在城市生存困难时返回农村种地，结果造成了当前农村实际居住人口越来越少，农村宅基

地却不减反增；承包地经营权难以形成稳定流转的现状。

土地是农业发展最基本的生产资料，也是农民致富最根本的资本，也应是农村发展的最重要的资源。然而，由于农村土地使用制度改革比较滞后，特别是农村建设用地制度的缺陷，导致当前农村土地资源难以流动，导致宝贵的资源大量沉淀，难以实现其资产和资本的权能。因此，通过土地使用制度创新，改变我国土地政策城镇倾向性的习惯性政策路径，盘活农村土地要素，已成为推进城乡融合发展、实现乡村振兴的基础性课题和重要抓手。针对乡村振兴的系统性特征，土地使用制度创新应坚持系统思维。

一是要在各项具体土地制度的改革中，应坚持“一盘棋”思维，联动推进，相互协调，形成合力。比如要实现“产业兴旺”目标，在“三权分置”的基础上通过经营权流转视为农业现代化提供用地保障的主要改革内容，但伴随着农业供给侧结构性改革的深入，新产业、新业态不断出现，对农业生产设施用地、农业经营性供给提出了新要求，进而牵动农村建设用地的改革。要实现“生态宜居、乡风文明、治理有效、生活富裕”的农村现代化目标，就必须完善相应的教育、医疗、公共交通、公益活动场所等基础设施，大力发展配套的第三产业，而这些公共设施的建设与运行、第三产业的生存，需要形成一定的人口聚集规模。一方面，当前农村宅基地只限于本村集体经济组织成员，这显然对人口的合理聚集形成阻力，这就要求改革现行的农村宅基地使用制度；另一方面，农村公共设施建设和第三产业的发展，就必须同时考虑农村公共建设用地和经营性建设用地使用制度改革，但目前土地利用总体规划的用途管制分区并没有区分是集体经营性还是宅基地用地或公益性建设用地，这就要求同步推进土地利用总体规划的用途管制制度的改革。人口的聚集及向第三产业的转移，还需要通过经营权的流转解决各家各户承包地的耕种问题，这又回到了“产业兴旺”目标下的促进经营权流转的改革主题上。因此，在乡村振兴中，农村各项具体土地使用制度之间存在着相互依赖、相互制约的关系，如果机械地截断制度之间的关联性，孤立地进行某一项制度改革既不科学也不现实，不符合乡村系统发展的客观规律。建议强化顶层设计，在理论上厘清乡村振兴中各项土地使用制度改革之间的关联性，阐述清楚相互之间的依存关系，绘制出清晰的制度系统关联性脉络图，在确保制度之间协同性和耦合性的基础上，分别明确各项土地使用制度的改革重要内容与目标。

二是促进各社会生产要素的系统协调，实现“地－人－钱”的同步聚集。乡村振兴离不开土地、劳动力、资金等基本社会生产要素的共同协调支撑，由于劳动力、资金等要素的配置最终要落实在土地上，因此，土地使用制度在很大程度上决定着其他生产要素的配置。我国已进入了以工促农、以城带乡、城乡融合发展的新阶段，随着惠农支农政策的推进，这些生产要素会持续不断地向农村倾科。但目前却多是天女散花式的分散投入，要素之间相互脱节，尚未形成对乡村振兴的支撑合力。建议顺应迁村并点的历史潮流，以区域居民点体系规划为抓手，实现“地—人—钱”的同步聚集。农村居民点体系是乡村振兴中社会生产要素科学配置的基础，是引导农民集中居住、产业集中布局、土地规模经营、优化农村基础设施和公共设施集约配置、整合农业生产和生态空间的真正“龙头”，也应成为“地—人—钱”的同步聚集的“领引者”。随着社会的发展与技术的进步，特别是交通条件的改善，农村生产生活半径的迅速增大、社会分工协作的范围不断扩大，农业生产已不再是农村社会的最主要一项功能，子女教育、非农就业环境、医疗保障等社会服务成为了农村社会的需求，而生活基础设施配套的人口聚集规模内在需求，导致“迁村并点”已成为当前农村社会发展一个潮流，传统的“沿路而建、临水而居、依田而住”散乱的农村宅基地布局已不利于乡村的振兴。因此，应遵循城乡融合发展，科学编制区域居民点布局体系规划，既考虑现有的村级组织基础与历史沿续，更要考虑生活公共设施共享的需求。

五、主要结论

黄溪村的成功实践，充分证明了乡村振兴战略的实施，必须立足于中国的基本国情和当地的具体情况，才能推进我国乡村社会的多元化发展，实现乡村社会经济发展的可持续。我国实行的是农村土地集体所有制，是符合我国国情的制度设计，具有明显的内在优势，而作为集体土地所有者的村集体经济组织，在一定程度上延续了我国乡村治理的传统，熟悉当地情况，理应成为实施乡村振兴的关键实施主体。充分发挥村集体经济组织及广大村民乡村振兴的主人翁精神，不仅有利于确定适合自身需求的乡村振兴路径，而且能够有效地破解当然新农村建设中基层地方政府过多干于乡村具体事务而出现诸多弊端。因此，必须改变目前村集体经济组织建设普遍弱化而难以胜任乡村振兴主体人现状，加强村集体经济组织建设，培养造就一支懂农业、爱农村、爱农民的“三农”管理队伍，从而解决乡村振兴的实施主体这一根本问题。

土地使用制度创新是推进乡村振兴中重要抓手。在鼓励地方政府创新的同时，也要激发村集体经济组织参与土地使用制度创新主动性和积极性。可通过加强土地资源管理等基本知识的宣传普及提升其土地使用制度创新的能力，在不突破“土地集体公有制性质不能改变、耕地红线不能破、农民权益不能受损”三大底线的前提下，且允许在创新中“犯错”，使其放下包袱，大胆创新。另一方面，要善于总结地方实践探索，及时形成具有推广价值的创新模式。不少地方政府或村集体经济组织，针对实践中遇到的实际问题，开创性开展工作，探索出了诸如“确权确股不确地”经营权流转、跨村集体经济组织的差别化宅基地使用制度、“现代农业基地建设 + 经营权流转”的土地整治激励制度等具有生命力的制度创新。对这些实践进行系统的归纳总结，可为国家层面的乡村振兴农村土地使用制度改革提供积极的参考价值。

参考文献请见原文。

（撰稿人：陈美球，江西农业大学农村土地资源利用与保护研究中心教授、博士生导师，主要研究方向为农村土地资源管理；廖彩荣、刘桃菊，江西农业大学农村土地资源利用与保护研究中心、江西省鄱阳湖流域农业资源与生态重点实验室）

基于城乡相互作用的中国乡村复兴研究①

随着城镇化的快速发展，城乡发展差距逐渐拉大，城乡矛盾不断加深，乡村可持续发展成为中国城镇化和现代化的重点。基于此，统筹城乡发展、实现乡村复兴成为中国乡村地理学研究的重要内容。构建乡村复兴的理论依据、探索乡村复兴内涵与模式，具有重要的理论意义和实践价值。

近年来，涉及乡村复兴内容的地理学研究有很多，但直接以乡村复兴为主题的研究较少。当前研究主要集中在其概念内涵的探讨和个体案例的剖析上，但理论指导不足，并且尚未形成一个公认的概念。张京祥等从乡村多元价值视角出发，提出乡村复兴内涵主要包含两个方面：乡村在城乡连续谱中具有独特性价值；乡村可以实现自我更新与繁荣。汤迪莎等认为，乡村复兴应是超越简单的物质发展，不断提升乡村整体品质，并形成良好的城乡互补关系与独特的价值魅力。何慧丽认为，乡村复兴就是在当前过度城市化形势下重新发现和彰显乡村“传统基因”的生命力，是对传统乡村发展一种否定之否定的辩证取向。

综合上述观点，本研究认为乡村复兴是对当前快速城镇化过程中乡村衰败现象与乡村传统发展模式的反思，旨在通过乡村重构重新焕发乡村发展活力、实现乡村可持续发展。

随着城乡联系日益加深，城乡相互作用已成为一种最具渗透力的改变乡村地域特征的驱动因素，城乡关系的协调也成为乡村复兴的重要内涵。城乡相互作用不仅是乡村地理学研究的重要内容，还是分析乡村发展演变的重要理论。通过理论透视，有助于揭示乡村地域演变机理，有助于厘清乡村复兴的逻辑关系，从而为乡村复兴研究提供理论依据。因此，本研究从城乡相互作用理论视角出发，首先厘清城乡相互作用下乡村复兴的研究思路，然后揭示乡村复兴的内涵与机理，进而总结乡村复兴的模式及对策，以期为转型期中国乡村复兴研究与实践提供一种新思路。

---

① 本文摘自《经济地理》，2017（06）：144－150。基金项目：国家自然科学基金项目（41571164；41501187）；江苏省普通高校研究生科研创新计划项目（KYLX16_ 1273）。

一、城乡相互作用下中国乡村复兴的研究思路

（一）城乡相互作用概念解析

随着区域一体化的发展，城市和乡村之间日益呈现出相互依赖、相互共生的关系，城乡相互作用成为区域发展研究的重要理论。20世纪70年代，普林斯顿首先提出城乡相互作用的概念来表征城乡之间紧密联系、相互依赖的关系，并将其概括为五种类型：人口流动、商品流动、资本流动、社会交易以及行政服务的供应，其本质特征即为城乡之间要素的“流动”。此后，城乡相互作用一直是区域发展研究的重要内容，其作用方式、内容、强度随着经济社会发展而不断演进，并呈现出从城乡分离化、等级化到城乡一体化、网络化的研究趋势。但当前研究大多着眼于城乡之间经济、政治、社会、文化活动以及地域要素、功能、价值上的差异及其关系，而对城乡要素联系与空间特征的结合关注不足。相比西方发达国家，中国乡村地域面广量大、区域差异更加显著、城乡关系更加复杂，乡村发展严重受限于区位条件与城乡关系，因此在城乡相互作用概念解析时，需同时关注城乡要素联系及其地域空间特征。

基于此，本研究认为城乡相互作用就是城乡地域人口、产业、资本、技术、商品等要素在特定空间上所发生的联系，包括三个核心元素：要素、城乡联系、空间，见图1。

①要素。要素是城乡相互作用的对象，也是区域发展的“基因”。城市和乡村都是由人口、土地、产业、基础设施等要素构成的，不同要素的多种组合形成了城乡地域经济、政治、社会、文化等活动。要素在城乡地域系统之间流动，会导致要素本身以及组合关系的变化，进而推动城乡地域发展和演变。比如，人口城镇化会影响城乡人口结构、产业机构及消费结构等方面的变化；城市扩张占用大量土地，会导致城市拥堵、失地农民增加以及农业生产功能下降等。

②城乡联系。城乡联系是城乡相互作用的根本特征，也是区域发展的基本属性。城市和乡村共同构成一个彼此开放、相互耦合的地域综合体，城乡相互作用的本质特征就是城乡要素间的密切联系。城乡联系形式主要包括生产联系、消费联系、行政联系、社会联系四种类型，其中生产和消费是经济活动的中心环节，都是围绕市场配置资源，而城市具有集聚经济优势而成为市场中心，因此城乡围绕着原材料、粮食、商品、基础设施以及服务等要素的生产和消费而发生密切联系；城市往往具有较高的行政等级，其行政职能逐级向中心村、自然村辐射，而乡村则逐级反馈，这种联系包括机构联系、组织联系、政府预算流动等方式；随着交通条件的改善，城乡之间通勤更加便利，文化交流、访亲探友等社会联系日益紧密。此外，随着社会经济发展，城乡联系的方式、强度及其影响也随之不断演进。

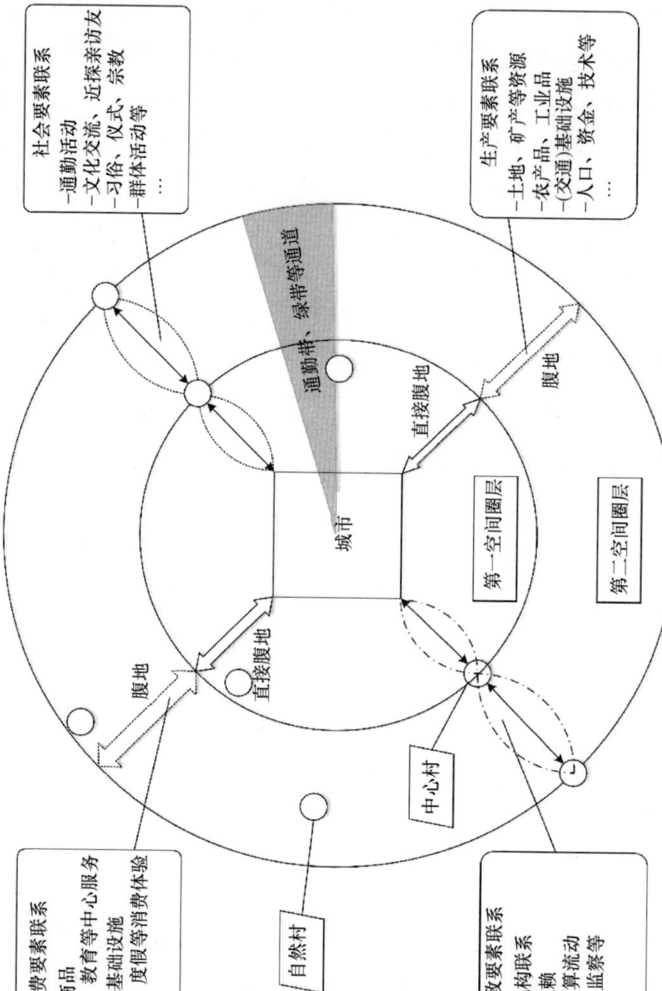

图1 城乡相互作用概念模型

③空间。空间是城乡相互作用的载体，也是区域发展的场所。城乡地域系统可抽象为空间圈层结构：城市位于中心，第一个圈层为城市的直接腹地，第二个圈层为城市的间接腹地；在中心城市与外围乡村之间，往往存在若干条通勤带或绿带，且这种空间特征使得附近乡村具有明显的通勤优势或者产业发展受到空间管制。总之，城乡相互作用受到空间圈层以及通勤带或绿带等空间地域条件的显著影响。

（二）乡村复兴的逻辑关系

通过城乡相互作用的理论透视，表明乡村发展和演变受到要素、城乡联系、空间及其组合变化的影响。在上述“三元素”的共同驱动下，乡村地域的生产结构、消费结构、行政组织及社会文化特征等不断向多元化方向演变，同时乡村发展和演变也会反作用于要素、城乡联系及空间。“三元素”及其组合方式的变化会导致乡村地域的重构。在乡村地理学研究中，乡村重构是城镇化背景下指导中国乡村转型发展的重要理论，主要指乡村社会经济形态和地域空间格局的重新优化。

因此，城乡相互作用与乡村复兴之间存在内在逻辑关系，即乡村演变路径的多元化为乡村复兴提供了逻辑前提，乡村要素、城乡联系及空间的优化重构为乡村复兴提供了重要途径。同时，乡村地域内部的多元化特征与外部的多元化需求决定了乡村发展具有多元价值取向，这也决定了乡村复兴路径是多元的。在此基础上，进一步总结出中国乡村复兴的内涵、机理与模式，见下图2。

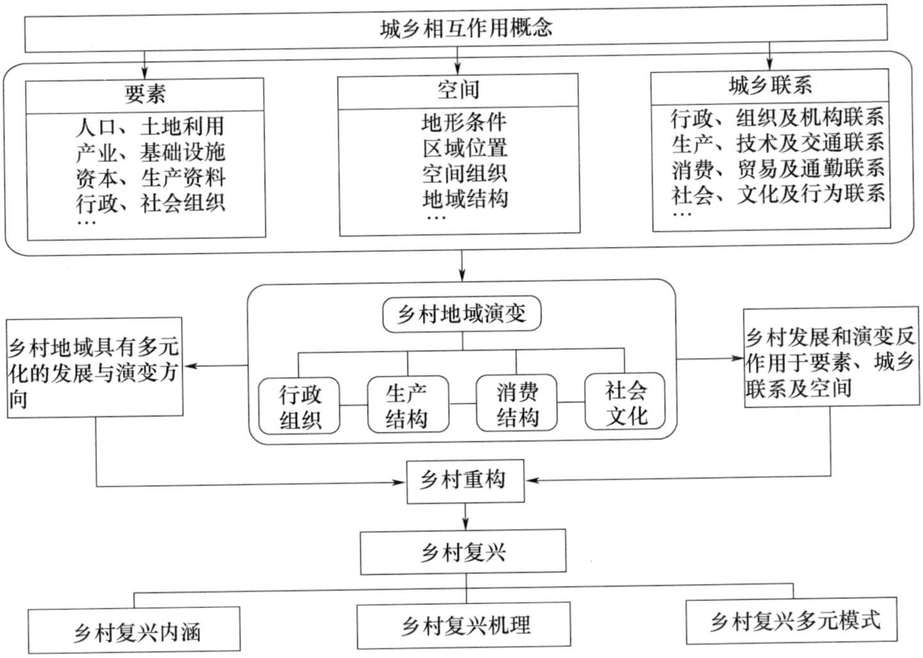

图2　城乡相互作用与乡村复兴的逻辑关系

二、中国乡村复兴的内涵与机理

（一）乡村复兴内涵

乡村复兴研究是对传统的乡村城镇化和工业化发展模式的反思，中国城乡发展正处于转型重构的关键时期，乡村内部、外部环境正在孕育着新的变革动力，乡村复兴面临新的目标任务、具有新的内涵特征。乡村复兴与快速城镇化时期传统乡村发展在要素、动力、路径、理念及相关理论等方面存在显著差异（表1）。

具体而言：①从要素来看，乡村地域要素的发展和管理方式发生了显著变化，表明乡村经济社会发展方式与居民生活方式不断转型发展，乡村复兴内涵呈现新的特征。②在发展动力上，前者侧重城市经济扩散和乡村工业化发展，后者更加重视城乡相互作用以及城乡密切联合发展。③在发展路径上，前者表现为重城轻乡和乡村集聚化的发展路径，后者强调城乡统筹发展，注重自上而下规划与自下而上革新相结合。④在发展理念上，从生产主义转向后生产主义，乡村地域生产价值不断弱化，而生态保育、生活消费、休闲娱乐等多元价值得到广泛认同。⑤在指导理论上，从传统的区位理论转向城乡相互作用理论、乡村多功能转型发展理论等。

表1　乡村复兴与传统乡村发展内涵的比较

—		快速城镇化时期的乡村发展	转型期的乡村复兴
要素	人口	人口快速城镇化	城乡人口双向合理流动
	土地	土地城镇化快速发展	土地资源集约高效利用
	产业	产业的工业化和现代化	产业精明化发展
	资本	金融资本（依赖银行等金融机构）	社会资本（依赖社区集体力量）
	资源	注重自然资源的开发与控制	自然资源的生态价值引起重视
	基础设施	交通基础设施	信息基础设施
	社会文化	传统文化与外来文化相互交织	文化融合发展，更加开放和创新
	行为主体	政府主导，村民参与度不足	多元主体共同参与
动力		外部投资、城市经济扩散与乡村工业化发展	内源性动力与外源性动力相结合
路径		重城轻乡，注重乡村集聚化发展	统筹城乡发展，坚持城镇化与地方根植性相结合的乡村发展路径
理念		生产主义	后生产主义
相关理论		区位理论（中心地理论、中心—外围理论等）、城市规模等级理论等	城乡相互作用理论、精明增长理论、乡村多功能转型发展理论等

（二）乡村复兴机理

从乡村复兴的逻辑关系可知，要素、城乡联系和空间是影响乡村发展和演变的重要因素，而这“三元素”的优化重构是实现乡村复兴的有效途径。因此，在明晰乡村复兴内涵基础上，进一步从要素、城乡联系、空间三个方面来探索乡村复兴机理。

具体而言：①要素是乡村发展的“基因”，乡村地域人口、土地、产业、基础设施、社会文化等要素及其组合方式的变化都会直接推动乡村地域特征向多元方向发展和演变，因此乡村地域要素质量提高与优化配置是实现乡村复兴的重要基础。②城乡联系的变化会导致城乡相互作用方向、内容与强度的变化，并推动乡村地域经济、政治、社会特征的演变。由于城乡联系是区域发展的基本特征，合理有序的城乡联系不仅可以促进城乡要素公平、合理、高效流动，还有助于激活乡村自我更新的内源动力，因此构建和谐有序的城乡联系是实现乡村复兴的重要路径。③空间是乡村发展的物质载体，区位条件、空间组织、地域结构等空间条件的变化也是影响乡村发展和演变的重要因素，而适应空间条件、优化空间组织是乡村可持续发展的重要前提，集约高效的生产空间、宜居适度的生活空间、保护有力的生态空间是乡村复兴重要目标，因此乡村地域生产、生活、生态空间的合理布局与结构优化是实现乡村复兴的重要保障。在此基础上，进一步通过乡村要素、空间及城乡联系的优化重构，可有效推动乡村行政组织高效运转、生产结构和消费结构的优化升级以及社会文化的复兴，从而推进中国乡村复兴。

三、中国乡村复兴的模式及对策

乡村复兴模式是一种针对特定区域的具有较强普适意义的乡村重构路径。由于中国乡村在生产力水平、产业结构、技术构成、城乡联系等方面存在显著的区域差异，乡村差异化发展态势日益明显，乡村复兴模式研究对于明确乡村发展方向、指导乡村建设实践具有重要价值。因此，在乡村重构理论指导下，进一步总结出中国乡村复兴的四种模式：资源置换型、经济依赖型、中间通道型、城乡融合型，并提出对应的发展策略，见表2。

表2　基于城乡相互作用的乡村复兴模式

<table>
<tr><th colspan="2">模式</th><th>城乡联系方式</th><th>主要特征</th></tr>
<tr><td rowspan="2">资源置换型</td><td>农业资源置换型</td><td rowspan="2">生产联系
消费联系
社会联系</td><td>主要位于远离城市中心地区，属于传统农业生产区域。乡村为城市提供农副产品、土地等原材料资源，以置换城市资金、技术、工业产品及服务等资源</td></tr>
<tr><td>工业资源置换型</td><td>主要位于乡镇的中心村及周边区域，区位条件较好，具有良好的工业发展基础，以（初级）工业品置换城市的高级商品和服务等资源。比如江苏省华西村、长江村等</td></tr>
<tr><td rowspan="2">经济依赖型</td><td>传统服务业发展型</td><td rowspan="2">消费联系
生产联系
社会联系</td><td>主要位于城市郊区，生态环境优美或具有重要历史文化价值，可满足城市居民对生态环境、文化体验等特色服务的需求，乡村经济发展依赖城市居民消费。比如旅游度假村、历史文化名村等</td></tr>
<tr><td>新兴产业发展型</td><td>主要位于生态环境良好地区、通勤便利地区、特色资源分布区，或者邻近大学、科技城等地，乡村新兴产业发展依赖城市市场或技术、资金、知识等的扩散。比如文化艺术村、养老服务村、科技发展村等</td></tr>
<tr><td rowspan="2">中间通道型</td><td>行政通道型</td><td rowspan="2">行政联系
空间联系</td><td>主要为各乡镇的中心村，其行政等级介于城市与基层村之间，为基层村提供较高等级产品或服务</td></tr>
<tr><td>交通通道型</td><td>主要位于城乡联系的交通节点或通道上，交通和物流产业的发展有助于产生经济集聚效应</td></tr>
</table>

续表

模式		城乡联系方式	主要特征
城乡融合型	空间联系密切型	生产联系 消费联系 社会联系 空间联系	主要位于城市扩展区域或城市内部，可有效利用城市的基础设施和公共（或商业）服务，并受益于变化的城市市场，乡村的传统特征不再显著，但在管理属性上仍为农村。比如城中村等
	功能联系密切型		主要位于通勤便利的地区，城乡功能联系密切，专门为城市提供特定产品或服务。比如货物中转基地、特定产品或服务供应基地等

（一）资源置换型模式

资源置换型模式，是指通过与城市之间的资源置换来实现乡村的经济社会发展，主要包括农业资源置换型和工业资源置换型两种类型。①农业是传统乡村的主要特征，是维持城市可持续发展的必需资源，目前中国大部分乡村仍属于传统农业资源型乡村，通过为城市提供农产品、原材料等农业资源，来置换乡村发展所需的资金、技术、工业产品等资源。中国东北、华北地区广大的普通乡村，以农业种植为主，产业结构较为单一。一些乡村通过土地整治与流转，实现了农业规模化生产和经营，而且农产品加工业快速发展，产品附加值不断提高，农民收入不断增加，乡村可持续发展能力不断增强，比如山东的南张楼村、五龙社区等。②工业资源置换型乡村，主要分布在乡镇的中心村及周边区域，人口密度和建设用地比重均较高，并具有较好的工业基础，通过提供初级工业产品来置换乡村发展所需的生产、生活资料。该类乡村的地域分布不均衡，主要分布在经济发达地区，比如苏南的华西村、长江村等较为典型，其乡镇工业发达、主导产业优势明显，乡镇工业的繁荣发展推动了乡村复兴，并且已基本实现了农民就地城镇化。

对于该种模式的乡村，需要积极推进乡村产业的专业化发展，坚持以城市市场为导向的特色农产品种植或工业品生产，利用城市资金和技术优势，不断提高产品附加值，加快产业升级改造。其中，对于资源禀赋条件较好的乡村，应大力推进资源的市场化开发和产业结构升级，积极培育优势产业和特色产业，不断加强城乡资源的公平性置换，充分发挥城市溢出效应对乡村发展的促进作用。对于资源优势不明显的乡村，需要积极推进城乡地域空间重构，推动土地、人口、产业、基础设施等资源的优化配置，推进农业规模化和现代化经营，从而提高乡村经济发展活力。

（二）经济依赖型模式

经济依赖型模式，即乡村经济发展对城市经济和市场具有较强的依赖性，自我更新能力较弱，主要包括传统服务业发展型和新兴产业发展型两种类型。①传统服务业发展型乡村往往拥有丰富的生态环境资源或重要的历史文化资源，可满足城市居民对休闲娱乐、寻根探访、文化体验等服务的需求，而且通常位于城市郊区，具有便利的通勤条件和良好的基础设施。比如苏州周庄、嘉兴西塘、皖南宏村等村庄，不仅是自然风景优美的江南水乡古村，还具有重要的历史文化价值，旅游业的繁荣发展推动了乡村复兴，但乡村发展对城市市场的依赖程度较大。②城镇化过程中，一些乡村实现了产业转型，新兴产业快速发展并替代了传统产业。该类乡村的新兴产业主要来源于城市产业转移，并依赖城市的知识、技术、资金及消费市场等。比如，浙江省湖州市莫干山庾村，在乡村重构与改造过程中，引入众多文化项目，最终形成独具特色、享誉盛名的1932文化集市，文化产业的繁荣推动了乡村复兴，被誉为最成功的“乡村改造”之一。

针对该类模式的乡村，需要科学评估乡村地域资源特性，加强生态环境和乡土文化保护，强化乡村特色资源优势，并制订精明化发展策略，合理协调各利益相关者之间的关系。积极促进乡村社区更新，不断完善基础设施及相关服务产业的配套设施建设，增强乡村环境对城市人口、产业、资本等要素的吸引能力。同时，大力推进城乡聚落体系优化与空间组织合理布局，重构集约高效的生产空间、宜居适度的生活空间、山清水秀的生态空间。

（三）中间通道型模式

中间通道型模式，是指某些乡村位于城乡联系通道的中间节点上，并对其经济社会发展产生显著影响，主要包括行政通道型和交通通道型两种类型。①行政通道型乡村主要为各乡镇的中心村，其作为城乡之间的行政通道为各基层村提供行政服务和产品，也是基层村反馈的重要节点，而且这种行政联系往往会进一步产生经济社会要素的集聚，从而增强乡村发展的竞争力，为乡村复兴创造了有利条件。②交通通道型乡村主要位于城乡联系的交通节点或通道上，物流业较为发达，并带动乡村地域人口、产业、资本等要素的集聚，促进了乡村经济社会可持续发展。该类乡村数量较多、空间分布较为广泛，主要包括区域内的重要集镇或者重要道路沿线的村庄等，具有区位条件优越、聚落规模较大的地域特征。

针对该类乡村复兴模式，需继续加强城乡通道联系和建设，创造条件将城乡联系优势转化为乡村发展优势，增强乡村经济竞争力。对于行政通道型乡村，需要积极改善交通、教育、医疗等基础设施条件，将行政服务的等级优势转化为经济发展优势，促进产业集聚化发展。对于交通通道型乡村，应充分利用交通优势发展商贸流通服务业，培育区域商品交易集散中心，促进乡村经济社会可持续发展。

（四）城乡融合型模式

城乡融合型模式，即城乡之间存在密切的空间或功能联系，乡村地域的产业发展、资源配置、功能定位通常以城市市场为导向，可划分为空间联系密切型和功能联系密切型两种类型。①城乡空间联系密切型乡村主要分布在城市扩展区域或城市建成区范围内，但城市开发边界的扩展可能导致土地破碎化以及地域功能性失调。该类乡村的传统经济社会特征不再显著，以大城市中的城中村最为典型。比如广州市羊城村，随城区不断扩建，乡村经济受城市空间影响显著，且获益于动态变化的城市市场，但乡村社会文化不断嬗变，最终形成一种介于城市和乡村之间的特色“村落”，并逐渐融入城市中。②城乡功能联系密切型乡村主要为城市提供某种特定产品或服务，城乡产业互补性较强，且通勤条件便利。比如，河北省三河市燕郊镇，因具有毗邻北京城区的区位优势，其居住功能及相关产业快速发展，城乡通勤活动不断加强；三河市菜官营村，则建立起蔬菜专业合作社，专门为京津地区供应果蔬产品，农民收入不断提高，乡村实现转型发展。

针对该类模式的乡村，今后需大力破解城乡二元结构壁垒，加强城乡要素联系，使乡村发展获益于城市经济的溢出效应或城市功能转移。对于空间联系密切型乡村，积极推进城乡地域空间重构，创新城乡土地统筹配置方式，大力发展乡村空间经济。对于城乡功能联系密切型乡村，应积极承接城市产业转移，加强城乡产业分工与协作，优化城乡功能合理布局，促进城乡地域功能的融合发展。

四、结论与讨论

（一）结论

本研究基于城乡相互作用理论，对中国乡村复兴研究进行了初步探索。其结论如下：

（1）构建了城乡相互作用概念模型，包括要素、城乡联系、空间三个核心元素。其中，要素是城乡相互作用的对象，也是区域发展的“基因”；城乡联系是城乡相互作用的根本特征，也是区域发展的基本属性；空间是城乡相互作用的载体，也是区域发展的场所。并揭示出城乡相互作用与乡村复兴之间存在内在逻辑关系，即乡村地域演变路径的多元化为乡村复兴提供了逻辑前提，乡村要素、空间及城乡联系的重构为乡村复兴提供了重要途径。

（2）与快速城镇化时期传统乡村发展特征相比，转型期中国乡村复兴具有新的内涵特征：①从要素来看，更加注重要素的集约利用和精明发展、更注重社会文化的包容和多元主体参与的乡村治理；②从动力来看，更加注重内源动力和外源动力的结合；③从路径来看，坚持乡村城镇化和地方根植性相结合；④从发展理念来看，从生产主义逐渐转向后生产主义；⑤从指导理论来看，从西方城市中心论转向多元化的乡村发展理论等。在此基础上，从要素、城乡联系、空间三个方面探索了乡村复兴机理，即乡村地域要素质量的提高与优化配置是实现乡村复兴的重要基础，构建和谐有序的城乡关系是实现乡村复兴的重要路径，乡村地域生产、生活、生态空间的合理布局以及城乡空间结构优化是乡村复兴的重要保障。

（3）在乡村重构理论指导下，进一步总结出中国乡村复兴的四种模式：①资源置换型模式，是指乡村通过农产品、初级工业品等资源来置换乡村发展所需的城市资金、技术、知识及服务等资源。②经济依赖型模式，是指乡村经济依赖城市消费市场或城市资金、技术、知识等要素。③中间通道型模式，是指一些乡村具有行政服务或交通联系优势，并据此产生经济集聚效应。④城乡融合型模式，是指城乡之间存在密切的空间或功能联系，乡村发展获益于城乡之间的密切联系。并分别提出针对不同模式的乡村复兴策略。

（二）讨论

本研究从地理学视角出发，首次通过城乡相互作用理论来探索转型期中国乡村复兴的内涵、机理与模式，为乡村复兴研究提供了一种理论支撑。研究结论可为推进城乡地域要素与空间重构、构建和谐城乡关系以及制定精明化的乡村复兴策略提供科学依据。而乡村复兴是一项复杂性和综合性的课题，涉及经济结构、社会文化、城乡关系、土地制度等多方面的内容，今后中国乡村复兴研究需要在理论上做深入、细致、系统的研究，在实践上做全面、翔实、科学的调查，并进一步探索和建构中国乡村复兴的多元路径。

参考文献请见原文。

（撰稿人：李智，南京师范大学地理科学学院博士研究生，主要研究方向为城乡发展与区域规划；张小林、陈媛、李红波，南京师范大学地理科学学院、江苏省地理信息资源开发与利用协同创新中心）

乡村社区复兴的两种模式：韧性视角下的启示与思考[①]

引　言

全球化和城市化进程使乡村发展面临诸多挑战。当代乡村消费化是城市需求推动下的产物，本质上是乡村空间的资本化现象，由此带来的是乡村空间的异化，而非真正的乡村复兴。乡村社区可持续发展是乡村复兴重要的社会空间载体，面对现代性导致的各种变化和不确定性，乡村社区发展面临着困境和机遇。如何抉择是个难题，是积极地引入资本以快速发展乡村经济，摆脱贫穷衰落的泥沼？还是努力寻求基于地方独特性的自我经营模式？如何抉择没有标准答案，区别在于价值评判标准和发展愿景的不同。作为地方的乡村社区需要长久和持续的发展，而不是昙花一现。在面临（未来不可避免的）不确定事件的冲击时，可能又将陷入新的困境，乡村社区是否可以拥有持续的适应和转变能力？

韧性为实现可持续目标提供了新思路和创新途径。目前韧性研究多数集中于应对灾害的韧性构建，多从城市和社区两个层面来讨论。对于社区韧性的构建也逐渐从物质环境转移到关注社会和人的作用，社区居民成为社区韧性的研究主体，但是多数研究为灾害韧性的评估方式、指标和研究框架。对乡村社区韧性的讨论还较少，有学者从“恢复力”的角度讨论了乡村社区的空间演变与重构。从韧性的概念可以看出，灾害只是一种扰动较大的变化，而当前全球化和城市化背景下的社会、经济、政治等变化，可能对乡村社区产生更为强烈和持续的影响。对乡村社区韧性的讨论，从单一灾害视角转向综合视角，探讨乡村社区的总体适应和发展转变能力，可为乡村复兴研究提供新的视角。

笔者选取的两个乡村社区——绅士化的宏村社区和草根化的桃米社区，在全球化和城市化的冲击下，都完成了由传统农业向现代旅游业的发展转型。两个社

---

① 本文摘自《国际城市规划》，2017（04）：22－28。基金项目：国家重点研发计划课题（2017YFC0505705）；国家自然科学基金（51278504）。

区都在2000年左右开始了从传统农业向现代旅游业的转型，基于不同的发展本底，选择了绅士化和草根化两种不同的复兴模式，至今已有近17年的发展历程。从韧性的概念——“系统为回应压力和限制条件而激发的一种变化（Change）、适应（Adapt）和改变（Transform）的能力”——来看，它们无疑都是成功的。但是面向更远的未来，两种模式是否拥有不同的转换和发展能力？尝试回答这个疑问，笔者从韧性视角对比评析两个乡村社区的差异，试图探讨造成差异的深层次原因，进而提出乡村社区韧性构建的路径启示。

一、概念解析

（一）韧性概念的两次范式转换

韧性概念从工程韧性到生态韧性，再到演进韧性的两次范式转换，有着世界认知观与价值转变质的突破。工程韧性和生态韧性都认为系统存在均衡状态，隐含着终极平衡和理想稳定状态的认知观。演进韧性认为不管系统是否受到干扰，内部张力也将导致系统随着时间发生变化，系统并不存在所谓永恒的“均衡态”，而是在动态过程中不断地转化为“新常态”，认为系统是“复杂的、非线性的和自组织的，充满了不确定性和不连续性”。因此韧性不应该被视为系统对初始状态的一种恢复，而是复杂的社会—生态系统为回应压力和限制条件而激发的一种变化、适应和改变的能力。演进韧性把重点从生态韧性强调的“坚持和适应能力”转变为“转换能力”。如，新奥尔良飓风之后市民并不希望回到原来脆弱的城市状态，而是期望更安全和更好的社区环境。

（二）乡村复兴

“乡村复兴”应超越传统的乡村转型路径和表面化的乡村环境建设，存在内外两层基本内涵：外在彰显乡村的独特性，在城乡连续谱系中具有不可或缺的地位；内在流通城乡要素，实现多向度的乡村经济和社会自组织。“复兴”强调的是在现代语境下重塑乡村耐人寻味、不可或缺的文化传统与独特价值，而不是使其沦为城市的简单附庸。乡村复兴包含两方面的内容：一是通过乡村内部要素重组和整合，重新恢复乡村的活力与稳定；二是对外形成自己独特的产品或影响力，根据自身差异性定位对城市有主动作为的输出与互动，转变城乡依附的关系。可见乡村复兴的核心与基础是挖掘和保留乡村自身的独特性，目标是通过实现乡村经济复兴和社会自组织，改变依附的城乡关系。不能从单纯的经济发展角度衡量复兴，而是应该从“空间—社会—经济—环境”等多重维度来评析乡村复兴的模式和结果。

（三）乡村社区韧性

乡村是行政范围内的所有地理空间，乡村社区则更强调居住功能和社会组织体系，具有社会—空间双重概念。乡村社区是组织更简单、独立和完整的系统单元，可以更直观地从韧性视角来评析不同模式的发展差异。乡村社区持续发展是乡村复兴的关键载体。乡村社区韧性可以对应韧性“生态—社会系统”的概念语境，体现社区居民活动的主体特征对外界干扰或变化（社会生产方式、居民生活方式、自然环境过程等变化）的适应和创造性转变的能力，有明确的韧性主体（resilience of what）和韧性对象（resilience to what）。相较于城市社区，我国乡村社区具有韧性构建的天然优势。首先，乡村社区的土地归集体所有，社区居民对环境开发有更多的自主权；其次，乡村社区是基于血缘和地缘的熟人社会，具有先天的社区归属感和凝聚力。最重要的是，乡村社区是人地关系联系紧密的、完整的、地域性的生产生活生态集合体。

二、乡村社区复兴的两种模式对比

（一）两种模式的选择：绅士化与草根化

位于安徽省黟县的宏村社区，具有优秀的历史文化资源，被誉为“画里乡村”。早在900多年前的明清时期，宏村居民就借助自然河道改道的契机，层层递进构建了村落的水网格局。将自然河道与人工水系结合在一起，既能够预防自然灾害，也满足了居民日常生活需求。水系得以长久良好运转，离不开徽商的经济支持和宗族的组织管理，这不仅是宏村的标志性特色，也是我国古代传统生态智慧的直接体现。但宏村在20世纪末时发展得并不顺利，居民多次尝试经营旅游业都以失败告终。一方面是缘于西堤（临近宏村）优先发展旅游业的冲击，另一方面宏村的旅游产权并不属于社区居民而属于黟县人民政府，居民对自身旅游业的发展没有话语权。1998年宏村因优秀的历史文化资源吸引了外部资本入驻，外部资本方获得了宏村30年的旅游经营权。宏村开始了由强势外部资本主导的快速绅士化发展。

位于中国台湾中部南投县的桃米社区，是一个贫穷落后的无名小村落，由于垃圾填埋场设于此，当地人自嘲为“垃圾里”。当地人以种植竹子维系生存，由于生存现状相当艰难，桃米的人口外流现象非常严重，人口结构老龄化。桃米迎来的转折基于一场灾难——1999年的“9·21”大地震摧毁了桃米80%的房屋。震后的桃米得到了台湾的非营利组织和专家团队的关注，以及政府的赈灾资金（用于社区灾后基本生活秩序重建的应急款项）。没有良好的资源本底，又处于灾难的摧毁下，桃米开始了基于多组织协助，缓慢并充满未知的草根化社区营建历程。

（二）两种发展图景：快速与渐进

1. 绅士化快速发展的宏村社区

宏村社区利用资本的力量，通过几个大事件的助推，使旅游业取得了快速的发展。2000 年申遗成功，知名电影《卧虎藏龙》在此取景等，使宏村社区在国内外的知名度大大提升。同时历史遗产的保护工作也在进行，目的在于防止旅游开发对历史遗存产生破坏。这两种力量都对宏村的发展产生了积极作用，快速的经济发展也提升了当地人的生活品质，宏村社区的外部物质空间如公共设施和水系等都得到了很好的维护，至今还能很好地被社区居民使用（图 1）。年游客总数从 2000 年的 8 万人增至 2015 年的 185 万人，旅游收入 1.14 亿①。旅游业的快速发展也带来了诸多矛盾和问题：被资本控制的村落公共空间被旅游开发取代，不再具备举办社区公共活动和提升凝聚力的功能；承担着居民日常生活交流的月沼被游客和相机占满，公共空间的传统交流功能被弱化；资本方与本地居民之间的矛盾加剧，利益分配问题导致多次冲突事件，引发了居民的负面情绪，成为影响社会安定的隐患。

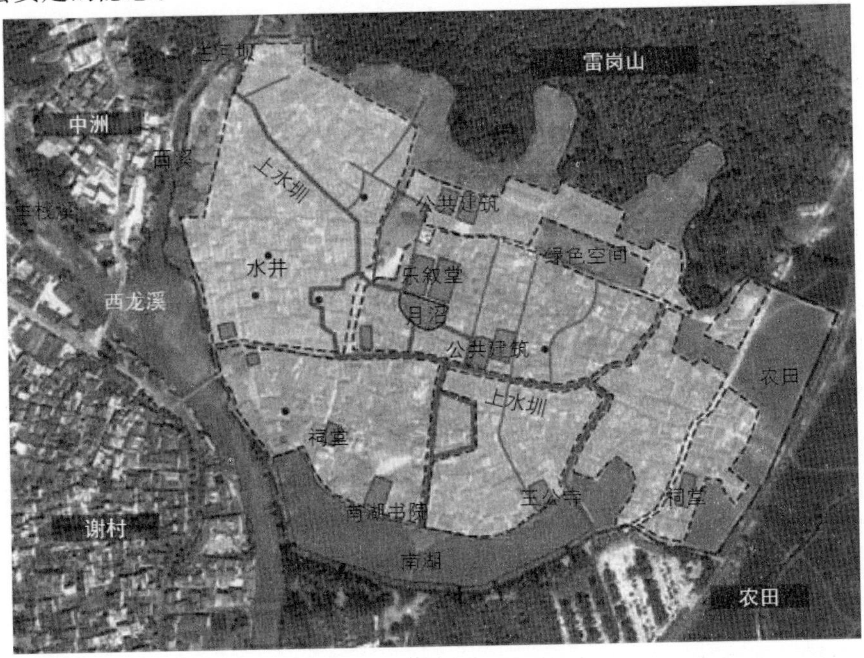

图 1　宏村水系示意图

2. 草根化渐进式发展的桃米社区

桃米社区实践先改变“人”，重构人与社会、人与自然的共同体关系，然后再推进实体环境的重建。经历了三个阶段。第一阶段重点关注“人的改造与成长”，通过专家团队（台湾淡江大学、台湾中兴大学、台湾特生中心）和非营利组织（台湾新故乡基金）的协助，对桃米社区外部环境资源进行了详细调查，发现桃米社区拥有丰富的自然生态资源（如物种多样性，台湾共29类青蛙，桃米就有23种），让村民重新认知和体验周边环境，构建社区的核心价值，通过专业化分工协作，形成专业互助的感情纽带，社区逐渐形成环境共识。如“生态解说员”的职位设定、以户为单位的个性化民宿经营尝试、“以工代赈”、成立社区工班组织“就地营造”、“大家来清溪”等多样化的社区活动（图2，图3），重构了社区居民之间协同互助的社区情感。第二阶段为桃米社区生态产业运营阶段，台湾新故乡基金逐渐将事务移交给桃米社区居民，居民的自主能力和社区意识逐渐加强。灾后第三年（2002年）桃米社区正式成立游客中心，游客人数从2002年的7 889人增至2014年的54万人。面向青少年和儿童的生态休闲旅游（如以青蛙栖息地为主题的朔溪活动）和以青蛙为主题的手工艺品逐渐形成桃米社区的主导产业，已经成为社区居民的稳定经济来源之一，是桃米社区发展获得持续动力的源泉。第三个阶段为桃米村与非营利组织的合作。在自主运营之后，桃米社区开始寻求与非营利组织的合作，其中纸教堂形成社区精神纽带，不仅是桃米社区震后的社区精神凝聚力的体现，也是新故乡基金推广台湾社区营造经验的基地。

（三）两种发展结果："转变"（transfer）与"进化"（evolution）

宏观社会环境限制了各自的选项，造就了选择的必然性。桃米模式目前来看是成功的，但最初也属无奈之举，居民在灾难的绝望中，对自主营建有迟疑和不确定，是多方外力与居民的共同努力促成了今天的局面。最重要的是，台湾具有成熟的社区自主营建的社会环境，如非营利组织和民间融资平台提供的资金支持，社会意识中草根力量和社会自组织的壮大，以及政府对社区自治倡导并提供法律保障（2004年台湾通过了“社区营造条例”来保障社区的自治权力）。宏村在2000年左右并不具备以上的发展环境，当地人在经历自主开发失败后，如何生存下去是当务之急，大资本的入驻也是幸运的，否则宏村也有可能面临衰败的风险。目前看来，两个村落都成功地完成了在逆境中的转化，从传统农耕型乡村社区转向了现代旅游型乡村社区，居民的生活水平有了很大的提升。但是不同的资源开发模式带来了不同的发展结果：宏村利用资本的力量，快速将本地历史文化资源转化为新的经济增长方式，完成了自身资源与外部资本结合的“转变”（transfer）历程；而灾后桃米在诸多团体共同协助下，有效挖掘长期被忽视又极具独特性的村落环境特质，取得了旅游开发与乡村社区复兴相结合的渐进式“进化”（evolution）历程，原有村落“底色”既是旅游开发的象征与符号，又成了重聚社区的精神内核。

图 2　“大家来清溪”活动

图 3　“就地营造”的蛙树亭

（四）两种模式对比评析：渐进的草根化模式更具韧性

两种模式都成功完成了转化和发展并构建了韧性，但是却有韧度（capacity of resilience）的高低之分。虽然学界已有韧度的讨论，但还没有统一的韧度量化研究。有学者认为韧度取决于居民的韧性及调动资源的能力；也有学者从韧度的构建角度指出，规划师除了构建具有韧性的空间环境之外，更要重视适应性的社会机制及有意义的公众参与。其实都强调了空间环境、社会网络机制以及两者相互关系对韧度构建的决定性作用，笔者将从以上三个方面来评析两个社区的韧度。

第一，从物质空间环境来看，宏村与桃米都很好地保护并开发了自身的环境资源。第二，从社会网络发展来看，两者最初都是以血缘为基础的乡土熟人社会，宏村受到外部资本的冲击，双方形成了较为紧张的关系，也加剧了自身社区内部的社会分化（外部资本方按照社区居民的类型来进行利益分配）；而桃米则在自主营建的过程中，不断重建和加强原有分散的社区意识和凝聚力，以纸教堂为标志，形成了灾后新的精神凝聚核心，与多方协助组织之间形成了良性的合作关系。第三，从社会网络与环境资源的关系来看，宏村居民对其环境的认知和开发，在外部资本方入驻之后并没有得到更好的发展，因为开发权和决定权不在居民手中，居民无法真正地参与社区产业的发展决策；桃米社区复兴模式将社会网络与环境资源的开发紧密结合在一起，过去的 10 多年居民通过学习、认知、尝试、经营完成了对自身资源开发利用的历程。

基于以上分析，将眼光投向 2030 年和更远的未来。宏村与外部资本方的合同将在 10 多年之后终止，预想 2030 年左右外部资本方与宏村的合作模式将有几种可能：（1）宏村发展势头良好，外部资本方愿意继续合作，但是宏村以利益分配不均问题中止续约，开始自主经营；（2）宏村与外部资本方达成新的合作协议，以更满意的分配方式继续合作；（3）宏村发展每况愈下，外部资本方主动撤资。不同的状况下，宏村所面临的风险与挑战及对韧度的要求都不一样。由于环境开发与社区居民之间的脱节，社区居民是否有能力应对新的变化并开始新的发展是个疑问。桃米社区居民拥有独立和完善的自治能力及管理系统，有理由相信其有能力面对将来的变化。因此，草根化的乡村复兴模式相比绅士化的乡村复兴模式具有更高的韧度（表1）。

表1　两种模式的对比评析

对比内容	资本主导型的安徽宏村	社区自治型的台湾桃米
资源	历史文化遗产	自然生态资源
起点	“中国画里乡村”	贫穷落后的“垃圾里”
转折点	2000年申遗成功	1999年地震
发展目标	国家历史文化名村	生态村
社会背景	经济快速发展，历史文化保护工作起步，非营利组织民间融资不成熟	台湾社会运动、非营利组织和民间融资的成熟
发展路径	强势外力（营利组织）主导、内力被排挤	外力（非营利组织）辅助、内力为主
改造模式	资本主导先开发“空间”。“人”处于波动，弱势地位	社区自治先改变“人”，后营造“空间”
优缺点	优：快速发展当地经济，提高当地人生活质量 缺：居民的参与感缺，引发社会矛盾，不可持续	优：渐进，自主、可持续缺：需要较长年限、速度缓慢
管理模式	外部资本主导的旅游管理	社区自主管理
社区认同感与归属感	社区主体话语权丧失（本地人迁出社区中心）。	成功重构本地居民的社区认同感和归属感
物质空间环境变化	外部资本很好地保持了物质空间原貌，但限制了物质空间有机生长：由于产权和经营权等问题，物质空间与地方社会网络无法有机融合	渐进步，有要机而具有创造性的改造，与自然环境良好融合，与地方社会网络密切结合
社会网络	由于公共利益的分配不均，导致社区的居民产生负面情绪，社区的参与和自主管理水平低	良好的社区互助邻里关系，纸教堂成社区的精神核心
社区精神核心	丧失，乐叙已经被资本占有，原有社区精神凝聚力丧失	重构：纸教堂重构了社区居民的精神核心

三、乡村社区韧性构建的路径启示

（一）韧性社区构建不是完全意义上的“自力更生”

在生态学领域，韧性强调的是系统自身的恢复、适应、转变、发展的能力，尽管广泛的社会网络有助于培育适应能力并增强韧性，但它不能取代反应迅速、负责任的政府管治。作为一种社会行为和活动，韧性的构建需要政府、居民、资本团体、规划师等共同参与才能实现。从两个案例中也可以看出，桃米社区的韧性构建，虽然由当地居民亲自实践和完成，但也离不开社会多组织的协助，尤其是政府的政策转向及社区意识提升的社会大环境。宏村选择的局限也是由于不成熟的社会环境条件，无法形成多元治理模式。从社会—生态系统管理实践的角度，我们不希望系统崩溃（虽然是可能的），而希望能找到更好的发展路径和方式。除了系统本身的努力之外，外界环境能提供的协助与良好的价值引导也是必要的因素。

（二）相对于大事件更注重微小渐进式的韧性培育

传统韧性实践的研究文献多数关注系统突发的、大型的灾害事件，而忽略了系统渐进的、微小的、积累的变化。灾害管理固然重要，能够迅速将系统恢复至正常运转的状态；但是系统的适应性学习和管理机制的建立，也不容忽视。桃米和宏村两个社区的发展，即使没有外部环境的干扰也有可能发生变化，因此渐进积累式的韧性培育是保持良好发展的基础。在应对未来的不确定事件中，桃米社区比宏村社区更具转化和发展的能力。

（三）适应性学习和创造力培育是韧性构建的关键环节

社区从外部干扰完成转化的过程中，适应性学习能力和创造力培育是韧性构建的关键环节，其中最为重要的是居民对自身环境生态知识的认知学习和创新式利用。适应性学习过程是系统反馈调节的前提条件，影响着个体认知和社会行为模式。桃米渐进式的发展模式并没有清晰的路径，是在发展过程中摸索出来的。漫长和不确定的营造历程，给社区居民提供了自主学习、改造环境、不断尝试并积累经验的机会，如社区居民成立社区工班对社区湿地景观进行的改造过程，社区居民对各自房屋进行的个性化重建等，使得居民的创造力得到了很好的发展，重塑了社区多样化的空间环境（每户权属范围内外部环境都各有特色），建立了人与自然、人与人之间协同共生的关系。宏村社区的发展路径是清晰明确的，但限制了居民与自身环境之间学习、适应、创造能力的培育，资本撤资后宏村社区的发展将面临新的困境，是否有能力完成新的转换值得怀疑。但是宏村在明清时期最初构建村落时，却是村民自主筹资、管理、设计、建设了整个宏村的水系和村庄格局，每一个阶段都根据当时的状况做出合理的安排和调整，包含了宏村居民独特的创造力。然而后期的转型中，其优秀的传统生态实践智慧，在新时期没有得到创造性的延续和转化（图4）。

宏村——资本主导下的“转化”	桃米——自我营建下的“进化”
发展路径：清晰、明确、直接、快速	发展路径：不清晰、不确定、摸索、渐进

片面追求经济发展效益，居民学习能力和开发能力缺失	为居民学习能力、创造力、开发能力、在韧性的培育提供机会和实践

图4　两种发展路径

（四）社会网络建构是韧性构建的核心要素

灾害韧性是社区或社会利用冲击或压力来改变其非核心属性，完成自我重建从而适应新的状态。社区的个体与之共同构成的社会网络可以被视为社区的核心要素，因为韧性最终要归结于个人和社会网络，物质建设过程是必须的，但它不是使城市或社区复兴并富有韧性的充分条件。草根化的社区复兴模式比绅士化复兴模式更具韧性，是因为重构了良好的社会网络与社会系统。乡村社区韧性离不开良好的社会行为方式，将可感知的社区环境过程与生命体验相结合，可以培育人与自然之间互惠共生关系的契约精神，是调节居民行为方式的基础。桃米社区发展模式使每个社区居民都参与到社区的重建过程中来，完成的不仅是物质空间的重建，更重要的是重塑了社区良好的社会系统，提升了社区精神凝聚力，产生了维持社区系统功能的内生动力，最终改变的是社区个体及共同组成的生命网络。其最大的特质不是精致的空间，而是社区的生命力，这是社区面对未来变化进行创造式转变的前提，是社区韧性构建的核心要素。

四、延伸思考与讨论：韧性社区需要生态智慧的引导

回应最初提出的问题，乡村社区复兴模式的优劣在于用什么价值标准去评判。基于韧性社区构建的视角，草根化的乡村社区发展模式优于绅士化的乡村社区发展模式。韧性理论为解决可持续悖论（静态的空间环境与变幻莫测的发展环境之间如何可持续的悖论）提供了一种视角和可能的方式，为实现可持续发展目标提供了新的思路和创新途径，生态智慧为实现“善”的可持续发展的提供价值和行为准则。通过案例对比评析发现，最终造成两种模式差异的是背后价值取向的不同。但由于韧性理论更多的是关注实践行动，不关注价值选择，而生态智慧则为韧性实践提供了价值指引。

（一）生态智慧为韧性社区实践提供了“善”的价值指引

20世纪60年代后，西方城镇规划范式发生了转变，城镇规划实践决策最根

本的是价值判断——判断做什么和如何做好，关于实践思考和判断的理论被认为是城镇规划绝对的焦点。而生态智慧为城市规划和景观提供了实现长久可持续发展的指引，最为重要的是价值指引和判断。因为生态实践智慧是做出正确判断和采取正确行动的能力，生态智慧不仅强调通过生态知识来理解人类环境系统，更赞成人类与自然先天的情感归属，可以指引城市规划者和设计者，选择正确的方式做正确的事。与现代生态科学及相关学科对具有普适性的“真”的追求不同，生态实践智慧是在特定情境下发现相关知识、发明和运用适用技术对“善”的追求，其内涵是选择“正确的”生态知识成功进行“为善的”整体生态实践能力。

从这个角度重新审视两个案例，宏村模式的价值取向对于整体经济发展来说是“好”的，但长远来看对环境与居民并不是“善”的，因为它并没有实现人与自然、社会与自然之间的和谐共生，而宏村本身所具有的优秀的传统生态智慧，也没有在绅士化的模式中得到延续与转化。桃米从地震的绝望中，通过渐进式的环境营造，有效地获得实践经验和形成环境共识，逐步实现人—自然的永续共存。最初的发展模式选择对人和环境都是“善”的。因此，对韧性社区实践的价值引导，将有利于我们以更长远和整体的目标来做出智慧的抉择。生态智慧正是为韧性规划提供了“善”的价值指引。

（二）韧性社区实践是体现传统生态智慧的途径和方法

韧性规划与生态智慧属于两个层级的领域，韧性规划属于实践领域，生态智慧属于哲学的方法论领域。有学者用二元的观点，将知识和智慧的层级关系划分为“数据—信息—知识—智慧”，而在生态实践活动中，存在着“知识—实践—智慧—新的知识—新的实践—新的智慧”的认知和行动的关系。生态智慧为韧性社区实践提供价值引导的同时，韧性社区实践通过体现生态智慧获取可持续发展的路径。生态智慧追求的是人与环境的动态平衡状态，将社区实践作为整体考虑，不追求单一系统的最优化。可以将乡村社区所蕴含的传统生态智慧，凝结成现代的实践行动指导原则，为乡村社区的可持续发展提供指引。

（三）韧性规划和培育需要挖掘、学习、创新、延续当地的生态智慧知识与经验

韧性规划作为一种实践活动，与生态智慧之间有两个转化的环节，将实践转化为知识进而升华为智慧。生态实践智慧强调应该在智慧的行动下进行知识的实践应用，如果没有智慧，知识会被滥用。反过来讲，如果没有知识和经验的积累也很难达到智慧。所以韧性规划首先需要挖掘、延续和创新当地的生态智慧知识与经验。宏村的水系网络历经 900 年现在依然发挥着作用，它所承载的优秀生态

智慧，在资本导向的发展模式下并没有被很好的延续。而桃米却在草根化的进程中，通过生态学者和相关团体的协助，重新挖掘和认知了当地的生态资源，这种环境共识和社区体验是桃米社区发展生态产业的基础，桃米社区建构的社会系统在面对将来的变化时，更有能力做出适宜的选择（图5）。

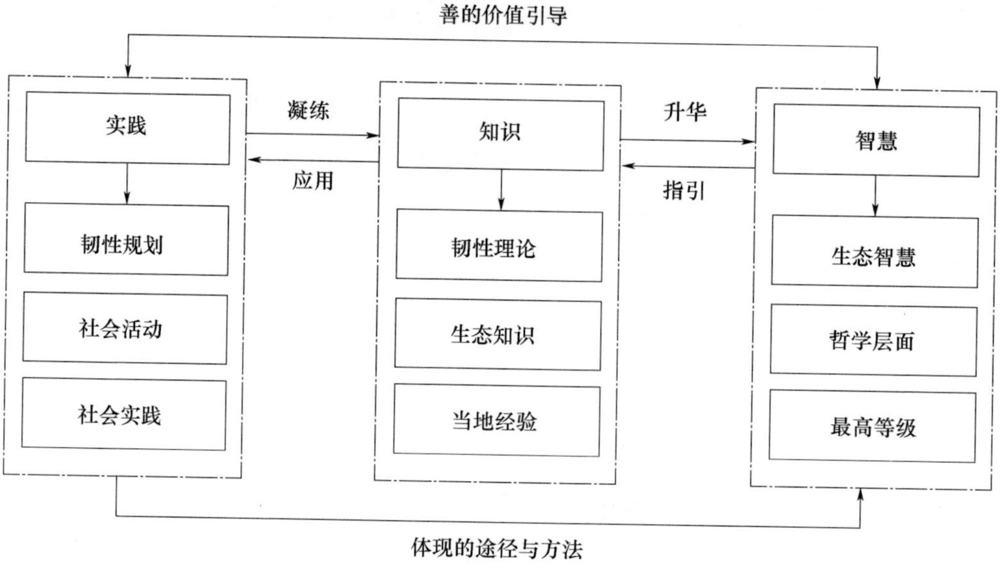

图5　韧性规划与生态智慧关系示意图

五、结语

从韧性视角评析绅士化和草根化的乡村社区复兴历程，认为韧性概念强调的不仅是恢复力，还是转化力及更好的发展能力。草根化乡村社区发展模式比绅士化发展模式更具韧性，其中起决定性作用的是关联社会网络的社会学习过程和反馈调节机制，影响着个体认知和社会行为模式，可以实现人—自然协同共存的可持续目标。韧性社区实践还需要生态智慧“善”的价值指引，并在实践过程中挖掘、学习、创新、延续当地的生态知识，使之升华为新的生态智慧，并指引新的韧性规划实践。

以两个乡村社区复兴模式作为镜鉴，认为单纯依赖于经济发展的价值判断来衡量乡村复兴水平，可能会导致乡村空间的异化和社会矛盾的产生，甚至磨灭乡村赖以生存的独特性和唯一性。宏村社区在现代资本的冲击下使原本优秀的传统生态智慧逐渐稀释，而桃米社区则在灾难中重塑了现代生态智慧。而如何被稀释？如何再创造？笔者从韧性的视角评析给出了部分的解释。虽然每一个案例都有其特殊性，但是“好”的复兴路径是可以有共性的，这就需要更多的深入调查和实证研究，希望在后续研究中可以继续追溯答案。

参考文献请见原文。

（撰稿人：颜文涛，同济大学建筑与城市规划学院、高密度人居环境生态与节能教育部重点实验室教授，同济大学建筑与城市规划学院生态智慧与生态实践研究中心副主任；卢江林，重庆大学建筑城规学院博士研究生）

第二篇　特色小镇

特色小镇是我国在新历史时期、新发展阶段的创新探索和成功实践。推进特色小镇规划建设，有利于增强小城镇发展能力，加快城镇化进程；有利于改善城镇发展面貌，提高人民群众生活质量；有利于挖掘优势资源，发展壮大特色产业；有利于统筹城乡发展，破解“三农”难题。

特色小镇发源于浙江，2015 年 12 月，习近平总书记做出重要批示，抓特色小镇、小城镇建设大有可为，对经济转型升级、新型城镇化建设具有重要意义。2016 年 7 月 1 日，住房城乡建设部等三部委联合发布通知，决定在全国范围开展特色小镇培育工作，提出到 2020 年培育 1000 个左右各具特色、富有活力的休闲旅游、商贸物流、现代制造、教育科技、传统文化、美丽宜居等特色小镇。之后国家在特色小镇推动工作上持续发力，接连推出相关政策，对特色小镇建设原则与内容、推荐流程、选拔标准等诸多方面提出了具体部署，并与农发行、国开行等联合发布金融支持政策。截止 2018 年 2 月，全国两批特色小镇试点 403 个，加上各地方创建的省级特色小镇，数量超过 2000 多个。

目前，特色小镇培育尚处于起步阶段，在建设推进过程中，部分地方存在不注重特色、概念不清、定位不准、急于求成、盲目发展以及市场化不足等问题。住房城乡建设部、发改委等部委对于保持和彰显特色小镇特色、规范推进各地区特色小镇建设提出指导意见，保障相关工作积极稳妥有序推进。

在全国各地方深度摸索特色小镇培育建设的大背景下，本章节选取《中国特色小镇空间分布特征及影响因素研究》、《特色小镇的全流程规划与实施探索——以杭州梦想小镇为例》、《以“五大发展理念”引领特色小镇的培育建设》、《特色小镇“全域化”生态治理：政治语境、系统建构与政策路径——基于苏浙案例的分析》和《我国特色小镇品牌建设的价值与路径探讨》五篇文章，从全局总览、案例解析、发展路径、品牌建设等视角，对特色小镇培育建设工作进行深入解读。

中国特色小镇空间分布特征及影响因素研究[①]

一直以来的“增长主义”发展模式对于新常态下的城镇化建设已经难以为继，江苏、上海等地掀起了创建特色小镇的热潮并迅速在全国蔓延开来。特色小镇能够实现区域性空间要素集聚，是优化产业结构、推进供给侧改革、合理化生产力布局和破解空间资源瓶颈的重要抓手。在全国特色小镇的推荐工作中，住房和城乡建设部明确要求以旅游文化产业为主的特色小镇的推荐比例不超过1/3，反向衬托出旅游特色小镇的打造十分风靡。国外特色小镇的旅游开发与建设源于乡村旅游的盛行，形成了英国巴斯小镇、温莎小镇等一批典型代表，中国的特色小镇是政策体制下先试先行的示范基地，如此大规模的发展建设必然容易产生盲目模仿、定位偏差和规划失误等问题。现阶段国内有关特色小镇的研究仅停留在实践模式探索阶段，围绕特色小镇的建设意义、规划对策和路径选择等内容展开，还有部分学者以起步较早的特色小镇展开实证分析。旅游开发作为当前最热的发展模式之一，成为特色小镇建设的首要选择，但旅游开发需要综合考虑地域特征、空间环境、资源禀赋和市场条件等要素，盲目开发不仅会导致千篇一律、千镇一面现象的出现，与“一镇一风格”的建设目标格格不入，还会造成极大的资源浪费。本次研究着眼于首批中国特色小镇，综合运用空间分析法，系统、全面地揭示特色小镇的空间结构特征及影响因素，以期为不同空间地域特征的特色小镇实现准确定位、科学规划，以及合理选择发展路径和模式提供借鉴与指导。

一、研究方法与数据来源

（一）研究方法

研究首先借助Google Earth对127个样本点进行精准定位，并标注在一张已配准好地理坐标的中国地图上，借助最邻近点指数对空间分布类型进行研究。其

① 本文摘自《规划师》，2018（01）：12－15＋35。基金项目：国家自然青年科学基金项目（41301169）；教育部人文社会科学研究青年基金项目（14YJC790123）；中国海洋大学青年教师科研专项基金项目（201613004）。

次，运用地理集中指数、不平衡指数和核密度等方法对中国特色小镇的集中程度、均衡程度和集聚区域进行分析，并基于旅游开发视角进一步探究其空间影响因素。

（二）数据来源

研究选取中国特色小镇共127个，该数据来源于住房和城乡建设部公布的官方数据，空间数据来源于国家基础地理信息中心，采用1：4000000的中国地图。区域面积、AAAAA级旅游景区等相关数据来源于中国统计年鉴和国家旅游局官网。

二、中国特色小镇空间分布特征分析

（一）空间分布类型

中国特色小镇在宏观空间上表现为点状分布，根据最邻近点指数的测算，可以表征测算点的空间集聚状况，判断其空间分布类型。其中，最邻近点指数R可以用以下公式表达：

$$R = \frac{T_1}{T_E} \qquad \text{公式（1）}$$

式中，$T_1 = \frac{1}{n_1} \Sigma_{i \varepsilon I} rij$，为平均实际最邻近距离；$\bar{r}_E = \frac{1}{2\sqrt{D}} = \frac{1}{2\sqrt{N/A}}$，为理论最邻近距离（$A$为区域面积，$n$为点数，$D$为点密度）。$R = 1$表示点状要素在空间上的分布为随机型；$R < 1$表示趋于凝聚分布；$R > 1$表示趋于均匀分布；$R = 0$表示完全集中。

经测算，得出中国特色小镇的最邻近点指数$R \approx 0.10$，其空间分布类型为凝聚型。

（二）空间分布均衡性

1. 集中程度分析

地理集中指数是反映研究对象集中程度的重要指标，研究用该指标来测度中国特色小镇的集中程度，其公式如下：

$$G = 100\% \sqrt{\sum_{i=1}^{n} (X_i/T)^2} \qquad \text{公式（2）}$$

式中，G表示为中国特色小镇的地理集中指数；X_i为第i个省份小镇的分布数量；T为小镇总数；n为省份总数。

若将中国特色小镇均匀分布在各省份，则得出$G = 17.96\%$，而实际所得的地理集中指数G为19.30%。实际所得的地理集中指数大于平均分布的结果指数，表明中国特色小镇在省域尺度上分布较为集中。

2. 均衡程度分析

不平衡指数反映了研究对象在不同省区内分布的均衡程度，其公式如下：

$$S=\frac{\sum_{i=1}^{n}Y_i-50\ (n+1)}{100n-50\ (n+1)} \quad 公式（3）$$

式中，n 为省域个数；Y_i为各省域内中国特色小镇占总数比重从大到小排列后第 i 位的累计百分比。不平衡指数 S 介于 0 到 1 之间，如果小镇平均分布于各省域，则 S 为 0，如果小镇全部集中在一个省域，则 S 为 1。计算所得的不平衡指数 S 为 0.22，说明小镇在省域上分布不均衡，但均衡指数不高，各省分布数量差距不大，特色小镇的推荐创建工作得到各省的纷纷响应。

3. 聚集区域分析

核密度估计值越大，表示点越密集，区域事件发生的概率越高。引入核密度计算方法，通过空间可视化表达，能够较为直观地呈现中国特色小镇的聚集区域，其公式如下：

$$f\ (x)\ =\frac{1}{nh}\sum_{i=1}^{n}k\left(\frac{x-X_i}{h}\right) \quad 公式（4）$$

式中，$f\ (x)$ 为核密度估计值；$k\left(\frac{x-X_i}{h}\right)$为核函数；$h>0$ 为带宽；$(x-X_i)$ 表示估值点 x 到事件 X_i处的距离。

研究通过 ArcGIS 软件的 Kernel Density 工具，实现了 127 个中国特色小镇的核密度计算及空间可视化表达，如图 1 所示。首先，小镇的分布以江苏、上海等地为中心形成了明显区别于其他地区的高度密集区，尤其在苏南地区分布更为集中，该地区最早开始创建特色小镇，并形成了高端制造类、新一代信息技术类、创意创业类、健康养老类、现代农业类、旅游风情类和历史经典类等各大类型的特色小镇建设体系，特色小镇的建设不但在整合江苏各大产业资源的过程中发挥着重要作用，集聚高端要素，而且实现了特色产业在供给侧改革下更好、更快发展，并进一步推动了三大产业融合，延长了产业链，日渐成为经济新常态下新型城镇化建设的重要突破口。其次，从宏观层面看，小镇的分布核密度形成了以长三角为核心向周边地区扩散的空间格局，并在京津冀、珠三角以及四川、重庆和云南等地接壤处形成了次级密集区。京津冀和珠三角地区在区域发展的优化改革、吸纳创新成果等方面具备较强能力，并且在经济基础、资源禀赋、交通条件和市场环境等方面具有得天独厚的区位优势，是众多政策的先行区。该地区特色小镇的建设能够促进区域优化产业布局，缓解城乡二元结构矛盾，加快城镇化建设步伐。四川、云南等省份的地域文化极具特色，部分原始村落保存完整、风格独特，但由于受经济基础、交通条件等因素的限制而长期处于待开发状态，特色小镇的创建为其带来了发展契机。

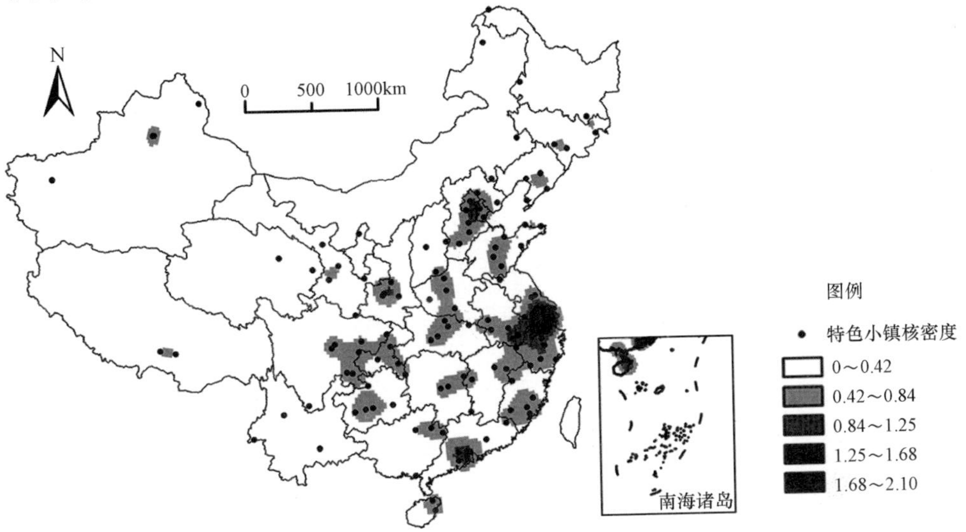

图 1　中国特色小镇空间分布核密度

三、特色小镇旅游开发的关键影响因素分析

旅游产业拥有庞大的产业体系，尽管传统观光游仍占较大的市场份额，但休闲度假、会展、养生、探险、房地产和农业等多元化的旅游形式日益在旅游结构中占据一定地位，旅游越来越趋向于多产业的融合与创新，市场竞争日趋激烈。由于旅游开发周期长，新开发的旅游区要实现长期占有市场份额十分困难，这必将对旅游开发与规划提出更高要求。因此，在充分挖掘旅游区独特特征的基础上，还需要综合考虑地域空间环境、基础设施条件、旅游景区集聚效应和市场要素等各方面的因素，进行准确市场定位，合理有效地进行策划、设计与推广。中国特色小镇的创建风潮吸引了大量的旅游开发商，相对宽松的政策环境加快了特色小镇开发与建设的步伐。投资过热必然会引发抢地大战，许多表面看上去生态环境良好的地块其实是投资陷阱，特色小镇的建设应该倡导“先开模具后找地”的理念，谋定而后动，即先精准定位，后提出支撑定位的核心点和引爆点，以此来寻找合适的地块。

（一）地形因素

地形地貌在区域景观的形成过程中产生了较大影响，对交通联系、社会经济发展和文化交流等产生了一定的抑制作用。研究利用 ArcGIS，将特色小镇点要素图层叠加在中国高程地形图上，如图 2（a）所示。特色小镇的分布密度与地形高程存在较强的反比关系，第一阶梯的高原地域仅有两个特色小镇分布，虽然该地区地域文化风貌独特，但是地理环境独立，地形险要，给旅游开发带来了难题。在闭合于帕米尔高原的一、二阶梯南北走向界线处，沿地形轮廓分布了若干小镇，该区域分布有数量较多、保存较为完整和独具特色的原始村落，吸引了大量特色小镇旅游开发商。在黑河—腾冲一线以南，特色小镇的分布较为密集，三大平原地区在地形、水源等条件上较西北地区具有绝对优势，同时地势平坦促进了区域间的文化交流与传播，使文化界限相对模糊，地域差异不断缩小。该区域内的小镇数量如此之多，只有从理念上进行创新，把握特色小镇的灵魂，才能在众多小镇中脱颖而出、独树一帜，实现可持续发展。

（二）旅游资源禀赋

丰富而颇具特色的旅游资源是旅游业发展的天然禀赋和先决条件。在中国相对完善的旅游景区质量等级划分中，AAAAA 级景区涵盖了绝大部分旅游资源的精华。研究以截止到 2017 年 7 月国家旅游局公布的 246 处 AAAAA 级景区为样本，绘制密度等值线，并与特色小镇核密度图层叠加得到图 2（b）。图中，AAAAA 景区形成了三大等值线密集区，分别是江浙沪地区、京津冀地区和珠三角地区，特色小镇也恰好在此形成了核密集分布地带，两者在空间分布上存在明显的耦合关系。旅游特色小镇的规划布局要充分考虑周边旅游景区发展对小镇的连带效应，充分发挥资源优势。

（三）交通通达度

旅游活动是一种移位型的消费形式，交通决定了旅游区的可进入性。公路交通方式具有便捷性、灵活性等特点，在短程游中深受青睐。研究以全国交通路网主要公路干线为中心，在其周边 15km 和 40km 的区域辐射范围内分别建立缓冲区，并确立缓冲区与特色小镇的相交关系，如图 2（c）所示。基于 15km 宽的缓冲区共覆盖小镇 67 个，占总数的 53%；基于 40km 宽的缓冲区共覆盖小镇 116 个，占总数的 91%。由此推断出绝大多数特色小镇在创建过程中都考虑到了交通条件这一影响因素，公路干线是保障周边客源市场可进入性的主要依托。铁路是中、远途出游最为安全、稳定的交通选择。研究分别以 40km、80km 为半径建立全国主要铁路干道的缓冲区，并确立特色小镇与主要铁路缓冲区的相交关系，如图 2（d）所示。主要铁路 40km 缓冲区共覆盖小镇 75 个，占总数的 59%；主要铁路 80km 缓冲区共覆盖小镇 99 个，占总数的 78%。由此推断出铁路交通区位在特色小镇创建中的优势也较明显。

（四）市场要素

特色小镇的旅游开发实行政府引导、企业为主的市场化运作，市场要素是关键。城市驻地是潜在消费群体的集中地，其资金、劳动力和技术是各类市场要素的主要承载物。研究以距离城市驻地的远近来衡量特色小镇的市场要素条件，分别以省会、地级城市的行政中心为圆心建立半径为100km、50km的缓冲区，如图2（e）、2（f）所示。经测算，省级城市缓冲区共分布小镇51个，占总数的40%；地级城市缓冲区共分布小镇95个，占总数的75%。特色小镇的分布较大程度上依赖于地级城市，依托中小型城市进行建设布局，省会城市等大型、特大型城市对其辐射效应不明显。为了进一步研究特色小镇在城市辐射区的分布位置，研究分别以省会城市和地级城市中心建立半径为50km、30km的缓冲区。经测算，省级城市缓冲区50km内仅分布小镇15个，地级城市缓冲区30km内仅分布小镇42个。数据结果表明，特色小镇主要分布于城市辐射区的外围，在城市外围相交地带集中分布。

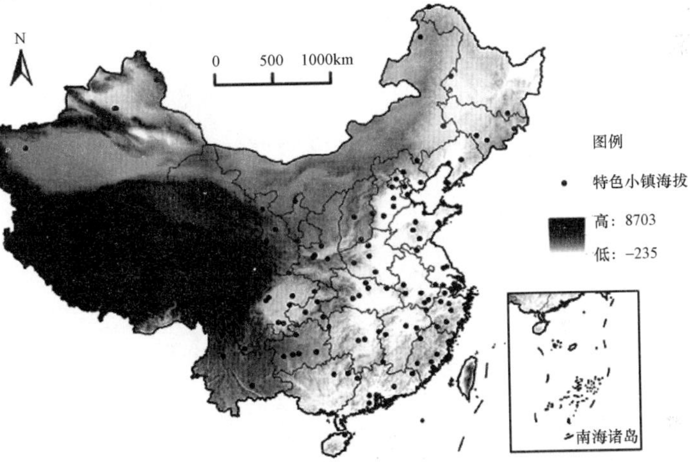

(a) 特色小镇在不同高程上的分布

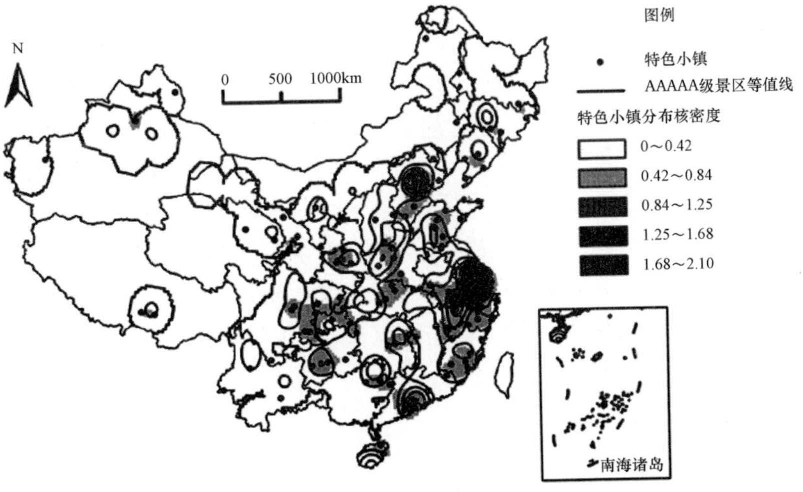

(b) 特色小镇与AAAAA级景区分布密度等值线

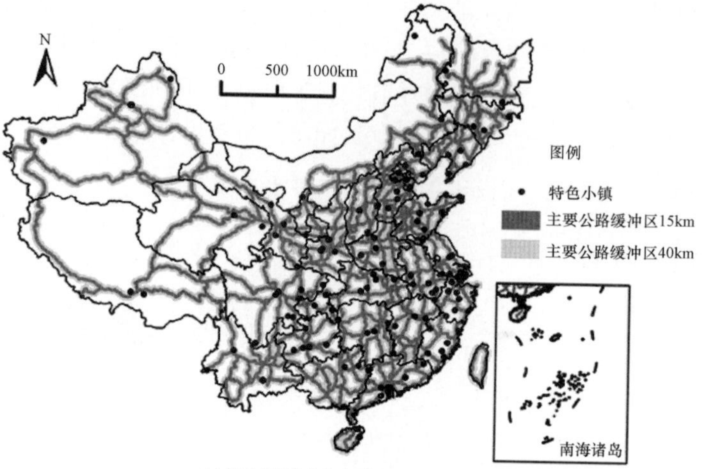

(c) 特色小镇分布与主要公路缓冲区

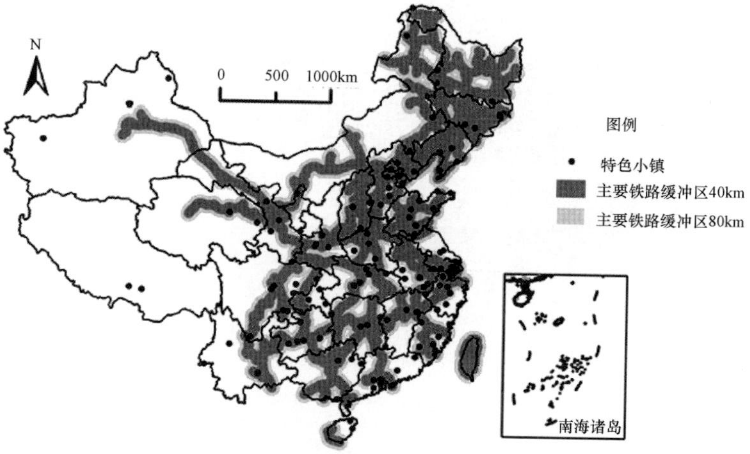

(d) 特色小镇分布与主要铁路缓冲区

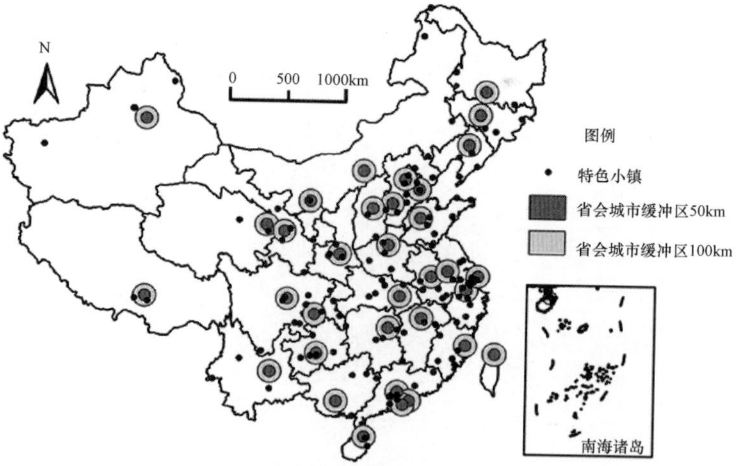

(e) 特色小镇分布与省会城市缓冲区

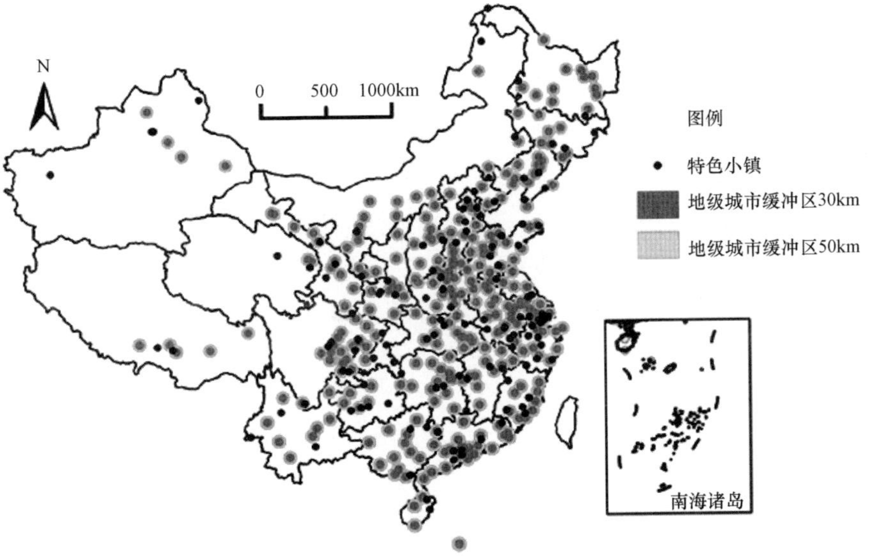

(f) 特色小镇分布与地级城市缓冲区

图 2 中国特色小镇空间分布的影响因素

四、结论与讨论

（一）主要结论

通过分析特色小镇的空间分布类型、剖析空间格局的形成原因，可以总结出：地形因素、资源禀赋、交通条件和市场要素是旅游开发的关键因子。特色小镇的分布以第三阶梯平原区域为立地基础，具有较强的旅游资源指向性、交通指向性和市场指向性。

近几年，建设乡村旅游地、特色小镇等模式不断盛行，如何突出小镇“特色”，实现整体定位，准确实现资源研判、充分利用区域优势、明确投融资方式和落地产业整合是今后特色小镇规划设计的关键。

（二）政策建议

特色小镇的开发与建设是一个多主体、多要素和系统性的综合问题，政策驱动下的特色小镇投资过热，使开发主体容易丧失理性判断。基于此，文章提炼特色小镇空间建设布局的关键因素，从规划层面提出四个建设性意见，以期对特色小镇的投资、开发提供理论依据。

1. 宜选优区域，勿降格以求。

特色小镇的建设应充分顺应山水、契合地貌、有机布局，注重风貌和谐，既要具有鲜明的空间特色，又要保证项目建设和游客体验活动的可行性、安全性，注重对空间形态的整体把握，保障环境品质，强调开放空间、建筑、街道和绿化景观等的协调统一，形成保障特色小镇可持续发展的环境治理与收益共享机制。在小镇选址中，不少开发商受利益驱使，大刀阔斧地“开疆辟土”。这种盲目开发必然造成小镇原生环境的破坏，使小镇形态与地域风貌格格不入，因此选址切勿降格以求，只有“量体裁衣”才能实现小镇与区域发展的协调统一。

2. 宜资源辐射，勿异地复制。

特色小镇贵在创新，依托著名旅游景区的资源、客源优势已成为特色小镇开发的一条捷径，但归根结底，小镇的建设应以资源要素为基底，打造不同于传统景区观光游览的模式，实现体验型、参与型和享乐型的相结合，集聚创新资源，促进创新驱动。近年来，特色小镇的建设存在“照搬照抄”的现象，甚至出现了国外产品的“高仿品”，一些小镇不惜重金地实施异地复制，从很大程度上缩短了小镇的生命周期。因此，特色小镇的建设应注重文化重塑，创新理念，符合小镇建设的逻辑起点，在实现小镇长足发展的基础上，带动区域经济的发展和城镇化水平的提高。

3. 宜精心布局，勿粗放开发。

特色小镇的建设既要突出“特而强”，又要注重“小而美”。对于不少位居偏远地区但风貌独特的小镇来说，交通条件是一块短板。旅游线路的规划、游客的可进入性直接关系到小镇产品的市场化基础，小镇交通和基础设施必须精心布局，切勿“简单粗放”，应充分利用周边已有铁路、公路干线，加密铺设公路路网，并充分利用沟渠打造景观通廊，使交通环境更贴近自然。

4. 宜市场主体，勿行政指令。

受旅游乘数效应的拉动作用，特色小镇对区域经济的影响日趋凸显。各地政府均实施了积极政策加速特色小镇的建设步伐，政府主导、市场运作和企业为主的运营模式较为盛行。在此过程中，应充分发挥市场运作的能动性作用，在激励相应产业、资金和人才全面进驻的同时，形成小镇建设的产业发展规律和市场化机制。在特色小镇建设启动期，由政府主导基础设施和公共服务设施的建设，拉开小镇建设的序幕，随后再充分利用民营资本建设经营性设施，保障小镇的顺利运营。

参考文献请见原文。

（撰稿人：王新越，博士，中国海洋大学管理学院副教授；候娟娟，中国海洋大学管理学院硕士研究生；韩霞霞，中国海洋大学管理学院硕士研究生）

特色小镇的全流程规划与实施探索

——以杭州梦想小镇为例①

引　言

特色小镇已经成为中国新型城镇化的重要发展模式，在发展新产业、开拓新空间和探索新体制方面发挥着重要作用，对中国经济转型升级和新型城镇化建设都具有重要意义。近几年，特色小镇从发源地浙江呈现出星火燎原之势，受到从国家到地方政府各个层面的高度关注和支持，全国出现了建设特色小镇的热潮。根据住房和城乡建设部村镇建设司的数据显示，2016 年底全国上报特色小镇共 159 个，计划到 2020 年还要培育 1000 个特色小镇。然而，一些地区出现了特色小镇建设过热的倾向，部分特色小镇也陷入了发展困境，简单地把特色小镇建设等同于特色镇建设、新城建设、园区建设、景区开发和美丽乡村建设等，出现了千镇一面、只见新镇不见人和违法违规搞圈地开发等现象。其中，一些特色小镇成了政绩工程，政府大包大揽，采取的市场化手段不足而行政化手段过多；而有些特色小镇的房地产化和产业园区化倾向明显，房地产开发商为了降低用地成本和获得新利润增长点，采取整体开发模式以特色小镇建设的名义进行开发和运营。因此，梳理特色小镇的成功经验，甄别特色小镇在不同实施阶段中的关键点，探讨可持续的特色小镇实施模式显得尤为必要和迫切。

笔者选取杭州梦想小镇作为研究案例，一方面源自对该地区整体发展历程与规律的了解。2008 年以来，深圳市城市规划设计研究院持续参与杭州未来科技城系列规划，从最初的余杭创新基地、海创园到未来科技城，再到梦想小镇，十年的规划实践与咨询服务，见证了该地区的历史发展过程。另一方面，杭州梦想小镇结合了浙江和整个中国的经济社会发展趋势，紧紧抓住了互联网经济、信息经济这一核心，已经成为中国特色小镇的新范式、众创空间的新样板和信息经济的新增长点。更为重要的是，杭州梦想小镇的实施成效非常显著，互联网村、天使村和创业

---

① 本文摘自《规划师》，2018（01）：24－29。

集市三个先导区块17万m^2的建筑于2015年3月建成投用，创业大街（仓前老街提升改造工程）4.3万m^2的建筑于2016年10月建成投用。同时，杭州梦想小镇引进了上海苏河汇、北京36氪、深圳紫金港创客\500Startups、Plug&Play等知名孵化器，集聚了910余个创业项目、近8700名创业人才和620余家金融机构，管理资本达到1350亿元，形成了比较完备的金融业态。因此，本文以杭州梦想小镇为例，从全流程规划角度出发，结合杭州梦想小镇的规划实践，总结三个阶段的特色小镇规划及实施经验，期望能对国内其他特色小镇的规划实施提供借鉴。

一、选择与策划阶段：顺应区域发展转型需求

目前，对特色小镇规划实施的探讨通常集中在规划编制、后期开发与运营等环节，但笔者认为特色小镇的选择、与周边区域的关系是保证特色小镇可持续发展的基本前提。因此，特色小镇顺利实施的首要环节是选址与策划阶段，应结合地区发展要素，因地制宜地确定小镇规划主题、范围及时序等，避免无中生有、硬规划出一个"特色小镇"。本文以杭州梦想小镇为例，对从社会创业需求到区域创新空间供给等方面存在的问题进行剖析，分析特色小镇出现的内因和必然规律，以及如何融入周边区域发展。

（一）社会转型：高层次年轻人的创业需求

杭州梦想小镇位于余杭区未来科技城（海创园）腹地，其建设和发展离不开未来科技城（海创园）这一特定承载地。未来科技城（海创园）重点建设区规划面积为39km^2，是第三批国家级海外高层次人才创新创业基地，2011年被中央组织部、国务院国资委列为全国四大未来科技城之一。截至目前，未来科技城累计引进海归人才近2340名，其中"国千"109名、"省千"142名，成为浙江海外高层次人才最为密集、增长最快的人才特区。通过对每千就业人口中"国千""省千"人才数量与海外引进人才数量进行比较发现，城西科创产业集聚区的领军人才密度超过中关村。此外，从创业方向来看，生物医药和新一代信息技术成为高层次人才创业的主导方向，占到90%以上，特别是围绕互联网经济的产业成为大量年轻创业者的主要创业选择方向。

（二）空间转型：低成本众创空间的供给需求

未来科技城在本质上是一个新开发地区，其在启动期依然遵循了新区建设的模式，即通过廉价的土地吸引龙头企业和科研高校，起到最初的发展和集聚作用。这一模式在空间上的反映便是出现了以传统的科技地产、商业地产，以及高门槛的海创园和以阿里巴巴为代表的龙头企业园等为主要载体的产业空间布局（图1）。近几年，部分科技园区的品牌效应已经形成，如海创园、淘宝城等，对

进入的企业和人才门槛要求高。同时，大量的如恒生科技园等企业主导的商务办公园区，虽然企业进驻门槛相对不高，但是通常缺乏专业公司管理，更偏向科技商业地产项目，其作为一种商务办公园，只是提供了办公空间和少量的服务配套，没有导入多样化的孵化器进行运作，难以提供专业的促进科技成果转化、培养高新技术企业和企业家的科技创业服务。当未来科技城越过初创期，产业价值不断提升、人才结构不断完善、人口密度不断增加时，其内部企业之间、人才网络之间的创新创业机会不断出现，启动期的产业空间已经难以满足创业群体的需求，越来越多的创业者需要一种新的空间模式，既需要如海创园良好的配套和平台服务，又需要较低的入驻门槛。由此，仓前镇凭借良好的区位和自然人文资源，成为区域产业空间转型的一个突破口，这也是区域发展的必然选择。

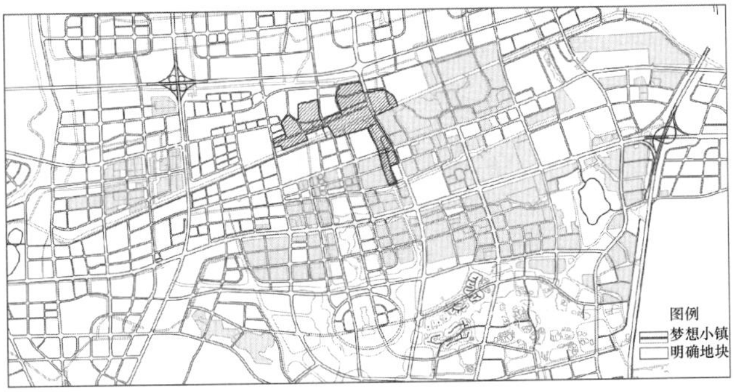

图 1　杭州未来科技城（海创园）重点区域开发动态图

（三）融入未来科技城整体发展框架

在年轻人创业与低成本众创空间的双重需求下，仓前镇自然而然成为了梦想小镇的现实载体，也成为了对未来科技城空间结构的延伸与补充。通过北延未来科技城中轴线，使梦想小镇成为区别于未来科技城核心区的新节点，形成“人文仓前”与生态小镇（图 2）；通过串联区域生态网络，向北延伸未来科技城中部生态绿带，使未来科技城与小镇北部区域的生态农田融合；沿余杭塘河、中部现状水系，建立基地东西向生态走廊，与区域生态节点（如杭州师范大学校园、永乐公园）对接，在基地内部构建多条南北向生态廊道（图 3）。

同时，梦想小镇还是区域创新资源（如海创园、杭州师范大学）和区域产业资源（如仓前工业区、永乐工业区）的重要补充，形成了年轻人创业小镇、互联网创业小镇。梦想小镇主动与周边新一代信息技术企业、科研机构和高校等科技创新资源实现无缝融合。例如，与淘宝城、中国移动和中国电信等龙头互联网企业的大数据合作，与海康 52 研究所、数字研究院等大批科研机构的公共技术平台合作，与杭州师范大学、浙江大学、北京大学、杭州未来科技城研究院等高校资源和公共资源合作（图 4）。

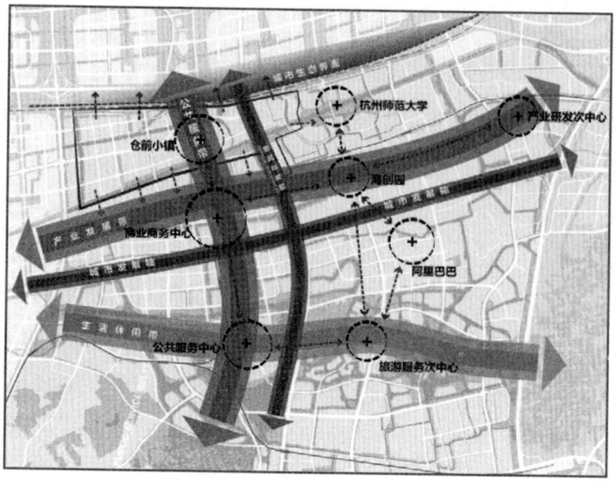

图2　梦想小镇与周边创新资源对接示意图（一）

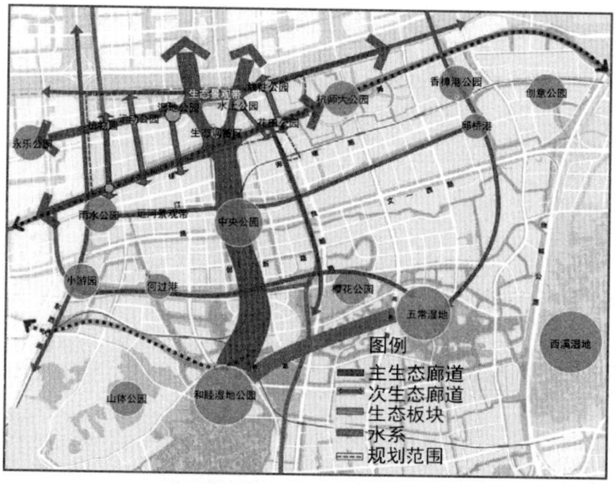

图3　梦想小镇与周边生态资源对接示意图

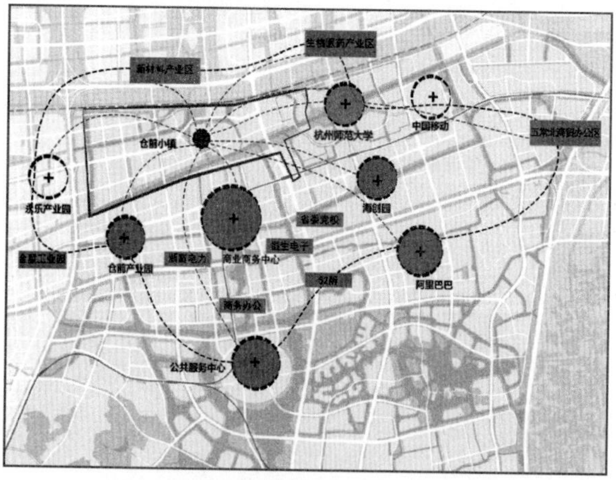

图4　梦想小镇与周边创新资源对接示意图（二）

二、规划编制与开发阶段：抓住两个关键要素

在选址与策划阶段，规划基本确定了梦想小镇的目标是“成为众创空间的新样板、信息经济的新增长点、特色小镇的新范式、田园城市的升级版，致力于打造世界级的互联网创业高地”。因此，梦想小镇的规划编制与开发运营紧紧抓住青年创业者和互联网创业模式两大特征，在协调自然生态、历史保护与小镇开发相互关系的基础上，通过分析不同创业群体的日常生活与创业需求类型，研究不同互联网创业的空间和配套组织模式，构建更加扁平而富有弹性的空间环境、更加多元的微社区环境和更加个性化的服务体系，并提出“人才 + 资本 + 孵化”三位一体的开发模式。

（一）“三生融合”，打造“四区叠加”的田园小镇

梦想小镇内的古街具有 880 多年的历史，街区内保留了章太炎故居、四无粮仓等文物保护单位和一大批古建筑，生态环境良好，自然景观质朴，但多年来却陷于保护和开发的“两难”境地。特色小镇和众创空间的提出，为古街提供了除纯旅游开发、工业化带动或房地产驱动外的另一条城镇化路径，即以信息化为动力，以人的城市化为根本的新型城镇化之路。为此，规划在编制阶段紧紧围绕人的需求，确立“三生融合、四区叠加”，即“先生态、再生活、后生产”，“镇区、景区、社区、校区功能叠加的宜居、宜业、宜文、宜游”的规划理念，避免单一功能开发，如有些特色小镇被开发成以产业为主的产业园区、以房地产为导向的居住区和以旅游消费为主的景区等。

目前，很多特色小镇都拥有较好的人文和自然资源，在特色小镇规划中应充分保护自然生态和历史遗存，对文化底蕴进行深入挖掘。梦想小镇规划对仓前古镇各类存量资源价值进行综合评价，将古镇传统要素与双创空间进行融合；通过节点塑造、环境整合等手段，构建“三平台、五区、八单元”的空间布局结构，即 3 个公共服务与技术共享平台、5 个差异化的空间分区和 8 个创新单元（图 5）。其中，针对仓前古街存量空间，规划按照互联网创业要求进行改造提升，将文化、旅游和产业等功能在古街内进行有机叠加、共生共融，让创业者进则坐拥城市配套、创业无忧，出则尽享田园气息、回归自然，造就一方“在出世和入世之间自由徜徉”的理想家园。同时，规划将整个基地按照 AAA 级景区的标准进行规划设计，为后续整个浙江特色小镇的规划建设确定了基本标准。

图 5　梦想小镇空间布局规划图

（二）“资源聚合”，围绕青年创业者和互联网创新打造创业微社区

“青年创业者”和“互联网创新”是梦想小镇规划的两大基本点。根据规划前期调研，可以了解不同创业群体的日常生活与创业需求类型。其中，20 ～29 岁的创业者主要关注中小学、综合医院、体育文化设施和综合商业设施等，30 ～ 49 岁的科研人员则更加关注教育和综合医院两类设施（图 6）。在创新需求方面，规划从梦想小镇未来潜在的互联网创业类型、特征进行分类研究，提出不同互联网创业的空间和配套组织要求，如利用四无仓库的改造，采取车库咖啡、You + 公寓和创意工厂等模式。在创业配套方面，小镇可提供风投、律师事务所、路演中心、咖啡吧和创业公寓等，以满足年轻创业群体的多元创业需求(图 7)。

由于梦想小镇需要充分借力浙江大学、阿里巴巴集团的资源，搭建平台整合人才、项目、资本、孵化器和中介机构等各类要素，为区别于目前周边产业园、独立企业园和商务写字楼等空间模式，规划提出了打造形态完备的创业微社区，统筹布局各功能区块，通过交往圈、慢行圈和服务圈等兼顾创业者工作、生活与商务需求的圈层模式，引进各类配套项目，为创业者量身打造宜居宜业、高效便捷的创业创新生态圈（图 8）。在每个生态圈内，通过搭建社交平台，以创业咖啡、论坛沙龙和 YOU + 公寓等形式，着力引导创业者从分割隔离的办公楼走向极速分享的大社区，促进信息交流和思维碰撞。同时，规划搭建开发公共技术平台，引进科技文献查询系统和世界专利信息服务平台，集中购买服务器和基础软件，如向阿里巴巴购买云服务，免费向小镇内的创客开放；与浙江大学开展全方位战略合作，全面开放浙大实验室和技术平台，并合作共建健康医疗公共技术平台。此外，规划整合利用市场资源，积极引进财务、法务、人力资源、知识产权和商标代理等各类中介服务机构，组成“服务超市”，并面向初创企业发放“创新券”，支持企业购买中介服务。

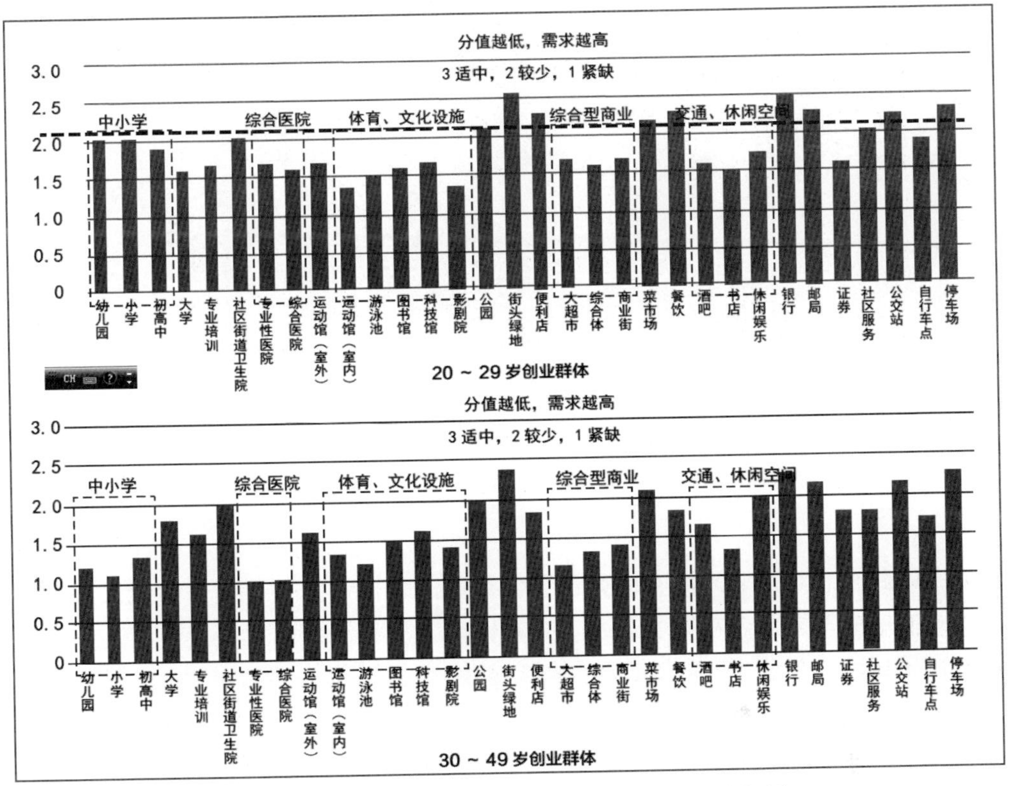

图6　不同创业群体的公共服务设施需求调查分析图

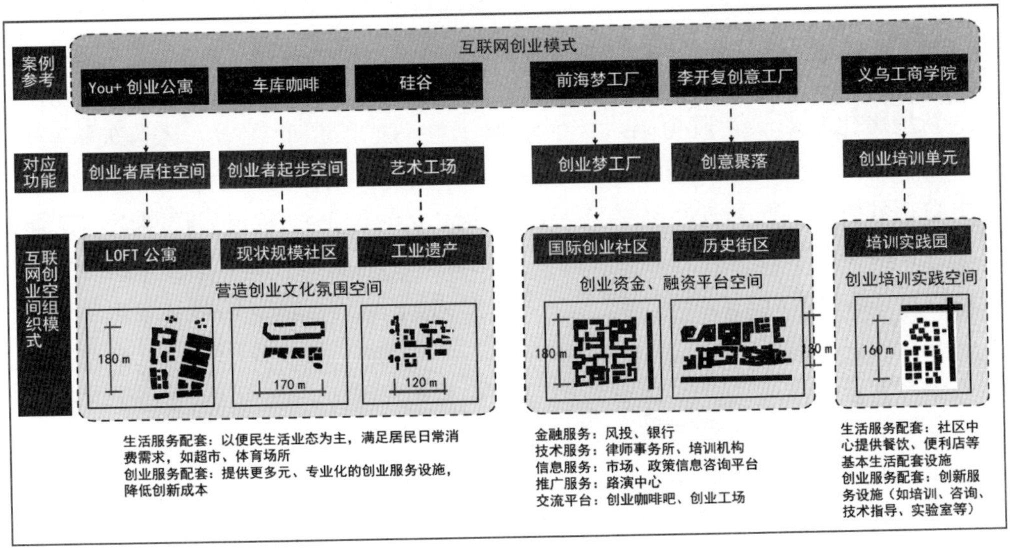

图7　梦想小镇创业模式与配套分析图

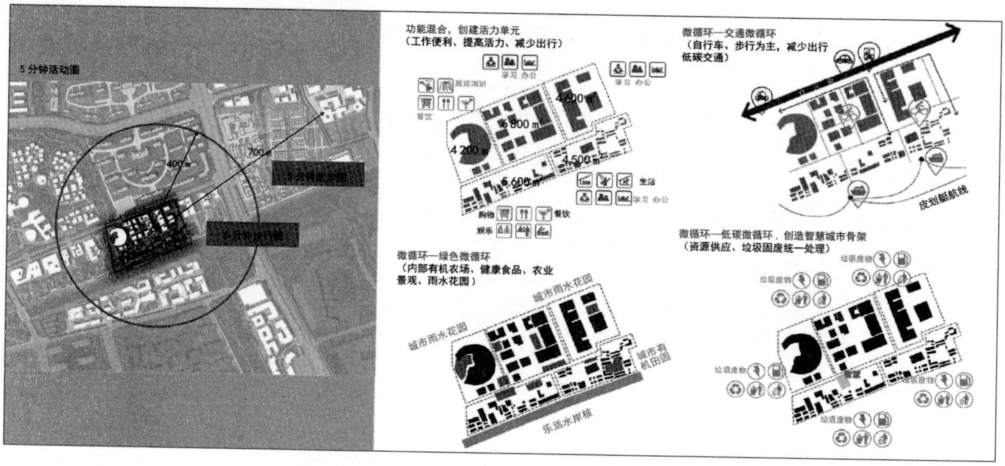

图 8　梦想小镇创业创新生态圈示意图

（三）“项目组合”，构筑“人才 + 资本 + 孵化”三位一体的开发模式

考虑到梦想小镇未来潜在的业主和使用者的多样性，常规单一的建设开发模式并不能适应整个梦想小镇的开发。规划锁定人才和平台两大关键要素，采取政府先行先试、与投资人/平台结合、村宅整体更新租赁等多样的项目建设模式，构筑“人才 + 资本 + 孵化”的开发模式，创新性地引入了“大学生 + 社会创业者众筹 + 个别实力较强的创业平台”进行联合投资，推动“资智”联动发展。

在小镇建设运营阶段，首先要注重发挥创业人才和创业项目的磁极效应，加快集聚创业资本，同时借力资本的纽带作用，带动人才项目落户，从而推动“资智”的良性互动，实现“化学反应”。其次，大力培育孵化平台，积极引进各类孵化服务机构，引导股权机构搭建孵化平台，为企业提供专业化、市场化和多样化的新型孵化服务。为避免陷入传统政府主导园区的招商乏力、运营欠缺的困境，应以市场为导向，主动搭建“融资融智”平台，引入 U + 、36Kr、苏河汇、阿里百川和蜂巢等一系列具有运营实力的平台。通过平台集聚互联网创业企业，鼓励电子商务、软件设计、集成电路、信息服务、大数据、云计算、网络安全和动漫设计等方面的企业创新与孵化。最后，通过提供一站式服务，将梦想、资本、人才与服务无缝对接，实现完整的自我创业链条，并在配套政策方面推出相关优惠，如办公场所 3 年免租等。同时，针对初创企业，引导基金与机构合作，定制金融产品，并提供政府购买服务进行多方位扶持。

三、功能外溢与区域拉动阶段：“点面和合”“以点带面”

杭州梦想小镇的成功不仅是区域发展阶段的必然选择，更重要的是小镇本身也是开放的、流动的，能不断与周边要素交流，如与周边传统工业区、大学和龙头企业等片区的“点面和合”。与此同时，梦想小镇不断扩大自身功能外溢与辐射，对未来科技城、杭州城西地区的发展也起到了“以点带面”的拉动作用，如对区域重大基础设施的布局。这些区域层面的外溢和拉动，反过来也将小镇融入到了整个城市的发展格局中，与杭州整个城市发展转型“捆绑”在了一起，逐步建立起了一种更加稳定和可持续的发展模式（图 9，图 10）。

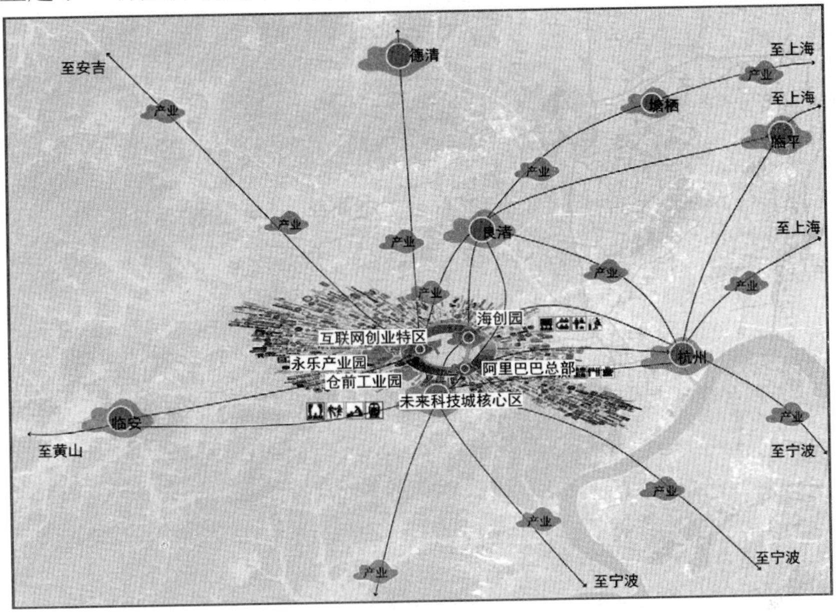

图 9　梦想小镇与周边地区创新联系示意图

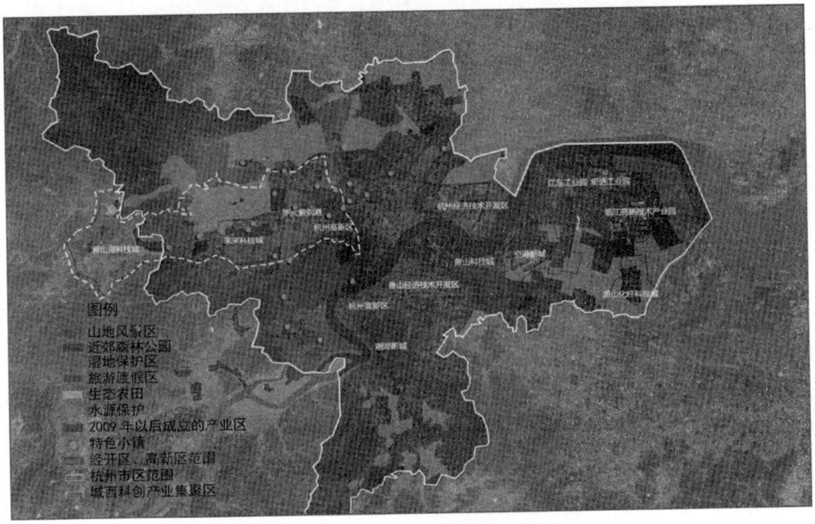

图 10　杭州产业园区与特色小镇分布示意图

（一）“点面和合”，建立梦想小镇功能拓展区

规划按照“有核无边、辐射带动”的思路，以梦想小镇为“点”，以周边区域为“面”，积极打破梦想小镇与周边区域在空间、配套、产业、政策和招商等方面的隔膜，构筑起全景式的“孵化—加速—产业化”产业链条和企业“迁徙图”。对于梦想小镇孵化出来的项目，积极推介到周边科技园和存量空间中去加速和产业化，而小镇腾出来的空间可以继续引入价值更高、创新性更强的项目进行孵化，这样就基本形成了持续滚动开发的发展路径。目前，梦想小镇周边有15个产业园正在申报小镇拓展区，未来它们将在梦想小镇品牌和政策的支撑下逐步向新型孵化器与加速器转型，其中一些传统产业园的手游村、电商村、健康产业村和物联网村已经初步成型。例如，“遥望网络”是梦想小镇第一个孵化成功的项目，其在孵化后搬入了未来科技城的绿岸科技园继续进行产业化。目前，“遥望中国”手游基地一期1.8万平方米已经投入使用，30余家手游合作伙伴已经入驻，初步形成了手游产业集聚中心。

（二）“触媒效益”，拉动区域重大基础设施布局

除了带动周边传统产业园和村镇发展外，梦想小镇的品牌效益也为未来科技城、杭州城西地区融入杭州主城区起到了重要的触媒作用。首先，体现在争取区域重大交通资源方面。以梦想小镇基地北侧的宣杭铁路仓前站为例，在2017年7月公布的《杭州城西科创大走廊综合交通规划方案》中，杭州西站拟选址在仓前站，规划为一座铁路、公路、航空、地铁和水运等多种交通方式无缝对接的大型综合交通枢纽，将成为继萧山机场、火车东站之后杭州第三大交通枢纽。这种重大设施的布局将加速未来科技城、青山湖科技城等片区与杭州主城区的一体化，并将梦想小镇融入到长三角这一更大的发展平台中，使区域人才、资本和技术等创新要素更加便利地与梦想小镇形成流动。其次，在都市交通方面，杭州的3号、5号和7号地铁线也将延伸到未来科技城地区，城市有轨电车、快速道路和公交网络等将得到加密和延伸，城市对外交通将更加方便。

（三）“以点带面”，为城市发展模式提供新样板

如果说梦想小镇对重大基础设施布局的影响是显性的，那么以梦想小镇、海创园等为代表的一批新型创新空间对杭州整个城市的发展方向、模式和路径带来了一种新探索，是一种对城市整体格局的隐性影响。从城市产业、空间发展历程看，杭州经历了从围绕西湖发展城市服务业、文化创业到跨江发展高新区和大工业区的发展模式。随着中国经济发展进入新常态，杭州以互联网为代表的信息经济带来了经济社会的一系列深刻变化，新技术、新产品、新业态和新模式的投资

机会大量涌现，新兴产业、服务业和小微企业的作用更加凸显，个性化、智能化和专业化的生产需求迫切需要城市新的产业与空间组织模式。杭州过去以西湖、滨湖和萧山不断向西发展的“大生产、大生活、大生态”模式，面临向以“小空间大集聚、小平台大产业、小载体大创新、小生态大人文”为特征的特色小镇发展模式转型。以梦想小镇为“点”，为众多乡镇提供了除纯旅游开发、工业化带动或房地产驱动外的另一条路径，也为杭州向西发展提供了一种新的发展模式，即以信息化为动力，以人的城市化为根本的新型城镇化之路，创新了城市发展与产业布局模式，是杭州建设城西科创大走廊的重要引爆点。

四、结语

“大众创业，万众创新”，是我国实现产业转型升级、转变发展方式和优化就业环境的重要举措。作为浙江 100 个特色小镇的先行试点，梦想小镇已经具备了互联网创业小镇和天使小镇两大特色。互联网创业小镇重点鼓励和支持创业者们创办互联网相关领域的各类企业；天使小镇则集聚天使投资基金、股权投资机构和财富管理机构，着力构建覆盖企业发展初创期、成长期和成熟期等各个不同发展阶段的金融服务体系。梦想小镇由于准确契合了社会发展和进步最前沿的需求，成为名副其实的具有典型示范意义的特色小镇。本文总结了梦想小镇全流程规划的实践与经验，以期为国内其他特色小镇的规划实施提供借鉴：一是在特色小镇的选择与策划阶段，小镇应结合地区发展要素，因地制宜地确定小镇规划主题、范围及时序等，避免无中生有、硬规划出一个“特色小镇”，这是确保小镇可持续发展的前提。二是在特色小镇的规划编制与开发阶段，应紧紧围绕人的使用需求，创造不同群体的日常生活和创业场所，处理好自然生态、历史保护与小镇开发的关系。三是在特色小镇的功能外溢与区域拉动阶段，将小镇融入区域发展，在不断扩大自身辐射与带动作用的同时，逐步建立起一种更加稳定和可持续的小镇发展模式。

参考文献请见原文。

（撰稿人：王吉勇，高级规划师，注册城市规划师，深圳市城市规划设计研究院主任工程师；朱骏，高级规划师，注册城市规划师，深圳市城市规划设计研究院副总规划师、城市设计二所所长；张晖，深圳市城市规划设计研究院规划师）

以“五大发展理念”引领特色小镇的培育建设[①]

十八届五中全会鲜明指出：“破解发展难题，厚植发展优势，必须牢固树立创新、协调、绿色、开放、共享的发展理念。”习近平总书记强调：“创新、协调、绿色、开放、共享的发展理念，集中体现了‘十三五’乃至更长时期我国的发展思路、发展方向、发展着力点，是管全局、管根本、管长远的导向。要抓住能够带动五大发展理念贯彻落实的重点工作，统筹推动五大发展理念贯彻落实。”特色小镇是经济“新常态”下出现的新的产业组织形式，是供给侧结构性改革的崭新载体，是破解经济发展瓶颈和实现转型升级的重要途径，是区域发展的新的经济增长点，是在新的发展阶段在有限的空间内使经济效益、社会效益、文化效益、生态效益四大效益互相促进、共同提高的重大探索。“五大发展理念”是特色小镇持续健康发展的必然要求，特色小镇的培育建设必须紧紧依靠“五大发展理念”的引领，将“五大发展理念”贯穿于特色小镇培育建设的全过程。

一、在特色小镇培育建设中牢固树立和着力贯彻落实创新发展理念

创新是引领发展的第一动力。创新也是引领特色小镇培育建设的的核心和关键，特色小镇既是创新的结果，又是创新的开始。特色小镇的培育建设必须牢固树立和创造性贯彻落实创新发展理念，把创新作为特色小镇的培育建设的基点，着力实践培育目标的创新、产业产品的创新、运作模式的创新、制度供给的创新、考核机制创新。

（一）创新培育目标

特色小镇既不是行政区划单元上的“镇”，也不同于产业园区、风景区，是相对独立于市区，具有明确产业定位、文化内涵、旅游和一定社区功能的发展空间平台。特色小镇要培育成产业、文化、旅游“三位一体”，生产、生活、生态

① 本文摘自《城市发展研究》，2017（06）：18－22。

"三生融合"，工业化、信息化、城镇化"三化驱动"的创新实践区域，成为宜业、宜居、宜游的精致的产业高地、旅游胜地、居住雅地，根据特色小镇的产业特质、自然禀赋、地理特征、山水田园风情、历史人文气质形成"高颜值"的"一镇一风格"的独特之美，努力实现小空间大集聚、小平台大产业、小载体大创新。

（二）创新产业产品

作为一种新兴产业空间组织形式，特色小镇是块状经济、产业集群演进发展的必然结果，也是区域经济从投资驱动向创新驱动的内在要求。产业选择事关特色小镇成败。要建构特色小镇产业选择的科学决策机制。应从区域竞争力和产业发展潜力两个基本维度确立产业选择的最优方向，产业产品选择应抛弃块状经济中的低科技含量、低附加值、低品质及高消耗、高投入、高污染的产业产品。浙江省出台规定，特色小镇主要应聚焦于信息经济、环保、健康、旅游、时尚、金融、高端装备制造等支柱性的高端、高潜能、高创新性产业，茶叶、丝绸、黄酒、中药、木雕、根雕、石刻、文房、青瓷、宝剑等历史经典产业也必须融入创新的元素，以实现产品的创新升级。

（三）创新运作模式

即"政府引导、企业主体、市场化运作"。避免政府行政主导的惯常思维，政府在做好引导角色的同时注重为释放企业的主动性、积极性、活力营造良好的环境。让市场在特色小镇的资源配置中发挥决定性作用又更好发挥政府作用。既要彰显企业的主体地位，明确投资建设主体，由企业为主推进项目建设，又在规划编制、基础设施配套、资源要素保障、文化内涵挖掘传承、生态环境保护等方面发挥政府"有为"、"有效"的作用。

（四）创新制度供给

制度供给防止"老而僵"，体现"活而新"，注重个性化和特色性。特色小镇的定位是综合改革试验区，应成为率先改革和探索的窗口。应设计一整套能激励特色小镇持续创新的产业发展、技术进步、人才支撑、生态保障、文化融合的体制机制。浙江省规定，凡是国家的改革试点，特色小镇优先上报；凡是国家和省里先行先试的改革试点，特色小镇优先实施；凡是符合法律要求的改革，允许特色小镇先行突破。

（五）创新考核机制

建立激励与约束、奖励与惩罚、动力与压力相结合的机制，实施"期权激励制”，从“事先给予”改为“事后结算”，有助于动态管理、保证质量。浙江省对特色小镇实施“创建制”模式。特色小镇在创建期间及验收命名后，其规划空间范围内的新增财政收入上交省财政部分，前3年全额返还、后2年返还一半给当地财政。对于验收合格的特色小镇给予土地和财政返还奖励。确需新增建设用地的，由各地先行办理农用地转用及供地手续，对如期完成年度规划目标任务的，省里按实际使用指标的50%给予配套奖励，其中信息经济、环保、高端装备制造等产业类特色小镇按60%给予配套奖励。与此同时，实施“追惩制”，对3年内未达到规划目标任务的，加倍倒扣省奖励的用地指标。

二、在特色小镇培育建设中牢固树立和着力贯彻落实协调发展理念

协调是持续健康发展的内在要求，协调发展是制胜要诀。特色小镇是一个生态系统，系统结构是其主体架构，体现了系统内主体功能定位、分工以及相应的协作方式，是系统运行及价值创造的重要组织支撑。特色小镇的目标定位和创新性要求决定了其协调的职能和功能。要用全面辩证的思维和科学统筹的方法，着力把握外部协调和内部协调的各方面关系。

（一）协调外部系统特别是城乡协调

特色小镇作为从城乡统筹发展大局出发做出的一项重大决策，一方面要依托其特有的产业、文化、旅游及社区功能，依托其大城市所不具有的低生活成本、低交通拥堵率、高空气质量、高优美环境，依托其城乡结合部的的地理位置和步行交通主导的职居平衡优势，与城市经济有效融通和对接，吸收和承接资本、技术、人才等各种生产要素的流入，提高特色小镇的综合竞争能力，有效幅射和带动特色小镇周边的发展，特别是对传统产业密集的块状经济施加转型升级的倒逼力量，并引领和促进美丽乡村建设的进程。同时也要为农村人口城镇化提供有尊严体面的就业岗位，缓解城乡结合部资源环境、基础设施、公共服务的制约，消释城乡二元体制的矛盾，增强城乡融合度和和关联度，推进城乡一体化进程。

（二）协调内部系统

体现在多个层面，在理念、设计、操作层面的协调，在产业研究、文旅植入、功能策划、特色塑造、制度建构上的协调，在空间布局上工作空间、公共空间、生活空间的协调，在规划编制、基础设施配套、资源要素保障、文化内涵挖掘、生态环境保护的协调，在产业、文化、旅游、社区功能上的协调，在生产、生活、生态上的协调，在空间规模、投资规模、建设标准上的协调，而其协调的质量、效益、水平也决定着特色小镇的质量、效益和水平。浙江省对特色小镇有

明确的空间规模、投资规模要求及建设标准要求。空间规模上，规划面积一般控制在3平方公里左右，建设面积控制在1 km^2 左右；经济规模上，原则上环保、健康、时尚、高端装备制造等4大行业的特色小镇3年内要完成50亿元的有效投资，信息经济、旅游、金融、历史经典产业等特色小镇3年内要完成30亿元的有效投资（均不含住宅和商业综合体项目）。此外，建设标准方面，所有特色小镇要建设成为3A级以上景区，旅游产业类特色小镇要按照5A级景区标准建设。在空间规模、投资规模及建设标准之间存在的内在关联性需要高质量的协调水准。又如产业、文化、旅游的“三位一体”要求的是“聚和合”，并不是简单的“产业园区十风景区十文化馆十博物馆”的大拼盘，必须有逻辑联结和完美的耦合，使每个特色小镇本身就是一个产业文化博物馆，真正培育成让创业者梦寐以求、让社区居民爱之弥深、让旅游者流连忘返之地。

三、在特色小镇培育建设中牢固树立和着力贯彻落实绿色发展理念

绿色是永续发展的必要条件和人民对美好生活追求的重要体现。特色小镇是践行“绿水青山就是金山银山”的实践探索基地。着力推进特色小镇的产业的绿色性、信用绿色化、生活绿色化、环境绿色化、制度绿色化。

（一）推进产业绿色

在特色小镇产业布局中充分体现绿色发展导向，全面推行绿色技术、绿色工艺和绿色生产。推行“精明增长”模式。应选择资源节约型、环境友好型的产业，瞄准高端产业和产业高端，沿“微笑曲线”两端打造创新链、产业链、价值链，推进产业组织、商业模式、供应链、物流链等深度创新，推动形成新产业、新业态、新模式，对于历史经典产业，也应该转变发展方式，从粗放式、外延式转向集约式、内涵式，积极采用现代工艺技术，锻造现代工匠精神，提升品质和品位。注重有中生优、无中生有。同时应特别注意避免产业和项目选择的低层次的简单重复，防止陷入产能过剩产业的漩涡，防止在特色小镇中房地产开发和商业综合体在总投资中占比过高、喧宾夺主的现象，避免由此损害主导产业及特色小镇的核心竞争力，防止追求短期政绩和“面子工程”的资源浪费现象。

（二）推进信用绿色

构建特色小镇绿色信用体系。率先建立以大数据技术为依托，以公共信息为主体、银行征信为基础、非财务性信息为补充的信用平台。采集企业基本信息、产值税收、守法情况、资债情况、用水用电等信息，实现分散在各个行业部门的能够反映企业运行质量的信息实时采集，并建市场主体的大数据中心。通过数据

统计分析，利用数据挖掘技术，构建企业信用体系和评估模型，建立反映企业运行质量的指标体系。在特色小镇引进培育信用评级中介机构。探索信用等级与贷款挂钩制度。推动主办银行授信制度改革，推行银行贷款年审制度，支持银行依据企业信用等级控制融资规模，扩大信用贷款业务。建立企业风险预警机制。

（三）推进生活绿色

不断提高人们的环境意识，使生活和工作在特色小镇的个人和家庭都养成节约的意识和习惯，倡导低碳的生活方式。使特色小镇成为生活方式和消费模式向勤俭节约、绿色低碳、文明健康的方向转变的首创之地。改善公共交通的配套与完善，实行绿色出行，推进绿化和艺术化的结合，使绿化不仅美观，而且能够美化人心。要保持其鲜明的生态特色。实现特色产业旅游、生态景观旅游、文化体验游、商业娱乐游的有机结合。对特色小镇建筑外貌、商业设施、文化娱乐设施的设计更多融入“以人为本”的内涵和意境，使特色小镇呈现令人耳目一新的生机感和魅力感。

（四）推进环境绿色

构建集约、高效、智能的绿色基础设施建设。大力推广节能、节材、节水、节地技术。推动建筑的低碳化、节能化、绿色化，加大投入力度，强化对环境污染的综合防治和生态环境的保护与修复。建造具有人文关怀、用地集约、适合步行的居住环境。依托特色小镇山水脉络等独特风光，营造望得见山、看得见水、记得住乡愁的小镇风情。

（五）推进制度绿色

在制度供给中充分体现“环境健康、生态良好、绿色低碳、集约智能”的理念。制度绿色化不仅仅体现在生态环境保护层面，也应该在经济活动成本的节约和效率的提高中得到全面的体现。而降低时间成本、资源消耗成本、信息搜索成本、交易成本、技术试错成本、价值创造成本是制度绿色的必然要求。应设计一整套既能激励特色小镇持续创新又能有效降低制度成本的产业发展、技术进步、人才支撑、生态保障、文化融合的体制机制，建立生态环境保护的一系列制度和节约资源的相关政策和体制机制，构建绿色行政管理体系、绿色评价体系、绿色考核指标体系。

四、在特色小镇培育建设中牢固树立和着力贯彻落实开放发展理念

开放性是特色小镇繁荣发展的必由之路。特色小镇的开放不是对过去做法的

简单重复，而是要以新思路、新举措发展更高水平、更高层次的开放型经济，特色小镇要成为国内外高端要素顺畅流动、资源高效配置、市场深度融合的重要载体，着力推动视野的开放、资本源头的开放、平台的开放、工具的开放、智力资源的开放。

（一）推动视野的开放

应以包容的心态和世界眼光，学习借鉴其他国家发展特色小镇的成熟经验，如瑞士的达沃斯小镇、美国的格林威治对冲基金小镇、法国的格拉斯小镇等，在尊重其个性化的发展元素和发展路径的基础上，研究其特殊背后所遵循的先进理念和一般规律，研究其产业特色、文化韵味、生态魅力所内蕴的创新力、聚合力及价值挖掘力。

（二）推动资本源头的开放

资本是特色小镇培育建设的重要保障。在特色小镇基础设施和公共服务领域，可以建立政府和社会资本合作（PPP）项目库，进行开放式募股，既减轻政府财政投资的压力，也为民营资本提供投资渠道，构建互利共赢、风险共担、平等合作的投资经营机制。提高金融体系对特色小镇支持力度，完善中小微企业融资体系，探索融资证券化。应根据创新型企业的特点，拓宽创新创业企业的融资渠道，探索创新其融资方式，可引入各类基金、风投机构、创投机构的投资，可对缺少抵押财产的初创期的企业设立政策性融资担保机构，可采用无抵押的信用贷款方式，可探索投贷联动的新模式等。

（三）推动平台的开放

在政府参与的基础上，谋求战略性合作，在更广范围、更深层次，更高质量上进行招商选资，吸收跨国公司、大型国企、上市公司及其它民营企业在特色小镇投资特色产业的基础设施、配套工程和产业项目特别是大型平台，由各大平台来孵化和承载众多的创新创业企业，转变传统的政府——企业单一的线性结构，形成政府——平台——企业的政府引进平台、平台孵化企业的模式，这样使平台的投资主体和平台上的创新创业企业在政府营造的良好的市场生态系统中形成内生成长发展的动力。积极培育推动企业上市，整合内外资源，使上市公司成为特色小镇产业转型升级的主引擎。

（四）推动工具的开放

即充分利用互联网、大数据、云计算工具，围绕特色产业链搭建众创空间，跟踪产业链的最新技术，对接全球产业的用户需求，分享创客的创意和创新智慧成果，借以满足产品不断创新的需要。并利用互联网工具和各种媒介工具，塑造特色小镇具有个性魅力的品牌，扩大宣传效应，讲好小镇故事。

（五）推动智力资源的开放

以人才新政吸引国内外各类智力支持，完善人才引进、培养、评价、使用、激励、管理等系列政策，引入柔性引才方式，通过设立院士专家工作站、人才工作室等多种方式汇聚智力要素，将特色小镇打造成各类高层次人才集聚的高地，集中优势资源构建优良的人才创业生态圈。

五、在特色小镇培育建设中牢固树立和着力贯彻落实共享发展理念

共享是中国特色社会主义的本质要求。共享是改革、创新、发展成果的共享，是全面共享、全体共享、共建共享、渐进共享的统一。共享性是增强特色小镇凝聚力、向心力、创造力的重要条件。着力体现创新生态系统的共享性、政策服务的共享性、居民共同体和周边居民和更广泛人们的共享性。

（一）创新生态系统的共享性

特色小镇应高密度集聚高端的生产要素，集聚创业企业、孵化器、投资人及各类服务机构，集聚领军型团队、成长型企业、高校毕业生、大企业高管、科技人员、留学归国人员创业者等各种人才，集聚研究、开发、应用等专业性群体，集聚知识、创意、文化等各种无形资源，为各类市场主体的资源共享、信息外溢、技术扩散创造便利条件，构建相互联系、相互依存、相互促进的共生共荣的创新生态系统。并大幅降低信息搜索成本、交易成本、技术试错成本、价值创造成本。

（二）政策服务的共享性

政府应当好“店小二”，提高服务的水平效率，使特色小镇内市场主体享受更优更好的服务。政府在特色小镇应积极建设众创空间[5]，支持特色小镇建设科技企业孵化器、布局建设技术市场、布局建设企业研发机构和公共科技创新服务平台、鼓励并支持领军人才和创新团队到特色小镇创业、启动实施一批特色小镇科技项目、开放共享创新资源。政府可从地方财政贡献奖励、人才创新创业补助、生活补贴、子女就学、配偶工作调动、论坛峰会和各类赛事举办奖励等各个方面出台政策措施。由政府牵头组织与大专院校、科研院所的协调对接，在特色小镇设立专业院系，搭建高校互联、人才共享平台。在金融配套上，构建一体化金融服务体系，由银行在特色小镇设立集贷款、担保、咨询等功能的小镇银行。

政府可创新开放式金融供给，设立产业发展基金，为企业和创客提供强有力的投融资服务。法律援助上，为创客团队及入驻企业开设法律服务工作室，通过引进法律事务所及相关法律顾问，开通法律服务热线，为企业人员无偿提供咨询服务，同时积极打击著作权、商标权的违法侵权行为，加强知识产权保护力度，维护企业知识产权，指导建立消费纠纷处理机制。在具体的服务过程中，可试行全程电子化登记、设立工商事务服务室和会商协调机制、推进“五证合一”登记制度、支持发展商务秘书企业、实行集群化住所登记、开通绿色审批专用服务通道、实行全程“一条龙”服务，创立创业服务大厅，提供包括“创新交流、政企交互信息”等在内的保姆式服务，在房屋租金、能耗、购买云服务、购买中介服务等方面给予补助，最大限度地降低创业成本。

（三）居民共同体和周边居民和更广泛人们的共享性

要使特色小镇的全体居民能够共享到更高质量的工作、休闲、生活水准，得到更高水平的获得感，在充分享受传统与现代、历史与时尚、自然与人文完美结合的形态之美的同时，能够享受到精神追求、文化熏陶、心境宁静的一种整体氛围和感觉。同时，周边居民和更广泛人们也能享受到其发展的溢出效应。而更为重要的是让小镇居民在共建中共享，探索自治管理模式，充分尊重小镇居民的意志，提高小镇居民的认同感，汲取小镇居民的共同智慧，点燃小镇居民的参与热情，使特色小镇成为“散落人间的天堂”。

参考文献请见原文。

（撰稿人：顾利民，绍兴市上虞区委党校党委委员、教务科长、高级讲师，主要研究方向为经济理论、区域经济）

特色小镇“全域化”生态治理：政治语境、系统建构与政策路径

——基于苏浙案例的分析①

为适应新常态下经济产业转型和新型城镇化发展的要求，十八大和十八届三中全会提出，“把生态文明理念和原则全面融入城镇化全过程，走集约、智能、绿色、低碳的新型城镇化道路”。国家“十三五”规划和《国务院关于深入推进新型城镇化建设的若干意见》明确提出要在未来五年加快发展中小城市和特色城镇的政策导向。指出特色城镇建设与发展的核心理念，是应基于共享理念前提下实现绿色环保和生态治理为基本原则。从国内环境领域问题治理的经验来看，生态治理作为依附于政治思维和政策机制层面的新治理模式，同政治理念和制度设计的生态化趋势密不可分，更加依托于一种政治生态化的基本逻辑。或者说是政治与生态环境问题的一体化框架。换言之，国内生态治理官方话语的凸显内源于新型城镇化发展转型中的经济化政治向生态化政治转型的制度诉求。住房城乡建设部、国家发改委等三部委在《关于开展特色小镇培育工作的通知》中明确提出绿色发展理念、绿色生态特色小镇的概念，并把注重生态环境保护作为基本原则之一，表明生态化是特色小镇的发展目标之一，也是新型产业资源集聚和创新空间增长的重要前提。这种生态化政治新思维的治理模式，在某种程度上，为地方治理实践提供了全域性生态系统创新的制度基础和政策导向，也为特色小镇生态为基础的发展思路提供了政策注解。进一步而言，特色小镇主要是以生态功能和生态质量为基础，旨在实现社区中各组成因素及社区内外部环境的相互联系、依赖和协调的“融合共生”空间的建构场域。从政策的推进和实施来看，其培育和建构只有依托生态化的政治思维和治理机制，特色小镇才有可能能打下坚实的生态基础。

---

① 本文摘自《城市发展研究》，2018（02）：100－110。基金项目：国家社会科学基金青年项目“特色小城镇生态社区治理‘耦合共生’要素培育模式及政策创新研究”阶段性成果（项目编号：17CZZ013）。

一、生态政治新理念与特色小镇政策议题

（一）生态政治语境下的发展模式转型

所谓生态政治，是指将生态问题纳入政治的高度，将政治话语予以生态化，追求政治与生态一体化的政治形态，同时也是将生态思维嵌入整体政治系统的过程。生态政治是生态环境问题的政治化和社会化，它要求将生态环境问题提升到政治的高度并通过改进政治体制以谋求解之道。生态政治所遵循的是公平性、持续性、协调性以及生态系统的自我调节、循环再生、生态平衡等生态学基本原则和原理。政治话语形态是政治话语主体为实现某种利益或建立某种秩序而产生的一种组织性支配力，它表达了政治主体对其他各种力量的影响和制约程度。吉登斯指出，国家的发展必然要与话语方式的形成相融合，话语方式建构性塑造了国家权力。生态政治实质是将环境问题政治化，依可持续发展的战略理念整体考量自然系统和人类社会系统的关系，变革政治价值观、政治思维和政治活动。通过经济政治向生态政治模式的转换，促使着整体发展机制和治理政策逐步面向生态、持续与和谐的目标迈进。经济社会生态化发展的思路契合了当前国家政治话语的建构模式，环境议题领域的制度权变性策略路径与政策情势性因素框架融合建构了生态政治话语的新的权力空间。中国生态文明建设和发展离不开强有力的生态政治话语的影响和保障。

当然，生态政治不是与传统政治的割裂，而是保留了传统政治的核心内容，但又在经济政治的基础上增注了生态环境要义，是对传统政治的一次升华。进一步而言，生态政治不是否定经济增长，而是在否定传统政治模式框架下的经济增长方式，以及由此导致的对人的价值主体地位异化的基础上，试图修复和矫正经济增长与环境生态的对立状态，转变为和谐共生、相互适应甚至促进的关系，实现人的价值主体地位为目的。如原环境保护部部长陈吉宁说，绿色发展理念是我党积极探索经济规律、社会规律和自然规律的认识升华，带来的是发展理念和方式的深刻转变，也是执政理念和方式的深刻转变。生态政治由最初的应然层面的理念阶段逐步发展到当前实然的政策实践，一方面得益于生态政治理论的发展，生态政治理论的明显特征在于它认为应该在政治的高度上认识和把握威胁人类生存和发展的生态危机问题，并从根本上促进人类思维的变革。同时也将深刻影响中国社会，“将超越和扬弃现有的工业化、现代化模式”，带来“一场涉及生产方式、生活方式、思维方式和价值观念的重大变革”。有学者指出，针对中国的历史和现状而言，生态政治化将是今后相当长的一个时期内中国社会主义政治文明建设的重要内容。新型城镇化作为引领经济社会迈向中国特色社会主义新时代的政治主导性框架的重要推进路径，生态政治必定成为凸显的重要话语形态，生

态治理无疑也将成为融入新型城镇化过程的主要开展方向。

（二）生态政治到生态治理的地方政策实践

生态治理作为生态政治话语实现和新型政治权力框架建构的重要路径，不仅成为政治理论发展新的指引方向，更成为政治实践新的发展趋势。另一方面，绿色发展首先需要执政党转变理念，生态政治化理论延伸到治理实践领域，表现在政府的公共权力开始在政策设计、经济调节和法律管控等层面发挥作用，将生态环境问题纳入正式的制度设计、政策决策及绩效评估的框架之内，用政治思维解决生态环境问题。随着国家"五位一体"生态建设总体战略规划的确立和具体领域环境保护与治理实践的推进，政治生态化的国家层面的制度框架已经开始成型，地方层面的政策设计也日渐完善。就现实经验而言，当前地方基层生态治理的主要路径和模式，在政策制定和机制设计方面，主要依托城镇社区治理的主体框架开展，为社区生态治理提供现实的组织框架和行动空间。为当下地方生态治理理论深化和实践拓展提供有价值的建议和思考。

从此种意义而论，2014 年浙江正式开始实施的特色小镇培育和建设的创新案例，不仅是高层生态政治思维由统合性话语框架转化为地方生态治理实践探索的创新尝试，而且从国家发展的长远战略来看，也是面对国内经济结构转型，资源环境紧约束问题日益严重和国际气候变化合作背景下的主体责任压力的承诺诉求。《国民经济和社会发展第十二个五年规划纲要》明确提出，"优化城市化布局和形态，加强城镇化管理，不断提升城镇化的质量和水平"，新型城镇化担负着我国深化产业升级，转变发展方式的时代重任，从党的十八大到中央经济工作会议，到中央农村会议，从中央到地方，陆续推出了一系列"城镇化行政"。当前从浙江兴起并逐步席卷全国的带有重要探索性质的特色小镇，实为新型城镇化的创新实践，是落实五大发展理念的最新战略举措。作为新型城镇化的新议题，特色小镇不仅在某种程度缓解了城市传统产业承载的压力，释放和集聚了新的产业样态，以就地、就近城镇化的模式，加速了我国推进新型产业升级和技术创新机制的内生动力的成长；同时，生态发展为基础，融合地区特色要素共生性发展的原则，一定意义上突破了传统经济模式的资源困境，转为地方积极自主的开发当地优势要素，从而实现个性化、多元化发展模式，为地方政府治理思维转换和政策机制革新提供了有力契机。"特色小镇核心是特色，绿色是底色。"国家发改委城市和小城镇改革发展中心副主任乔润令指出，特色小镇是培育新经济的新载体，这就要求在编制城镇规划时要追求城镇设施的混合功能，降低成本、绿色低碳。特色小镇话语背后的生态型思维无疑将为我国由经济绩效捆绑的资源能耗式发展模式的转型注入新动力，进而影响国家政治生态的发展逻辑和制度考核的权衡保准，趋向一种生态型政治的发展方向。因此，加强研究生态思维引导下的特色小镇理论建设，深入揭示生态化发展的基本内涵。对于深入开展特色小镇乃至新型城镇化的理论研究，分析背后的政治逻辑和制度意涵，提升政策实践效能和现代治理能力，都有着积极意义。

二、特色小镇“全域化”生态治理的内涵与框架

生态化政治新思维的治理模式某种程度上，为地方治理实践提供了全域性生态系统创新的制度基础和政策导向。特色小镇作为地方提升新型城镇化质量的系统创新工程，本质是重新培育和建构地方生态空间场域的探索过程。既然是生态空间的培育和完善，那么自然不是一个单极化、单向度和单机制的过程，而应该是一种在大生态观的整体战略目标引领下，以多向度价值、多元化主体、多层级机制和多维度路径为主体框架，建构空间结构合理、生态系统健康和社会要素和谐的共生共享式新空间的过程。赫尔曼．戴利指出，经济增长、环境保护和社会平等是相互依赖和相互加强的国家目标，达到这些目标的政策应该整合。现代经济学观点认为，一切自然资源和生态系统所提供的服务是人类社会生产需求的源泉，自然再生产、经济再生产和社会再生产已经密不可分，生态环境系统与生态经济系统之间始终存在着物质、信息、能量以及价值的流动，两者已经形成一个有机的整体。特色小镇这种整体性治理的政策思维，也体现出一种超越单纯经济可持续的增长模式，而是趋向“全域化”空间生态发展的方向，面向社会综合可持续主义的发展机制，这也是特色小镇建设和发展所追求的深层价值和本质归宿。

（一）“社会—生态”耦合下的全域社会要素系统

全域社会系统理念认为，人类社会的发展进步与周围环境的关联程度不断加深，社会系统的稳定和健康更加受制于自然生态环境系统的和谐与安全状态。同时人类社会现代性进程的增强，对自然生态系统的破坏及改造能力也日益强化，导致社会和生态系统的结合趋向一致，由此推进了“社会生态学”的发展。社会生态理论是探讨人类社会在特定时空场域的行为及同所嵌入的自然生态系统相互关系的理论体系，社会系统与自然系统两者之间是相互嵌套的，具有某种耦合关系。“社会—生态”耦合是指人类行动和生态结构是紧密地联系在一起且相互依赖的，形成了相互耦合、多维互动的社会生态系统。美国国家研究委员会对二者的整合性研究称之为一种面向“持续性科学”的新理念，这种称谓背后实质在某种程度暗含着旨在建构一种安全健康系统的发展理念。特色小镇是立足产业、环境、文化、设施服务、体制机制五大领域的区域性整体社会系统的全面塑造为途径，依托地方性自然地理禀赋，以特色产业发展为平台集聚优势同质资源，以机制创新和制度突破为运行保障，协同文化、旅游和生态良序发展的“产

城融合共生”模式的新型城镇化的重要实践。特色小镇可以看作是一个空间组织系统，其良好的运行机制需要内部各子系统之间协调配合，以破除产业结构升级与资源融合的梗阻矛盾，改变城乡发展失衡、环境生态恶化及文化资本流失的危机，打造全域化的区域良好社会生态发展情境。

社会生态系统理论的基本观点是人类处于一个社会与自然环境之间相互交织、相互影响所形成的关系体系之中，要求得生存与发展，具有能动性的人类就必须有效协调与自然生态体系的关系，实现社会生态系统内的均衡。这里的社会生态即人类社会的总体生态，是由人类与其环境所组成的生态关系，是集自然、社会和经济三重属性为一体的客观存在。同样道理，特色小镇的生态化培育思维旨在把人类成长生存的社会环境（如家庭、机构、团体、社区等）看作是社会性的生态系统，强调生态环境（人的生存系统）对于分析和理解人类行为的重要性，注重人与环境间各系统的相互作用及其对人类行为的重大影响。盛世豪指出，就特色小镇生态系统的属性而言，实质是作为一种新型产业平台，旨在建构以创新要素为核心融合研发创新、成果转换、体验应用及区域文化于一体的创新生态系统。创新要素的嵌套性、整体性和自组织性特征重新建构特色小镇的新结构系统，这种新结构框架包含价值导向、空间环境、系统结构以及支撑制度等四个维度的关键要素，这四类关键要素既成为特色小镇培育的基本理论引导，也是政策实践的根本指导方向。

（二）特色小镇全域性生态空间治理的基本框架

从本源意义而言，生态是生命繁衍、发展所依托的自然环境与生命主体间的自然耦合关系，表示人和环境在时空演替过程中形成的一种自然文脉、肌理、组织和秩序。人类社会的任何组织单元都是一类以人类行为为主导，自然生态为依托，经济活动为命脉，由能量、资金、权力和精神所驱动的社会 - 经济 - 自然复合生态系统。徐梦周认为，特色小镇可以作为一种创建生态系统的尝试来理解，是指通过公共政策及制度安排协调特定区域内各主体的行为及其与内外部环境的关系建构完善创新生态系统的过程，该过程以推动创新生态系统自组织发展以及形成区域内产业独特竞争优势为总体目标。如杭州“互联网 +”类特色小镇的崛起，正是受益于浙江宽松的制度环境和积极的政策引导，培育了镇域经济和民营企业良好的创业环境生态空间，迅速发展带动催化了互联网、大数据等新产业的创新，打造了互联网为特色的优势产业集群，产生了良好的区域绿色经济示范和社会可持续发展的创制空间效应。由此看出，从生态维度推进社会空间要素系统自适应功能的恢复和产业发展的目的看，特色小镇建构目标包含了通过创新生态系统走向社区“全域性生态”场域建构的基本思路。

1. 特色小镇全域性空间系统生态要素的基础内涵

社会生态系统理论为我们提供了整合性体系建构的理论依据，特色小镇不仅体现人类本体生存和发展的诉求，也体现了人类所依存的生态自然系统的持续和健康的诉求。生态健康是特色小镇的重要内涵，也是可持续发展的根本保障。依据发改委和住房城乡建设部最新发布的特色小镇的评审框架看，在生态方面突出了三点要求：一是要看小镇生态要素本身的健康，比如要素的生存质量、特色要素的集聚与融合程度、要素的优化和更新可能性等指标，作为是否确立和批准特色小镇创建及培育的基础性参照依据；二是要看生态要素与系统内部其他要素结构的协调和互动功能是否良性，包括与产业要素、制度要素和文化要素间的沟通统合程度，作为评估特色小镇生存及发展能力的发展性参照依据；第三，要看整体生态要素的全域化重构之后，新要素对新环境的调整、适应和变革能力，作为预判特色小镇巩固和可持化的创新性参照依据。在这三类参照体系中，结合特色小镇从政策审批、规划引领、融合发展、机制创新和监督反馈的过程性培育框架，分别明晰各自的功能性角色和评判地位：基础性参照框架应是特色小镇发展性和创新性框架的前提和首要条件，占据着特色小镇评审环节的重点权重。如浙江临安创客小镇正是凭借优越的地理环境，良好的生态资源，以打造绿色创客空间为抓手，以地区项目资源为借力带动产业优势等良好的基础性创建要素，提出了发展“三态融合”创新生态体系路径而受到肯定。发展性框架是沟通基础性和创新性框架的中间环节，特色小镇的核心是可持续发展，这就取决于系统内部结构的运转是否健康和谐。关于这一点，在资源集聚创新转化、空间结构三态融合共生，企业和园区为主体的市场化运作以及文化和谐融合等方面，都蕴含着特色小镇可持续发展的基本属性（图 1）。其中，绍兴黄酒小镇即为秉承“产业、文化、旅游”三位一体的建设理念，融合“生产、生活、生态”三生创建目标的典型案例。

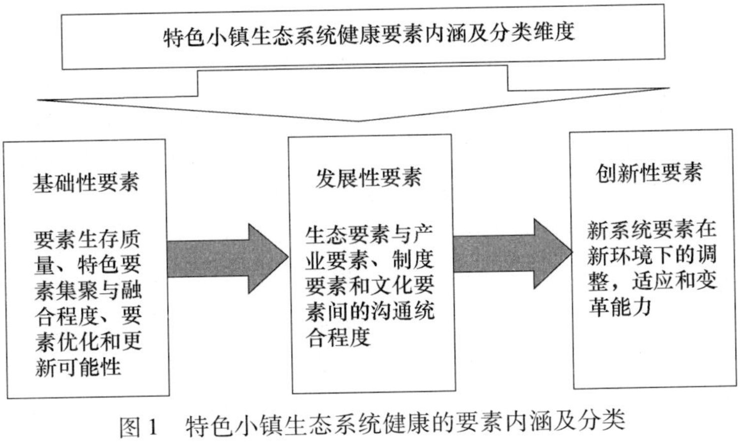

图 1　特色小镇生态系统健康的要素内涵及分类

2. 特色小镇全域性生态空间建构的价值导向

全域性生态社区是追求一种治理系统内部各子系统和谐相容的运转系统，遵从社区自然生态和人文生态自组织发展规律的基础上，实现进入阶段性发展的稳定域时空状态。深生态社区的建设和规划最终目标是走向可持续的自然系统和社会系统和谐相容的发展轨道，我们说，在社区公共领域传统的资源管理方式是“控制和命令”方式，这种模式既没有认识到具备适应能力的复杂社会——生态系统自身的发展趋势，也将人的主体性排除在外。而实质上，依据复杂适应系统理论，特色小镇作为一种复杂的系统本身是动态变化的，从一村一品、企业集群、旅游休闲再到新经济体，嵌含在复杂的社会经济系统中，本身呈现的结构是由主体变异性、主动适应性和相互作用的“涌现”产生的。苏浙特色小镇的成功，很大程度上是在顺应在地系统变迁过程中，自身优质特色因子主动寻求适应变革和整体重塑而有效嵌入了区域社会环境系统，通过与系统要素的增益性交换，纳入了可持续发展的动能而得到不断巩固与增长壮大。进一步说，社区生态适应性发展需要在系统内外物质、能量和信息积聚和耗散基础上实现牵引力、承动力和稳态力的势能均衡，维持系统在稳定阈值的区间，实现社区生态系统保持自身机能前提下的适应性循环状态。特色小镇的生态社区治理应该追求区域自然系统和人类系统的有机融合与和谐统一，成为社区发展彼此依靠的要素基础。

在共生性的深生态社区建构的发展进化中，特色小镇发展思路引导下的社区的密度、多样性、形式和功能以及居民的生态意识都是很重要的因素。事实上，通过提供与社区系统内外场域的文化、资源和自然的交流，生态社区的良好状态可以促进社区意识发展到更高境界。比如艺尚小镇深入挖掘时尚基因，运用空间跨界融合策略，集聚资源、人才和服务的时尚元素，打造了地方特色的生态产业链，创造性拓展深化了区域性时尚产业的新发展生态。这种空间融合策略，也只有在小镇培育主体、建设机制及社区治理组织结构组成部分的亚系统，具有同各局部系统有效互动，并保持弹性功能基础上，整体系统才能常态化运作，深生态小镇治理空间的良序结构才可能走向完善和定型，或者实现原社区生态自适应系统的恢复稳定，或者干脆突破旧系统的阈值，进入新的社区系统的场域建构阶段。

3. 特色小镇全域性生态空间建构的基本体系

新城市主义邻里发展理论认为，理想小镇旨在营造怡人的生态居住环境，倡导绿色消费模式和简朴自律的社区文化，同时通过“混合开发”的方式，最大程度倡导时间、空间和人群的混合，打造便捷牢固的链接纽带。新城市主义规划实践的基本原则主要是尊重自然，构建完整的城市生态系统；尊重社会与个人，建设人性化的生态社区；保持多样性，维持城市生态系统的平衡；节约资源，实现城市系统的可持续发展。借鉴新城市主义理论界，特色小镇社区的发展框架也应由人居、环境、社会和经济四种生态系统构建的，这种框架在社区产业、制度、功能和形态方面，可以在可持续主义框架内得到有效表达，实现社会、文化、经济和制度的生态宜居性。就实践而言，主要包含特色小镇的生态培育体系和生态治理维度，生态培育体系包括四个方面：一是生态安全培育体系，莫干山小镇通过 GIS（城市规划系统）和生态要素的综合评定构建了网格化生态安全网络；同时构建环境压力性监测指标评估机制，对区域潜在的生态问题和环境风险实施全过程、精准化监控，并形成社会快速应对的联动机制。二是城镇绿地系统和绿色交通网络的构建。苏州正在培育的慢城小镇模式，在生态理论指导下成立符合地方山水特质的城市绿地，完善城镇绿色交通规划和慢行网络，发展绿色交通枢纽。三是服务均衡和城镇基础设施生态化。湖州滨湖区的特色小镇以城乡生态空间共生培育为基点，均衡配置城市公共产品和服务站点，强化城镇边郊和城乡结合街区的服务覆盖，以具体的生态化要求重构城镇基础设施。四是生态文化体系的建设，加强生态宣传，倡导绿色消费。天台和合小镇以“儒释道”兼容并蓄的独特地域文化——和合文化为灵魂，重新塑造本土文化的纯朴和简约价值内涵，建设了以人文体验与自然旅游为主体，以非物质文化遗产和养生文化为传统，实现“产业、旅游、社区和人文”的全域性生态社区建设。总体而言，容纳生态安全、绿色网络、服务均衡和文化机制的生态培育体系，是建立特色小镇生态形态的基础工程，直接影响着后续生态治理质量和效益状况。

总之，特色小镇的生态空间建构过程中的时空耦合、结构耦合与主体耦合的子系统格局，通过环境、制度和行动者所产生的复杂性系统形成了全域性生态治理的基本轮廓。因此，作为一种基础体系培育的系统工程，需要整体生态网络的同步推进和共同提升。此外，特色小镇的发展应实现以公平、协调、开放、包容及多维为原则，借鉴社区建设的空间规划、社会共治、机制改革、项目运作、生态共享和文化创新的经验，建构特色小镇全域性生态治理空间的制度框架、行动逻辑和治理体系，培育社区生态要素整合和共享政策机制，完善特色城镇的生态空间治理的政策体系。

三、特色小镇“全域化”生态治理的经验与评析

作为新型城镇化的典型模式，特色小镇内含着经济层面由规模和高耗能的传统工业转向质量和可持续导向，社会层面由公平缺失转向包容性增长导向，空间层面由“外延式”扩地造城转向“内涵式”集约高效导向。特色小镇是全域化生态场域的培育和建构过程，是从经济发展、社会治理、文化振兴和机制创新层面全面打造新型城镇化的系统化工程。住房城乡建设部村镇司司长张学勤明确指出，特色小镇主要是打造特色鲜明的产业形态、和谐宜居的美丽环境、彰显特色的传统文化、提供便捷完善的设施服务和建设体力活力的体制机制。

（一）特色小镇的“全域性”生态空间治理经验：以莫干山小镇为例

特色小镇的全域性生态发展是依据自然生态与人化生态的有机融合，通过社区的生态结构和生态治理行动的双重因素的共同建构，实现社会综合生态效应最大化的过程。社区生态整体性、层次性和发展性评价的特征和要求提出了特色小镇的培育思路和发展模式。莫干山小镇是浙江德清具有全国示范作用的原生态民宿旅游和绿色健康休闲基地，是全国首批特色小镇，该镇通过对“两山理论”的践行与坚守，充分展示和传承了具有区域特色的低碳环保生态理念与文化传统。莫干山镇凭借良好的区位旅游资源优势，经过十余年发展，精心打造出了以原生态、绿色低碳、无景点另类健康休闲为特色的“洋家乐”品牌，贯通全域旅游产业链的高端要素集聚和社会资本网络，带动区域性美丽乡村建设，实现乡村振兴的生态圈。通过行政生态系统、社区生态系统、市场生态系统和文化生态系统的的协同运作，调动各种力量的积极性，形成了独具特色的开放式生态空间培育模式。莫干山小镇作为浙江特色小镇建设的典型范例，在全域性生态治理方面成效显著，主要体现在三方面：一是生态空间统筹的前瞻性规划。德清作为浙江省社会管理体制改革的试点单位，在最初特色小镇的规划编制过程中，就创制了积极的政府引领和宽松的体制机制环境，立足区域实际，紧密结合供给侧创新理念，明确了以培育和打造山水和人文生态旅游为重点的发展思路。在编制规划过程中，该县基于莫干山区域独特的生态自然优势，确立了以山水资源、民国风情和文旅民宿为主导的绿色旅游产业为基础，带动城乡一体全域化生态发展为特色的模式，营造了莫干山良好的生态要素成长环境和发展前景。二是全面覆盖的一体化生态治理领域设计。德清县和莫干山镇政府遵循“两山”发展理念，探索以“低碳环保，中西融合”为特色的绿色发展模式；县镇政府充分发挥生态空间培育过程中的规划引领作用，以土地要素、环境保护和消防安全等领域的多规合一为标准，探索原生态民宿行业管理规律与运营经验；开拓服务外包业务，积极吸收社会资本，构建覆盖全产业链的民宿经济和生态旅游服务网路。与此同时，始终坚持区域性整体设计和规划，积极构建城乡一体发展、产业创新发展、绿色低碳发展的体制机制，构建了宽领域、多视角和全覆盖的社区生态发展模式。三是基于地方生态实际的体系性治理组织建构。莫干山镇依据“村落－社区”的治理模式，有效整合了辖区内的18个行政村和组织单位，构建了“四位一体”的镇区服务管理运行机制，即社区党组织、民宿服务中心、旅游产业发展中心、共建理事会等共同形成的管理体系，通过文化融合、景区融通、产业融入和服务融心“四融工程”，形成服务多样化、管理人性化、参与主体多元化的全域化生态治理格局。

正如前文所说，在全域性生态治理的话语体系内，莫干山小镇正是在遵从社区自然生态和人文生态的自组织发展规律的基础上，追求一种治理系统内部机制均衡和系统之间和谐相容的场域建构目标，通过内生性自然系统和输入性治理系统的融合共生，逐步进入社区阶段性发展的稳定域时空状态而成为全国特色小镇的标杆。话句话说，全域化生态社区的建设和规划最终目标是走向可持续的自然系统和社会系统和谐相容的发展轨道。

（二）特色小镇的全域性生态空间治理特征评析

特色小镇生态社区的全域化目标的实现，需要在地区实践的合理分类的基础上，形成社区培育模式和发展路径的多样性、层次性和前瞻性的治理机制，以小镇生态方向的类别化、生态程度发展的阶段性和生态质量的提升可能性为考量依据，选取社会和谐、经济增效、环境友好、生态健康、制度合理等五类评价特征领域，构建出全域性生态治理的目标层。各类评价领域的特征主体以生态场域子系统的独特功能置于生态社区整体空间的结构范畴，共同糅合成系统化的嵌入性的互构体系。学理层面阐释，生态社区话语的结构框架包括自然生态和人化生态两种，自然生态的基础内涵是由地域时空、资源禀赋及人文要素生成的内源在地化结构性体系，其本源的空间面貌直接影响着地方生态是否健康和环境友好与否的基本状态，从而决定了社会和谐的程度。以浙江特色小镇建设类型看，包括历史文化、城郊休闲、交通区位、资源禀赋以及生态旅游几种类型，基本属于依托在地化天然资源基础，通过外力推进和要素培育而成长的；人化生态的基础内涵是由经济模式、治理体制和社区行动生成的外生输入化行动性体系，生态政治话语下的制度体系和生态经济为主体的产业模式成为人化生态的主要影响要素，比如依托时尚创意、金融创新、高端制造、特色产业及新型产业等优势而打造的特色小镇类型。两种生态类别包容下的治理评价的特征领域又可以细分为相对应的指标层，作为生态社区治理评价的直接对象和具体领域。这种评价链条的设计依据构成了生态治理的技术层面，即由引导性、科学性、操作性和发展性为特征的技术层（图 2）。应该说，在生态社区的培育和评价框架下，有四类机制建构的基本体系完善了社区生态化的要素内涵，规范了生态社区发展的基本标准，丰富和发展了特色小镇的全域化生态模式的理论体系和实践依据。

需要清楚的是，特色小镇的全域性生态是由生态经济引领下，面向社会、文化和制度的生态化发展模式的路径和过程。具体而言，特色小镇的全域性生态是由经济、社会和自然融合共生的复合型生态系统，是以供给侧改革、经济转型升级和提振城镇化新动能为动力，以区域性空间要素融合共生为目标的开放系统。各地特色小镇的发展思路和模式选择具有特殊的区域性地域特色和灵活的机制创新路径，是一种成长过渡阶段新的探索方向。浙江之所以较早提出特色小镇的发

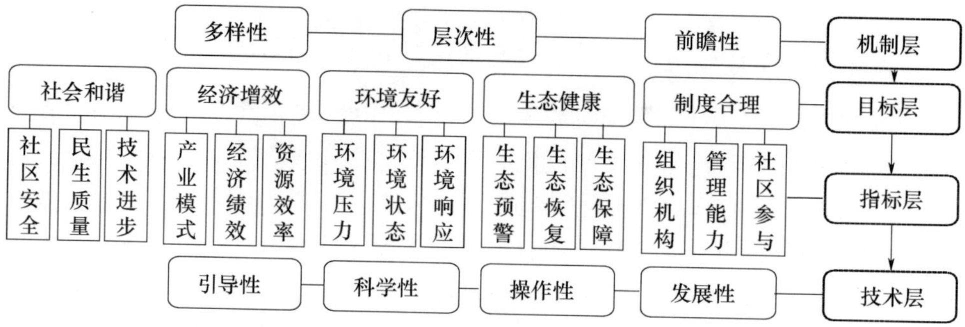

图2　特色小镇生态社区评价机制特征领域及指标体系

展模式，是因为在新型城镇化过程中，浙江为突破传统工业经济形态下的产业资源的城乡转移空间遭遇的地域性、制度性困境，而探寻生态经济形态带动下的城镇化内生驱动机制的先行式自主创新的尝试。因此，特色小镇的基础是产业，更强调的是不同于传统经济业态的新型产业形态、产业集群和产业创意，以此为新载体重新规划、培育和构建新的区域性经济社会生态新空间。

四、特色小镇全域性生态治理的原则与政策

如果从社会现代化发展的历史维度去观测当前的环境问题，不难看出，对于我国的发展属性而言，生态问题是现代工业和城镇化发展进程中难以回避的内生性重点问题。对于长期受政治契约制约束的地方政府而言，依靠制度惯性和财税利益而建构的发展效率型经济社会结构模式，即使在社会治理层面实施了大量行政性创新，实质仍然难以脱离针对经济效益和财税指标的“权利的发展主义”的基本路径。所以在工业绩效需求依旧旺盛的情势下，生态化取向的公共治理不能缺少地方政府对于环境保护与生态建设的价值理性之理解并为之提供充沛的公共资源。学者们指出，工业化、技术进步、经济增长不仅和生态环境的可持续性具有潜在的兼容性，而且也可以是推动环境治理的重要因素和机制，由工业化导致的环境问题可以通过“协调生态与经济”和进一步的超工业化，而非“去工业化”的途径来解决。以新兴产业为基础的经济发展模式转换催生的特色小镇，对改善城市过度集中发展，推进城乡区域均衡发展，发挥市场竞争优势，满足社会大众普遍的公共利益需求，形成国内城市乡村合理布局、协调发展的科学体系，重构城乡与自然和谐相融的共生局面具有重要探索价值。更进一步说，特色小镇政策带动下的城乡合治促合下的地域空间融合和社会要素融合可以更好地弥合城乡二元分治下的路径冲突，实现城镇化进程中的空间融合。同时深层次而论，生态化的经济发展进一步推动了制度的绿色化和治理的生态化。特色小镇的创建对于发展和提升我国的政治文明和制度水平，实现现代化的国家治理体制具有重大战略意义。

（一）特色小镇全域性生态空间治理的基本原则

从我国工业化和城镇化发展的本质而论，特色小镇模式的提出实质是在经济新常态的发展背景和国家新型城镇化发展战略的引导下，部分经济发达地区和有条件的特色资源地区基于现实的特色发展需求，本着先行先试的原则，通过集聚、培育和提升特色产业资源规模和质量为基础，融合地方特色文化、服务和旅游等多种区域性发展要素的生态系统整合体。更长远来看，特色小镇是基于生态现代化发展战略规划意义层面，以经济发展的生态质量为方向的新型城镇化为基础的转型探索，是追求新型工业化发展模式的过渡阶段，也是实现城乡共生式发展的基本策略。特色小镇发展原则应立足于城乡共生融合目标，创制经济升级新模式和社会治理新的引擎，为新型城镇化注入强动力和鲜活力。特色小镇全域性生态治理的基本原则主要有三点：首先要“四化”，即“产业化、特色化、生态化、现代化”，以创建宏观生态空间增长和拓展的新格局；其次需做到“三新”，即“城乡优势整合新载体”“城乡创业创新新平台”和“城乡要素融合新机制”，从优势资源要素集聚功能培育、区域政策机制模式创新和经济社会发展质量提升的途径，构建生态型城乡发展模式的基础框架；再次要做到“四特”，即“思路特”“要素特”“机制特”和“目标特”“特”是特色小镇的灵魂。以浙江的10个典型小镇为例，不论是江南药镇的“药医养生”，远洋渔业小镇的海岛业态综合园区、宠物小镇的大做宠物文章，和合小镇的天人合一文化，还是青瓷小镇的“青瓷主题”设计、基金小镇的“微城市”理念、梦想小镇的“众创空间”、云栖小镇的科技人文、艺尚小镇的时尚天堂依据酷玩小镇的游乐特色，都以“特色”创出了适合自身新的发展模式。所以，胡祖才指出，当前的国内特色小镇建设，必须要避免地方政府力度过猛和政策过热非常态下的一哄而上、千镇一面和形象工程式的畸形发展态势。也即所谓特色小镇应在区域差异性和模式多样化方面下功夫，真正起到引领地区经济转型新模式、政策创新新思路和城乡发展新方向层面的实效功能。

（二）特色小镇全域性生态治理的政策路径

对于中国的地方政府而言，现实的选择是发展经济与环境保护兼顾，正确处理发展主义和生态主义的关系：首先，各地以循环经济为模式的产业培育和创新为环境保护提供了技术支撑和产业基础；同时政府更加注重制定促进经济增长与环境保护相协调的各种规划和顶层设计，随着经济增长和财政能力的增强，政府持续加大环境污染治理投资，中国生态现代化的实践已取得一定成效。尤其是近年来，从一些国家层次的总体指标看，中国经济增长与环境状况确实显现走向双赢的趋势。特色小镇作为以新兴产业模式带动地方转变传统经济路径、实现区域社会系统要素融合共生的政策导向性的重要经济载体和生态空间，承担着生态质量可持续前提下的经济新升级发展诉求。因此，特色城镇生态治理的政策路径，具体来说：

一是就目标和方向而言，应突出产业特色优势和主体性样本示范功能。特色生态产业是特色小镇存在的前提，也是打造生态型经济社会发展模式的基础保障。城乡传统产业业态的效益低效和后劲不足，为新兴产业形态的发掘和培育提供了有力契机。就特色小镇的产业方向而言，应该具备三个特色：一是具有新模式、新运行机制，提供新兴产业资源集聚新动能和业态发展新活力，如互联网小镇、基金小镇、文旅小镇等；二是要适应新市场和新消费方式需求的产业，发挥经济和社会效益双引擎功能，如酷玩小镇、宠物小镇、艺尚小镇等；三是充分发挥区域禀赋优势的产业，树立特色领先角色和样本带动作用，如远洋渔业小镇、青瓷小镇、江南药镇等。对于支持生态经济发展的未来产业形态，应重点关注传统工业生态化产业、新能源产业、满足低碳消费的生态产业和中国传统民间手工艺四类领域。特色生态产业体系的建立，是特色小镇主体化，自主性健康发展的根本要求，也是深入构建全域性生态空间和生态治理体系的物质技术基础，当为各地特色小镇发展的首要目标和方向。

二是就动力和机制而论，应强调自主性和引导性。首先，强调自主性。特色小镇作为“创智型”空间，更强调地方在遵循资源禀赋和区位优势的基础上，如梦想小镇、创客小镇等创新类小镇，要充分发挥自主性和能动性，动员社会大众“万众创新，大众创业”的整合能量。作为开放式系统，特色小镇的培育和成长需要最大限度的吸纳集聚地区甚至国内外优质特色资源，激活社区内外要素的流动性，持续的保持创新活力和热度，不断提升小镇的特色质量和水平。其次，注意引导性。比如浙江省的特色小镇创建不再采用“审批制”，而是采用宽进严出的方式。从实际运行情况来看，2016 年浙江对首批列入“特色小镇”培育名单的项目中已经有了被“降级”的案例，这也反映了相关制度在操作上的实效性。试点载体创建制度，鼓励地方自主规划，改变了地方规划“先拿牌子、政府投资，招商引资”的传统做法。地方政府根据原有产业基础、新型产业发展战略和开发区改造需求，因地制宜、编制相应规划，落实项目、引进领军型企业，然后由省政府根据既定标准考核、授牌。在此过程中，政府应制定量化工作，加强事后监督，更要明确申报载体的具体内容，同时实施项目化管理。浙江省的特色小镇建设，就是以明确政府职能为抓手，改革企业审批制度，为市场发挥资源配置中的基础性作用提供空间，创制了特色小镇优良的政策环境。

三是就工具和路径而言，应实行政策支持和标准评估。特色小镇是在宏观的经济发展模式升级和产业结构调整的社会背景下，地方探索新型城镇化模式推动下的区域性可持续发展的改革尝试，就治理的层面而言，更体现出行政体制变革和政策思维的创新。地方政府通过行政管理体制、行政运行模式和财政支持政策等方面的调整和完善，为特色小镇的整体生态发展创造更好的制度环境以助力区域经济的特色产业资源集聚和社会生态系统可持续发展。同时作为推进治理机制系统化改革的尝试，特色城镇的建设的投资体制与决策机制、城乡规划体制，土地制度、户籍制度，包括社会保障、就业及行政区划制度都要进行相应变革和创新。政策制定需要结合地区的历史现实，从合理的地域空间范畴统筹安排，及时评估政策的实施效果，推动政策调整和优化的质量提升空间。对地方特色小镇生态建设的审批和评估，应推进标准合格基础上的全面质量控制，加强跟踪监督、实施阶段性评估和完善进入退出机制，改革审批试点名单选取的动态调整机制，通过制度性激励机制保证特色小镇的建设水平和质量层次。

四是就主体和结构而论，应采取自构化和整体性的思路。区域性特色小镇的建设应立足于地区城镇化生态空间组织模式的优化和产业结构重构的方向与目标。城乡一体化是特色小镇发展的空间基础，城镇空间组织模式的合理化与有序演进是实现区域产业结构调整和升级的重要前提。依据城乡生态空间协同发展理论，整体性的城镇生态化发展思路需要在破除城乡二元结构所导致的城镇空间体系分割、功能重置和结构失衡的基础上，矫正和培育城乡空间集群的自构和互构复合作用的生态发展的自组织过程，破除资源紧约束下的地区产业结构升级和城镇共享空间的协同。同时在价值层面上，进一步实现空间再生产正义导向型的新型城镇化，体现城市空间的人本性、公平性和多元性的正义。区域性特色城镇空间一体化模式发展的途径应该是，构建区域“体系完整、组织有序、结构合理、功能互补、分工协作、轴向集聚和整体联动的城镇结构层级体系和高度发达的城乡共生网络”，以满足新时期区域产业联动，资源有序整合和地区城镇化水平整体提升以及区域经济社会生态可持续发展的总体要求。

五、结语

在中国建立现代民主国家和走向治理体系及治理能力现代化征程中，生态文明建设和生态治理的政治话语建构及制度建设无疑是关键一环。从普遍性意义而论，中国的生态文明建设和生态治理政治思维的发展创新，并非仅仅是从政策、技术和科技层面开展环境保护的问题，也非只是生态政治民主参与方式革新、公众政治参与和单项治理模式改革问题，而是“整体性的发展方式的根本转型和综合性的民主模式重构问题”。十八届三中全会提出“要建立系统完善的生态文明制度体系，用制度保护环境”，这彰显了加快生态文明建设将成为环境治理领域的新常态。中国的快速城市化既是环境问题的根源之一，同时也是解决环境问题的出路所在。为应对城市生态环境的各种挑战，未来城市发展模式必须不同于今天城市，城市绿色变革和生态发展势在必行，倡导和实现全域性生态城市的发展模式，大力培育特色小镇是主要路径之一。在此基础上，可持续发展理念所依托的生态治理路径，作为依附于政治思维和政策机制层面的新治理模式，同政治理念和制度设计的生态化趋势密不可分。特色小镇为代表的新型城镇化发展转型中的经济化政治向生态化政治转型的制度诉求，推动生态化政治新思维的治理模式，在某种程度上，为地方治理实践提供了全域性生态系统创新的政治话语逻辑、制度基础和政策导向。深入而论，新型城镇化作为引领全面深化改革的政治主导性框架的重要推进路径，生态化的政治思维为特色小镇生态为基础的发展思路提供了政策注解。在努力推进生态文明发展的国家战略宏观体制视野和可持续发展的绿色城镇化理念的引导下，生态政治也将成为凸显的重要话语形态，而地方生态治理的思路和模式，无疑也将成为融入新型城镇化过程的主要的政策设计依据和实施方略。

参考文献请见原文。

（撰稿人：李志强，南京信息工程大学法政学院行政管理系副主任、讲师、博士，江苏省中国特色社会主义理论体系研究基地研究员，主要研究方向为生态治理、社区治理。）

我国特色小镇品牌建设的价值与路径探讨①

当前，特色小镇建设已经成为中国城市化和城市建设的重大理论命题，同时也是备受各界瞩目的热点实践领域。一批特色小镇脱颖而出，成为引领国内特色小镇潮流的标杆，并且已经形成了或正在培育自身的特色品牌。而如何认识特色小镇品牌建设的价值，如何借鉴成功特色小镇品牌经验以及如何更好的打造中国特色小镇品牌，则不仅是当前特色小镇热潮下理论思考的一个薄弱环节，更是未来特色小镇健康发展的重要考量，值得我们加以深入研究和探索。

一、特色小镇品牌建设的三重价值

城市品牌能够有效整合各类城市发展要素，赋予城市更多内涵，增加城市产品的吸引力，使得城市产品能够为城市顾客所识别和区分，帮助城市的领导层在政策、计划、组织机构、基础设施投资、教育、住房、文化遗产保护、重大活动、服务以及其他与市场联系最紧密的活动等方面进行正确的抉择，进而推动地方的发展。作为城市品牌的重要分支和组成部分，加强特色小镇品牌建设，同样有助于优化配置各类资源要素、增强特色小镇的吸引力和竞争力。同时，中国城镇化正在进入质量导向的新阶段，特色小镇品牌建设更是新发展理念的示范地、新改革实践的试验田，对引领中国小城镇发展方向，丰富中国城市品牌体系，中国城市治理创新具有重要价值。

（一）引领中国小城镇发展方向

长期以来，由于经济规模和行政等级限制等原因，中国小城镇往往处于“城市之尾、乡村之首”，小城镇建设也多以承载农村人口转移为目标，并未赋予更多经济转型、社会发展、环境改善的发展内涵和引领发展方向的任务。尽管实践中不少地方的小城镇已经在探索差异化发展道路方面做出积极的努力，在塑造自身品牌方面进行了有益尝试，但在示范和引领作用上仍然缺乏全面性和整体性，不能适应中国城镇化特别是新型城镇化发展的需要。当前，国家和社会对传统城

---

① 本文摘自《中国名城》，2018（01）：20－24。基金项目：国家自然科学基金重点项目“中国经济绿色发展的评价体系、实现路径与政策研究”（编号：71333001）。

镇化的反思催生了城市发展理念的变革，而发展理念的更新则催生发展模式的日益多样化，小城镇也开始走上自我认同和自我价值发掘之路，并日益承载起让人们生活的更美好、更幸福的重要功能。在这一背景下，小城镇建设亟待更好的体现创新、协调、绿色、开放、共享发展理念，在发挥自身禀赋的基础上探索多元化发展道路。而特色小镇品牌建设将被赋予更大的责任。从目前的特色小镇建设情况看，我国特色小镇品牌大多突出产业“特而强”、形态“小而美”的特点，集中发展信息经济、环保、健康、旅游、时尚、金融、高端装备制造等科技型、绿色型产业，形成产、城、人、文有机结合的城镇功能平台，体现了生产、生活、生态融合的未来城镇发展方向。尽管特色小镇不能简单等同于小城镇，但特色小镇建设的试点和推广，特色小镇品牌的塑造，无疑将有助于更好的体现中国新型城镇化的发展需要和方向，更好的探索中国小城镇发展的适宜模式和道路，更好的解决制约中国小城镇发展的障碍和问题，引领中国小城镇向更加包容、可持续方向发展。

（二）丰富中国城市品牌体系

城市品牌对于城市发展具有重要作用。城市营销学者科特勒曾认为，在城市发展中完善城市品牌体系可以实现三个主要的目标：一是保护城市企业和其品牌免受政府、政治或其他国内外非必要或消极活动的影响；二是支持城市企业及其品牌参与全球竞争；三是创建繁荣以及提高城市内在生活标准。中国的新型城镇化需要与之相匹配的城市品牌体系。当前，中国城市体系是由不同规模、能级的城市共同构成的。与城镇体系相同，我国以大城市为中心、中小城市为骨干、小城镇为基础的多层次的城市品牌体系也已经初步形成。而在城市品牌体系中，作为城市体系中的重要组成部分，特色小镇品牌建设将是亮点之一。从 2016 年 10 月住房城乡建设部公布的第一批中国特色小镇名单中可以看出，中国特色小镇从地理范围上涉及 32 省区（市），共 127 个小镇，从品牌特色上主要分为七大类，包括商贸物流型、历史文化型、工业发展型、现代农业型、休闲旅游型、综合发展型以及特殊发展型（如基金小镇、科技小镇、文创小镇等）。这样广地域、宽领域的特色小镇建设，更加突出“特色”，凸显品牌，将有助于为中国城市品牌提供更加广泛的素材和案例，为中国城市品牌建设实践和理论提供经验、政策、知识支撑，将对丰富中国城市品牌体系产生积极的影响。

（三）推动中国城市治理创新

传统上品牌是一个商业概念，治理则是一种政策机制。但在区域治理当中引入某种基于消费者本体的商业概念，并不意味着对政府与决策者的主体意识的颠覆，而会更加激发其从城市利益相关者的角度出发，制定更加符合城市发展规律与市民需求的政策。长远来看，城市品牌的建设过程本身也是推动城市治理现代化的过程。例如，OECD对绿色城市的建设和品牌的营造就提出了包括环境与自然资源的生产、生活质量的环境维度、经济机会、政策响应等方面的执行指标并提出了提升治理能力的具体举措。特色小镇是中国城镇化发展进程中的新兴事物，也是推动城市治理体制机制创新的重要载体。当前，对特色小镇的基本理解已形成一定共识，普遍认为特色小镇是“非镇非区”，即并非一个行政区划单元，也不是一个产业园区，而是相对独立于市区，有明确功能定位的发展空间平台。而这种“非镇非区”的特点为特色小镇开展城市治理创新提供了良好的前提条件。同时，《住房城乡建设部 国家发展改革委 财政部关于开展特色小镇培育工作的通知》中也指出，特色小镇“规划建设管理有创新，鼓励多规协调，建设规划与土地利用规划合一，社会管理服务有创新。省、市、县支持政策有创新。镇村融合发展有创新。”也从政策层面为特色小镇治理创新提供了指引。未来，特色小镇品牌建设不仅具有发展内涵、更具有改革内涵。通过特色小镇品牌建设，激励特色小镇在制度上不断创新，持续探索利益主体多元、公众参与的现代城市治理体系，催生更多的改革创新氛围浓厚、体制机制灵活、发展潜力和活力强劲的特色小镇涌现，将有利于中国城市治理体系和治理能力现代化水平的提高。

二、国外特色小镇品牌的发展的两个启示

特色小镇并不是新生事物，伴随着工业化、城镇化的发展，国内外许多特色小镇得以成长、壮大与繁荣，并形成了独具特色的区域品牌。而特色小镇品牌所催生的区域居民和外界认同感、人才和资本吸引力、产业集群效应等，也都不断激励其他区域学习、模仿与创新，希望通过自身的特色小镇品牌建设实现更好的发展。但是，我们也应该看到，富有盛名的特色小镇品牌很多，失败的案例也同时存在。这需要我们更好的把握特色小镇品牌建设精髓，在吸取国内外特色小镇发展和品牌建设经验教训的基础上，思考自身的发展道路。

（一）做好特色条条大道通罗马

特色小镇品牌的核心在于“特色”。从国内外特色小镇品牌发展的情况来看，目前具有较高品牌知名度和美誉度的特色小镇主要可以归为三种类型：总部特色镇、产品特色镇和环境特色镇。第一类总部特色镇是通过总部企业引领形成的特色小镇。地价低廉、基础设施完善是这类小城镇的基本特征。如美国加州门罗帕克小镇，是Facebook的总部所在地，现吸引了诸多互联网及新兴产业公司的入驻；德国巴伐利亚州赫若拉赫，是阿迪达斯的总部所在地，现成为全球体育用品公司总部所在地。第二类产品特色镇是以某一类主导产品为支撑，带动当地

的经济社会发展。如瓦滕斯水晶小镇，依托施华洛世奇打造水晶特色小镇；如格拉斯香水小镇，发展香水香料产业，打造香水特色镇。第三类环境特色镇一般是都市圈外具有高品质人居环境和特殊资源的小镇。如达沃斯小镇，坐落在一条17千米长的山谷里，靠近奥地利边境，是阿尔卑斯山系海拔最高的小镇，最早以空气出名，曾是各种肺病患者最佳的疗养地。后来被选定为世界经济论坛的年会会址，促进了当地会展产业的发展和其他旅游服务业的发展。从目前特色小镇品牌发展的情况来看，无论是哪种类型的特色小镇，之所以能够形成品牌，关键还在于其有核心的特色产业，这不仅是其品牌竞争力的基础，也是其经济发展、空间格局优化、人口合理聚集、环境和谐宜居的重要支撑。

（二）成功经验很难轻易复制

特色小镇品牌各具特色，但其成功经验很难轻易模仿复制。例如，国内不少地方都在打造“基金小镇”“金融小镇”品牌，而这些品牌的对标或努力方向大多都是美国的格林威治镇（Greenwich）。该镇位于康涅狄格州西南部的长岛海峡上，作于纽约市的卫星镇，面积仅174平方千米，离纽约市约35～40分钟火车车程，目前是大约500多家对冲基金的所在地，是全球领先的对冲基金中心之一。从发展历史上看，格林威治小镇的对冲基金公司并不是从镇上开始起步，而是取得成功后搬到格林威治。因为对冲基金产业属于风险投资类，空间区位倾向于集中在大城市及其周边，同时由于牵涉到银行的兑换，也要求紧邻金融中心。加之纽约城市生活成本较高且“大城市病”相对严重。而格林威治处于纽约的“一小时经济圈”之内且环境优美，使得格林威治更加容易承接纽约转移和疏解的金融功能。可以说，格林威治基金小镇的成功不是格林威治镇自发建设的结果，而是主要得益于毗邻纽约大都市区的区位优势和功能外溢。

格林威治基金小镇的成功经验很难轻易复制。一方面，格林威治镇可以有很多，但纽约只有一个，并不是所有的特色小镇都适合发展金融产业、打造金融品牌。同时，历史的成功并不不一定意味着未来的成功。从格林威治金融小镇的情况来看，由于受金融危机和行业波动的影响，同时由于互联网技术的发展打破了地理界限，人工智能技术也逐渐在应用在金融分析、投资领域中应用推广，格林威治紧邻纽约、生活宜居的优势也受到了冲击，近期许多在格林威治的对冲基金公司合伙人缩减开支，甚至卖掉在当地置办的房产，回到汇集了大量的高校和来自全球的资本的纽约或者寻找其他成本更低的办公场所。从格林威治基金小镇的情况来看，特色小镇品牌的形成都具有不同的路径，我们不能简单的模仿或复制成功的特色小镇品牌及其发展模式，也不能用过去的成功简单推理未来的成功，而应该更加客观理性的认识特色小镇发展的规律。

三、中国特色小镇品牌建设的战略路径

特色小镇品牌建设是一项复杂的系统性工程。在今天这样一个海量信息充斥人们生活的时代，特色小镇仅仅依靠一个口号、一个 logo、一个形象宣传片或广告片，已经无法说服区域外的人群对小镇产生美好的想象、激发人群去实践体验的动力。未来，应从区域发展长远目标着眼，致力于“内外兼修”，注重全面系统的整合历史角色、文化底蕴、人文风情、地理特征、产业优势、经济实力，立足小镇产业和功能，统筹发展与改革任务，推动中国特色小镇品牌建设。

（一）强化产业、突出特色

特色产业是特色小镇品牌的基础和核心。特色小镇品牌建设以优势产业环节、产业链条、产业集群为依托，才具有可持续发展的动力。推动特色小镇品牌建设，应该从自然资源、人口结构、产业基础等条件出发，在对本地产业基础有清晰认识的基础上，因地制宜开展特色产业的选择、导入、培育及运营，培育产业的独特性和生命力。其中，要注意把握产业前沿发展趋势，准确判断产业的发展方向，挖掘制造、文旅、教育等传统产业潜力，大力发展由网络技术和通信技术的催生的新兴产业，推动新业态、新产品、新模式发展。同时，特色小镇发展特色产业，要善于在产业融合发展中寻找新的产业增长点。例如，建设旅游特色小镇，就不能就旅游谈旅游，而应围绕产业结构的合理化和高级化，通过三次产业和服务业内部融合，跨行业、跨领域配置人才、资本等要素，协同增进产业发展能力。比如将休闲农业、体验农业、文化农业等结合，发展农业旅游；将工业遗产开发与保护、环保工业展示与体验等结合，发展现代工业旅游。此外，需要注意的是，特色小镇建设需要警惕“借特色小镇建设之名，搞房地产开发之实”，避免特色小镇形成以房地产产业为主的发展模式，将多元的产业特色转变为单一的“房地产小镇”。

（二）产城融合、优化功能

特色小镇不是传统意义上的特色产业园区，而是城市的一种形态，是产城融合的特色功能区，不仅承担着推动城乡经济转型的使命，还具有实现人的城镇化以及完成空间载体现代化的责任，给经济活动提供劳动力、土地、基本生活条件和产业基础设施，给居民提供住房、商场、休闲及其他愉悦身心的社会生活环境。在传统规模和投资驱动型的城镇化发展模式下，特色小镇建设往往具有浓郁的粗放增长依赖特征，主要注重经济产出数量的增长，而在提供持续、稳定、高质量的城镇产品和服务方面缺乏足够的重视。在新的质量导向的城镇化发展阶段，特色小镇品牌建特别需要注重城市功能提升，增加特色小镇综合产品的供给

能力和质量。在特色小镇品牌的建设过程中，应进行顺应人口集聚和生产生活需要的良性开发，在建设内涵上，不能依靠规模扩张，而应努力提高资源、能源、土地等利用效率，减少空间扩张和资源损耗，修复自然生态系统，积累特色小镇的生态资本和生态财富，形成资源节约、环境友好、低碳发展、经济高效的新格局；在建筑形态上不能盲目拆老建新，或者一味盖高楼大厦，而应保持现状肌理，延续传统风貌；在生活形态上也需避免照搬城市居住小区模式，而应注重延续小镇居民原有的邻里关系。通过提升城市质量和品位，造就特色小镇独特的品牌吸引力。

（三）大城小镇、联动发展

特色小镇建设需要建立在良好的城市网络关系基础之上，需要不同规模、层次、功能的城市通过彼此合作与支撑，共同为城市体系的整体发展做出贡献。从我国城镇化发展趋势来看，未来人群将有序分布在超大型城市（城市群）、区域性中心城市、乡镇、村庄等空间载体内，各类空间载体并非孤立存在而是紧密联动的。特色小镇是我国完整城镇体系必不可少的一部分，特色小镇品牌建设也需要考虑自身城镇属性，在空间联动中发挥比较优势。一方面，特色小镇品牌建设，要与周边大城市品牌有所差异，体现其功能小镇的专业属性，应充分利用资源比较优势，如亲近自然的生态条件、廉价的地租、乡土文化、与农业和乡村工业的易融合性、宜人的空间感受等，来培育和发展具有活力的、能根植化的、与农业和旅游休闲等相融合的功能，体现自身品牌的独特性和区域价值。另一方面，特色小镇品牌建设，要主动融合，为所在城市群的核心城市特别是中心城市服务。在发展过程中，在品牌规划、管理、运营等各方面融入城市群品牌体系建设中，充分利用中心城市的市场与资源品牌，主动承接来自中心城市的人才、资本、技术品牌溢出，通过分享城市群和中心城市的品牌红利，降低品牌建设的成本，形成自身的品牌优势。

（四）重视 IP、挖掘价值

IP（Intellectual Property）不仅是企业品牌的重要内容，也是特色小镇品牌竞争力的核心体现。特色小镇品牌建设，需要深度挖掘品牌价值并开展品牌保护。其中，一方面，要特别注重特色小镇的自身品牌文化价值培育、保护、发展。着力将特色小镇经济、社会发展与品牌建设统一起来，重视和激发特色小镇本身资源禀赋、产业发展、历史传承等方面的根植性和活力，形成独特文化标识和小镇精神，构建特色小镇品牌的文化内核。另一方面，IP 是具备商业化、产品化、价值化的内容体系。特色小镇的特色 IP 也需要制订长远的发展和保护规划，将构成特色小镇品牌的关键版权、商标、设计权、专利等进行法律保护，通过制度化、法律化的手段保障特色小镇品牌价值不受损害，通过知识产权交易和开发体系建设，推动特色小镇品牌保值增值。

参考文献请见原文。

（撰稿人：赵峥，北京师范大学亚太绿色发展中心副主任，首都科技发展战略研究院副院长，经济学博士，副教授）

第三篇　传统村落

传统村落拥有较丰富的文化与自然资源，蕴藏着丰富的历史信息和文化景观，是中国农耕文明留下的最大遗产，具有较高的历史、文化、科学、艺术、社会、经济价值。传统村落不仅具有历史文化传承等方面的功能，而且对于推进农业现代化进程、推进生态文明建设等具有重要价值。但随着工业化、城镇化的快速发展，传统村落衰落、消失的现象日益加剧，加强传统村落保护发展刻不容缓。

2012 年 9 月，经传统村落保护和发展专家委员会第一次会议决定，将习惯称谓“古村落”改为“传统村落”，以突出其文明价值及传承的意义。此后，住房城乡建设部、文化部、财政部三部门联合印发《传统村落评价认定指标体系（试行）》与《关于加强传统村落保护发展工作的指导意见》，并组织开展了全国第一次传统村落摸底调查，在各地初步评价推荐的基础上，经传统村落保护和发展专家委员会评审认定并公示第一批中国传统村落名录。截至 2016 年年底，中国传统村落数量已达到 4153 个（2012 年第一批共计 646 个，2013 年第二批共计 915 个，2014 年第三批共计 994 个，2016 年第四批共计 1598 个）。

然而，部分村落被列入国家名录后，把旅游当做唯一的脱贫与致富之路，快速上马和粗鄙化的旅游开发，造成了新的破坏性的冲击。许多传统村落的遗产尚未得到很好的整理，村民尚未形成比较强的保护意识，保护的方法尚未普及。经过模式化的旅游开发之后，部分传统村落正出现雷同化、同质化、商品化，原有的村落文化被肢解、异化和歪曲，一些村落的管理权已落入投资方手中，国家制定的各项保护措施得不到有力的执行。

因此，本章节选取《作为人居形式的传统村落及其整体性保护》、《传统村落文化脱域与保护传承研究》、《传统村落文化传承度评价体系及实证研究——以湖南省首批中国传统村落为例》、《传统村落整体性保护策略探究——以浮梁古村为例》和《淮盐文化传统村落保护与可持续发展的地域化路径——以江苏盐城市草堰村为例》五篇文章，基于保护性利用和可持续发展的原则，对传统村落的人居功能、文化传承和文化脱域等方面进行整体性保护的探索。

作为人居形式的传统村落及其整体性保护①

自2007年国家文物局印发《关于加强乡土建筑保护的通知》，特别是2012年住房城乡建设部、文化部、财政部发布《关于加强传统村落保护发展工作的指导意见》，2014年住房城乡建设部、文化部、国家文物局、财政部联合出台《关于切实加强中国传统村落保护的指导意见》以来，传统村落保护、乡土建筑遗产保护利用正成为各地关注的热点课题，徽州、婺源、浙江和福建等地的乡村旅游也备受追捧，以文物保护、村镇规划建设、艺术乡建、民宿旅游等多种形式开展的乡土建筑遗产保护利用有了不俗的成绩和广泛的影响。与此同时，在保护实践中也出现了一些问题和不良倾向：一些村落的传统风貌保护只是对老建筑外观进行修缮整治，忽略了大量居住建筑不适应现代生活等现实问题；有的地方为了旅游开发，将村落原有居民全部动迁，这些过度商业化或士绅化的开发行为，可能只会带来舞台布景式保存或短时期内的虚假繁荣。

本文从宏观层面针对我国传统村落的形态和景观特征展开分析论述，阐述作为一种人居形式，传统村落的环境空间价值以及传统村落保护的重要社会意义。作为一种活的遗产（living heritage），传统村落整体性保护核心理念在于不仅是针对乡土建筑、村落建成环境和地域文化景观的整体上的保护，更应考虑传统村落的社会网络结构维持以及在当代社会的适应性转变，尊重原住居民的意愿，改善居住环境条件，恢复农村地区生产与生活的活力，实现真正的乡村社会发展和乡土文化复兴。

一、传统村落的空间价值再认识

（一）作为人居形式的乡村

人们谈论城市与乡村话题时，常常会将两者对立起来。乡村地区，特别是传统村落，在工业化、城市化时代，被效率优先、增长第一的价值观简单地断定为落后的代表。然而，作为一种人居形式，乡村聚落的历史比城市要悠久得多。吴

---

① 本文摘自《城市规划学刊》，2017（02）：44－49。基金项目：国家自然科学基金资助项目“我国砖石建筑遗产的古锈（patina）保护研究”（项目批准号：51378351）的部分成果。

良镛院士在学术巨著《中国人居史》中指出："人居（human settlement）是指包括乡村、集镇、城市、区域等在内的所有人类聚落及其环境。人居由两大部分组成：一是人，包括个体的人和由人组成的社会；二是由自然的或人工的元素所组成的有形聚落及其周围环境。"

英国著名文化研究理论家雷蒙·威廉斯（R. Williams）在他的代表作《乡村与城市》中围绕乡村和城市这两种人类基本的聚居形式展开了文本和经验性论述，他发现人们往往对居住形式倾注了强烈的情感，并将这些情感概括化。关于城市，他指出："在人类漫长的居住史上，我们直接或间接地以之谋生的土地与人类社会成就之间的关联性历来为人们所熟知。而人类社会的成就之一就是城市：首都、大城市，一种特色鲜明的文明形式。"对于乡村，人们形成了这样的观念，认为那是一种自然的生活方式：宁静、纯洁、纯真的美德。对于城市那是代表成就的中心：智力、交流、知识。强烈的负面联想也产生了：说起城市，则认为那是吵闹、俗气而充满野心家的地方；说起乡村，就认为那时落后、愚昧且处处受到限制的地方。将乡村和城市作为两种基本的生活方式，并加以对立起来的观念，其源头可追溯至古典时期。事实上，19 世纪和 20 世纪初，在威廉·莫里斯（William Morris）和埃比尼泽·霍华德（Ebenezer Howard）等人士看来，城市作为一种人类社区，至少在社会方面给人以失败感。

人类历史上的人居形式极为丰富，从人类聚居的形成史看，乡村曾经是人类聚居形式的重要类型之一。正如古罗马政治家、哲学家马库斯·特伦提乌斯·瓦罗（Marcus Terentius Varro）所指出的"乡村为自然所恩赐，城市由人类所建造。"并且，"农业村落，而不是市场，是城市的原型，它的保护、储藏和保持活力的方式是城市的本质核心。在它们赋予集体性的艺术以具体表现形式的同时，村落成为了文化形式中最'超凡脱俗'的。……村落一直是新鲜的都市嫩芽破土而出的本质根源，它的形式和内容比后来各种各样繁盛又消失的城市类型要长久得多。"

当今世界除了乡村和城市这两种传统形式之外，还有许多种居住形式：郊区、郊外住宅区、棚户区、工业区。"村庄"这一概念似乎很简单，但在历史上也有多种变化：在大小和特性方面各有不同。乡村与城市的关系不仅是一个客观问题和历史事实，也曾经是，而且现在仍然是成千上万人直接关注的问题。

（二）作为风景原型的村落

中国古代文化从整体上看是一种典型的农耕文化，尤其重视人与自然的和谐统一。传统聚落的选址和布局体现了人、建筑与环境之间和谐共生，是"天人合一"传统生态观念的直接反映。自然环境对于乡村聚落的形成具有重要影响，自然生态环境既是聚落形成的地理背景条件，同时也是构成并制约聚落空间发展的基本要素。

村落选址受诸多因素的影响，水资源条件成为村落形成与布局的关键因素。与特定的自然地理条件与社会因素紧密联系在一起的水是乡村生产生活的命脉（图1）。由于技术条件的局限性，自然因素对乡村聚落的影响十分明显，处于相同自然环境下的聚落往往具有一些共性特征，在与当地的地形地貌有机结合之后又形成了多样的空间形态。

图1　福建屏南的传统村落

乡村聚落的空间营造非常注意与自然环境的关系处理，将自然和风景纳入到聚落的环境系统之中，使得聚落空间的塑造被赋予了独特的个性，营造出地域色彩浓郁的“桃源景色”。据史料记载，浙江诸葛村最晚从明代起就有“八景”的描述。《高隆诸葛氏宗谱》里有《高隆八景之图》（高隆村为诸葛村最初的名称），宗谱中还有一批出自地方文士之笔描写明代正德年间八景的诗词（图2）。

图2　《高隆八景之图》所描绘的理想田园风景

历史悠久的乡土景观具有空前的生命力和多样性。乡绅文人不但对田园风光和山水景致很敏感，而且总与充满道德价值的美好生活联系在一起的。田园风光、山水景致作为乡绅文人的生活场所和理想环境，蕴藏着那时人们的乡土情怀和美好理想，并且，以“八景”“十景”为名的乡土自然景观，后来成为了中国文士园林的原型。

英国城市规划大师帕特里克·艾伯克隆比（Patrick Abercrombie），也是乡村英格兰保护运动的发起者，他对我国的“风水”学说和实践大加赞赏，认为中国人将其无与伦比的艺术天赋投入到乡土人居环境营造上，通过“风水”科学将人类衍生物与自然特色和谐共存，因而营造出一个全新的复杂景观，实为与自然融合的自觉艺术（图3）。

图3　贵州江口云舍村村口景观

（三）不断变化的村落形态

在漫长的封建时代的农村社会，人们生来就是农民，并且一直就是农民。农民是一种存在，是对自我的一种整体的和静态的规定。农民“拥有的”或占有的东西是他的田地、他的继承物，就像别的人“拥有”职业或者说具有一种才能，没有选择是整个农民生活的特点。古代社会内向型经济模式以自给自足的家庭为细胞，以村落为核心，以耕作为主要经济活动，而以村庄为核心的空间构成了传统乡村生态环境系统中的“斑块”。

传统的村落多聚族而居，对聚族而居的村落，血缘关系和宗族制度便成为维持村落社会的纽带。反映在物质空间形态上，常常是以宗祠为核心而形成一种公共活动的中心节点。在村落建筑中，表现宗族力量的就是宗祠。祠堂是礼制中心，宗法制度的物质象征，寄托着宗族成员的归属感。村落布局通常是以宗祠为核心形成公共活动中心。一些看似自由布局的村落，实际上是以一种由血缘宗族关系连接形成的潜在的社会有机体（图4）。

乡村聚落形态并不是单一的，也不是一成不变的。乡村的社会空间丰富多样，超越了封闭内向的经济活动阈限，既反映了人与人之间进行交流的需要，同

图 4　宏村内祠堂与街巷的关系

时也丰富了乡村的文化生活，使村落空间系统由分散化走向有限的结构化，由此也可见社会活动在组织乡村空间中的巨大作用。乡村空间系统变动最为直接的是集市的兴起与发育。当农业社会村落中出现了商业之后，封建宗法制和自然经济的村落结构就会发生裂变。农村的血缘村落演化为商业的地缘村落，开始突破原来宗法制度下的多层级封闭性。随着商业的逐渐发达，出现了从单一农业的宗法社会向商业社会转化的历史性过程。

以浙江诸葛村为例，诸葛村在早期也跟附近所有的农业村落一样，没有商业街道和商业中心。以房派宗祠或“祖屋”为核心形成居住地块，再由这些地块组成整个村落，村落中以全宗族的大宗祠为整个聚落的礼制中心。到清代末年，诸葛村在习惯上已分成了“村上”和“街上”两部分。村上主要由宗族管理，街上则主要由商会管理（图 5）。商会是商人和手工业者的自治组织，负责调适各方利益，与商品经济同时发生的历史现象。因为商业经济的发展而形成了商业街道和紧凑的商业中心。商业中心的重要性，商业活力对乡民生活的实际影响，渐渐超过了传统的礼制中心。正因为如此，许多保存较好的规模较大村落都有着与城镇街巷类似的传统肌理和空间逻辑（图 6），还有一些是历史上的城镇、集镇因区位变化或行政区划调整而成为了今天的村镇或村落的情况，在此就不再赘述了。

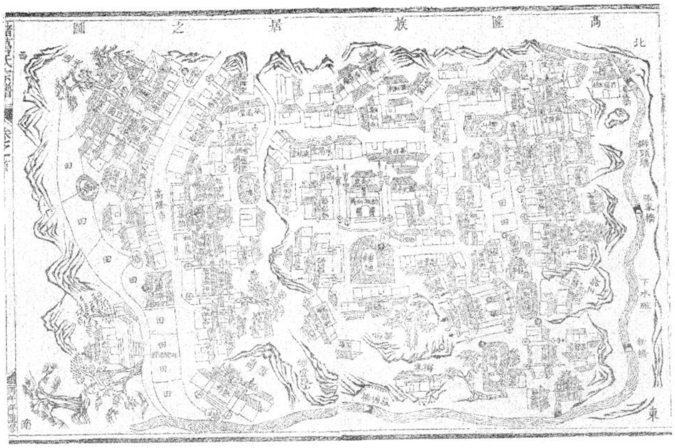

图5　《高隆族居之图》反映出诸葛村的空间关系

图6　江苏丹阳市柳茹村内街巷空间

二、乡土遗产的整体性保护策略

（一）欧洲整体性保护的提出

历史城镇整体性保护（Integrated Conservation）的理念和政策，产生于1960年代欧洲城市保护的实践过程之中。二次大战结束后，由于工业化和城镇扩张的双重压力，欧洲的乡村环境日益令人忧虑。1965年，欧洲开始设立自然保护区。1970年为欧洲保护年，1970年2月，欧洲委员会在法国斯特拉斯堡组织召开会议，讨论自然环境保护问题，包括城市化、工业化、农业和林业以及新休闲业对人类赖以生存自然环境的影响，会议上达成了“欧洲需要更多保护区”的共识。

1971～1975年间开展的“欧洲建筑遗产年”（European Architectural Heritage Year，EAHY）活动，以1971年苏黎世会议为开端，1975年阿姆斯特丹会议为结束的标志。1974年1月，在英国爱丁堡召开了主题为“保护的社会和经济含义”（The Social and Economic Implications of Conservation）的会议；1974年10月，在意大利博洛尼亚举行第二次专门研讨会，探讨“历史中心区保护的社会成本”（The Social Cost of the Conservation of Historic Centres）。博洛尼亚在城市保护中“把人和房子一起保护”的成功经验在这次会议上得到肯定和推崇，这也成为欧洲建筑遗产年提出“整体性保护”理念的开端；1975年4月，在奥地利克雷姆斯举行研讨会“不是贫民窟，也不是博物馆”（Neither a Slum，Nor a Museum）。会议的主题表明，既要防止建筑遗产被忽视避免衰败，也要避免在保护过程中由于发展旅游而导致的人居环境博物馆化倾向。

以“欧洲建筑遗产年”为标志，欧洲的遗产保护开始关注更为普通的建筑，以及历史保护必然会涉及到的更为广泛的社会和经济问题。1975年召开的阿姆斯特丹会议是“欧洲建筑遗产年”活动的重要标志，会议通过了《阿姆斯特丹宣言》，并在大会宣布了《关于建筑遗产的欧洲宪章》（以下简称《欧洲宪章》），两份文件包含了此次欧洲保护活动中取得的一系列基本共识。欧洲宪章中对“建筑遗产”（architecture heritage）的定义为：“不仅包含最重要的纪念性建筑，还包括那些位于城镇和特色村落中的次要建筑群及其自然和人工环境”。重视重要纪念物之外的次要建筑群保护，一方面是因为建筑群体的整体氛围具有艺术特质，建筑遗产能够维持人居环境的连续性，另一方面的重要的原因还在于建筑遗产保护所具有重要的现实意义，即建筑遗产在保障生活环境品质、维持社会和谐平衡以及文化教育领域方面可以发挥重要的作用。

《欧洲宪章》指出，“建筑遗产的未来很大程度上取决于它与人们日常生活环境的整合状况，取决于其在区域和城镇规划及发展计划中的重视程度”，“建筑遗产保护必须作为城镇和乡村规划中一个重要的目标，而不是可有可无的事情”。《欧洲宪章》强调纪念性建筑与周边环境的整合保护和修缮利用，历史中心区和历史地区的组织结构有益于保持和谐的社会平衡。只要为多种功能发展提供适当的条件，我们的历史城镇和村落就有利于社会的整合。

（二）欧洲整体性保护的政策要点

以《欧洲宪章》的原则性声明为基础，1985 年欧洲理事会在西班牙格拉纳达通过的《欧洲建筑遗产保护公约》（简称《格拉纳达公约》）确立了欧洲整体性保护政策，其要点包括：

①将建筑遗产的保护作为城镇和乡村规划的重要目标，确保在编制发展规划和批准工作的整个阶段都考虑这一要求；

②推广建筑遗产修复和维护的项目计划；

③让建筑遗产的保护、推广和提升成为文化、环境及规划政策的主要特色（feature）；

④考虑到建筑的内在重要性，对不能确保受现有法规保护、但从城市或乡村环境以及生活质量角度看具有价值的历史建筑，在城镇和乡村规划过程中应可能地促进该类建筑的保护和利用；

⑤促进传统技艺和材料的应用和发展，对建筑遗产的未来是至关重要的。

同时，还考虑到应尊重遗产的建筑和历史特征，根据当代生活需求对文化财产进行利用；以及在恰当的时候，对老建筑进行改造以适应新的功能。

2005 年 10 月，欧洲理事会在法罗通过了《关于文化遗产社会价值的框架公约》，再次强调文化遗产的保护与可持续使用是人类发展和生活质量的主要目标。文化遗产在建设一个和平民主的社会以及在可持续发展、促进文化多样性的过程中可以发挥重要作用。

（三）乡土遗产的整体性保护

早在 1976 年 11 月联合国教科文组织（UNESCO）通过的《关于历史地区的

保护及其当代作用的建议》（简称《内罗毕建议》）中就已经明确指出："在农村地区，所有引起干扰的工程和所有经济、社会结构的变化都应小心谨慎地加以控制，以保护自然环境中历史性乡村社区的完整性"。

1999年10月，国际古迹遗址理事会在墨西哥通过《关于乡土建筑遗产的宪章》（Charter on the built vernacular heritage，1999）对全球乡土遗产保护指明了方向，明确了乡土建筑遗产保护中社区的重要作用。宪章开篇即指出："乡土建筑遗产在人类的情感和自豪感中占有重要的地位。它已经被公认为是有特征的和有魅力的社会产物。它看起来是不拘于形式的，但却是有秩序的。它是有实用价值的，同时又是美丽和有趣味的。它是那个时代生活的聚焦点，同时又是社会史的记录。它是人类的作品，也是时代的创造物。"

乡村聚落是农民等与土地关系密切人群的生产和生活的场所，传统村落、乡土文化景观是前人所创造的空间环境综合体，是一种环境友好的土地利用方式，是人类生存的基本人居形式之一。传统村落作为乡土文化景观，是一种活的遗产（living heritage），也是一种社会系统。传统村落不仅具有一般文化遗产所具有的历史文化价值，还具有常常被人们遗忘的生态环境价值。作为构成人类文化多样性的重要方面，乡村生活方式具有重要的社会价值。

我国传统村落和乡土遗产保护的局面较为复杂，在大力推进城市化的进程中众多传统村落被彻底拆除毁灭，一些地方的快速城市化是以消灭农村为前提推进的，仿佛在当代社会乡村已经没有了存在的价值（图7）。一方面，虽说大规模开发等"建设性破坏"已造成了一些较为严重破坏的现象，但在从整个国土范围看，乡土建筑遗产保存量还是巨大的，如广东碉楼、福建土楼、贵州屯堡、少数民族的村寨等（图8），其保存数量和分布范围都相当可观；另一方面，由于长期的过度使用和日常维护修缮的缺乏等原因，传统村落的保护状况极为令人担忧：村落衰败衰退，房屋破旧破败、基础设施落后、环境卫生脏乱差等现象比较普遍（图9）；农村地区老年化、空洞化问题日趋严峻；部分传统村落过度商业化开发，旅游化、绅士化成为了保护利用的主要方向。

图7　城市化进程中正在拆除的城中村

图8　贵州天龙屯堡村寨景观

图9　亟待维修的乡村建筑

三、传统村落整体性保护的策略建议

（一）人居环境形式的整体性保护

传统村落是历史悠久的人居形式丰富性的具体表现，在城市化快速推进和全球化普遍影响的形势下，需要重新认识传统村落作为人居环境形式存在的多元价值和在人类社会发展过程中的重要意义。“人居是一种文化，它有别于一般生物的生存环境，而更加赋予了人类能动性的环境适应性。”

村落与城市都是人类历史上的聚居形式，而且村落比城市的历史更为悠久，形态更为丰富多样。过去一段时间内一些人以城市化为未来发展的目标，以为只有高楼大厦构成的城市聚居形态才是未来唯一的人居形式，这恐怕是一种历史虚无主义的盲目认识。早在1926年，帕特里克·艾伯克隆比发表的“英格兰乡村的保护”长篇论文中就尖锐地指出：英国在保护和拯救这片土地上的古迹时，人们最易忽略的恰恰是遍布整个英国国土的村庄、农庄、郊野、溪流和绿篱等乡村景观，而它们正是英格兰应该拥有的历史遗迹。因有他的呼吁，促成了英格兰乡村保护委员会的成立，以及后来在英国城乡规划的法规政策体系中一直高度关注乡村的保护与发展。

今天，我们依然需要高度关注在快速城市化进程中乡村人居环境所面临巨大挑战与威胁，乡村虽然是更为广阔地域范围的有机组成部分，但在本质上仍然面临着来自自身经济、社会和自然环境特殊性的挑战。在未来的国家空间规划体系中需要充分考虑乡村发展的战略地位，将农村地区发展、乡村环境保护、乡土遗产保护纳入可持续发展战略框架之中，尽可能地避免工业化、城市化对乡村地区带来的负面冲击和影响。

总之，传统村落的整体性保护（integrated conservation），不只是简单的重要的乡土建筑遗产（宗祠、寺庙、古桥等）的单体保护，还应当包括地形地貌等自然环境、生产环境在内的整体物质环境的保护、改善和提升。正如《关于乡土建筑遗产的宪章》中所强调的，“乡土性几乎不可能通过单体建筑来表现，最好是各个地区经由维持和保存有典型特征的建筑群和村落来保护乡土性”，“乡土建筑遗产是文化景观的整体组成部分，这种关系在保护方法的发展过程中必须予以考虑。”欧洲共同体曾发布有关农业生产方式与环境保护和乡村维护相协调的指导文件。2000 年，英国在农村白皮书《未来：公平对待英格兰农村》中提出：保护和强化农村有价值的特征和整体属性（attributes），运用景观特征评估方法将农村作为一个整体对待，并保持其地方特色。

（二）生态文明建设中的整体性保护

传统村落不仅具有一般文化遗产所具有的历史文化价值，还具有通常会被人们遗忘的生态环境价值，以及作为构成人类文化多样性重要体现的乡村生活方式所具有的社会价值。乡土建筑遗产保护，需要从公共政策视角出发，强调对大量普通遗产的全面保护，注重自然与文化关联性的整合保护。

近年来，西方国家对乡村的生态价值越来越受到人们的重视，加之在全球气候变暖、生态环境保护呼声日甚的背景下，乡村的生态功能受到了前所未有的关注，乡村景观与生态成为国外学者研究的热点。乡村景观与生态研究作为一项前沿性学术领域，往往综合规划学、地理学和生态学等学科知识加以研究。

我国在经历经济快速发展时期后，针对发展过程中出现的“不平衡、不协调、不可持续”的问题，2015 年中共中央、国务院印发了《生态文明体制改革总体方案》，总体方案要求树立发展和保护相统一的理念，坚持节约资源和保护环境基本国策，坚持节约优先、保护优先、自然恢复为主方针，以建设美丽中国为目标，以正确处理人与自然关系为核心，改善环境质量，提高资源利用效率，推动形成人与自然和谐发展的现代化建设新格局。

人们在“树立山水林田湖是一个生命共同体的理念”的同时，应当将乡村环境、人工环境纳入到整个国土生态环境体系中予以特别关注，将传统村落保护的内容融入到自然保护和景观保护的政策机制之中，并在国土资源和环境保护的总体战略规划中得到整合。传统村落的保护规划、遗产管理和工程干预要做到适度、有序和科学合理，需要注重文化遗产与自然生态相融合的有机实体的渐进式保护实践探索。

（三）乡村社会复兴的整体性保护

传统村落的整体性保护是可持续发展的必然选择，注重在发展中保护，在保护中发展。乡村地区的发展必须关注利益相关者的协调和各种关系的平衡，以实现社会、经济、环境和文化的全面可持续发展。传统村落的整体性保护，应当强调对农民等产权所有者的利益保护和尊重村民意愿的公众参与保护，注重对村庄、聚落社会网络的保持维护。

以农业生产为根基建立起来的华夏民族，从一开始就具有了一种安土重迁的乡土情结。他们耕耘撒播、辛勤劳作，在与天地万物的迎送往来中得到了身心归附和安顿。其眷恋的是和平安适的田园式生活。因而，整体性保护还应通过多种途径恢复农村地区的生产活力与宜居性，有条件的地区应当逐步恢复传统产业功能，改进传统农业生产技术，以及引入文创、休闲、养老等新兴产业，增加就业途径和机会，能够吸引年轻人回归乡土、回到农村创业并能够快乐生活；同时有序引导城市人“上山下乡”创业、养老或休闲度假。只有为不同类型的村落找到适当的发展路径，才有可能吸引年轻人回归、城里人向村镇回流，真正解决农村地区老年化、空心化、文化传统丧失等深层次的社会发展失衡问题，实现农业和农村地区的创新性发展。

应当从城乡协调发展、共生共荣和可持续发展的角度，将传统村落保护纳入乡村现代化建设和未来发展战略规划之中，整合农村发展与乡土建筑遗产保护的政策措施，积极开展改善传统村落人居状况的实践探索。传统村落保护、整治的首要目标应当是让村落能够成为继续适宜人居的生活环境。传统村落和乡土建筑遗产的保护，将直接关系到乡村振兴规划的实施成效。徽州地区的村落保护在国内起步较早，也取得了一定的成就，但将单一的旅游开发功能作为保护活化的手段已经很难适应农村地区振兴的大格局，即使是世界遗产地西递、宏村，其旅游开发带给本土居民的收益也是相当有限的，相反，过度的旅游开发还会带来景观同质化、消费文化至上等不利于传统村落整体性保护的负面影响。

四、结语

综上所述，无论是城市还是农村，是集镇还是村落，都是社会发展进程中的基本人居形式，也是不同时期社会文化等因素在土地、环境上发挥作用的结果，需要对其空间价值和环境意义有充分的认知和认识。传统村落的保护利用，无论是在可持续发展整体战略中，还是在未来的建成环境遗产保护、城乡环境品质提升和新形式人居环境塑造等方面，均有重要的现实价值。

人类与环境相互作用的过程和结果，可以使环境景观的外在形式隐藏、损毁和改变。因此，当我们今天在规划建设所谓“先进”的人居环境时，需要充分认识和研究传统人居形式的价值与意义，从中发现人居环境的文化基因，吸取传统营造的理性知识和技艺经验，现在即便是在建设100年之后能够成为文化遗产的建筑和人居环境，也不应为此而将数百年甚至更长历史中积累的历史文化遗产和传统知识记忆彻底抹煞。

历史上，城市产生于农业发展生产进步的过程之中，今天的城乡协调发展需要以农业和农村地区的现代化为基础才能够全面实现，在此基础之上，才有可能真正实现传统村落的整体性保护和乡村社会的全面复兴。

参考文献请见原文。

（撰稿人：张松，同济大学建筑与城市规划学院教授、博导，上海同济城市规划设计研究院总规划师）

传统村落文化脱域与保护传承研究[①]

传统村落是传统文化的重要载体和最基本单元，也是地域性的社会生活共同体，需要持续稳定的共同生活来维系。共同体是基于自然意志（如情感、习惯、记忆等）而形成的一种社会有机体，“是一种持久的和真正的共同生活”，是“一种原始的或者天然状态的人的意志的完善的统一体”。共同体就传统村落而言，村民的信仰、价值观、行为规范、风俗习惯、生活方式、地方语言等共同构成村落的文化内涵。村落内亲近的血缘、地缘以及长久以来约定俗成的共同认识造就了村民精神生活的高度一致和对地域文化的高度认同。以传统习俗、经验和常识为基础的生活内容既是构成社区文化的重要组成，又是传统要素在现代生活中得以延续和融合的基础层面，这赋予传统村落原住人口文化和功能双方面的意义。

随着现代文明的推进，信息传播加速与时空的高度延伸让地域文化全球化，传统村落作为地域性的社会生活共同体逐渐被瓦解。稳定的地域人际关联随着生产生活关系的转变逐渐弱化，个体对地域社区的依赖减少。加之多数村落不便利的生活条件和有限的发展机会，原住民大量外迁，传统村落面临人去楼空的衰败困境。

传统村落拥有与自然和谐的民居建筑群、传统民俗等旅游业发展的必要条件，依靠旅游促进经济发展成为振兴传统村落的常用手段。然而，以经济利益为导向的旅游开发加速了现代化介入的进程，外来游客和商户的反客为主使地域文化被现代文化置换，村民生活方式改变，村落文化被标签化或形式化。传统村落作为社会生活共同体，其物质形态与精神内涵的脱离，不但使传统村落文化价值和精神丧失，也瓦解了村落文化在现代社会演进的可能。

因旅游活动需要，承载居民生活的村落空间变为民居建筑标本；富有神圣意义的宗族祠堂成为供游客参观的博物馆；村民们的日常生活成为舞台表演。

在现代化背景下，传统村落难以保持相对封闭的状态，发展是必然的趋势，然而单纯依靠旅游业振兴传统村落有着强烈的“副作用”。传统村落保护应该回

① 本文摘自《城市发展研究》，2017（11）：6-9。

归村民本身，而不应被外来的力量支配，只有恢复传统村落的日常生活，才能在现代文明的快速扩张中，实现传统村落的有机传承。

一、脱域：传统村落的空心化与文化变迁

“脱域”最早由英国著名社会学家安东尼·吉登斯提出，主要是指在现代社会背景下“社会关系从彼此互动的地域性关联中，从通过对不确定的时间的无限穿越而被重构的关联中脱离出来。”随着信息流动加速和交通技术变革，远距离关系隐藏在场所的“可见形式”之后，我们习以为常的场景不再是单纯的地域性关联，而是受到场所之外事物或因素的影响。地域的边界被模糊化，人们的交流和社会生活超越了在传统生活中极其有限的地域空间，更多的受到不在场因素的影响，社会关系也逐渐由地域性的社会关系转变为脱域性的地域关系。在这种条件下，相对封闭的传统生活方式不可避免地融入更多其他文化的要素和思想，纯粹传统面临冲击。

脱域性社会关系的发展表现为信任模式的转变。以面对面为基础产生的信任关系被基于抽象体系的信任关系所取代，地域性的信任关系转变为脱域性的信任关系。信任模式的转变“瓦解了传统的亲缘关系，使原有稳定的社会关系转变成随时可以中断的社会关系，只有当它能够为每一个个体提供充分的心理回报的时候，这种关系才能得以维持。”个体对地域社区的依赖逐渐减弱，人们更倾向以理智和实用的态度选择自己需要的群体和生活空间，情感对于维系社区的稳定只能起到相对次要的作用。能够为个体提供更好生存和发展机会成为社区繁荣的必要条件，而传统村落由于种种不便利的生活条件和严格的改造限制难以承载村民生活和发展的需要。村落人口的流失成为当下传统村落面临的普遍问题，“村落人口尤其是青壮年劳力不断‘外流’，造成常住人口大量减少，出现‘人走房空’现象，并由人口空心化逐渐演化为人口、土地、产业和基础设施整体空心化。”

在现代文明推进的影响下，传统村落原本稳定而紧密的社会关联以及维系这种关联的内在一致性被削弱。这使得传统村落人口流动变的更为频繁，人们离开乡村进入城市，寻求更好的发展机会。稳定的人口结构不但是传承传统村落风俗习惯的基础，也是对这些传统与现代生活进行连接，是振兴村落活力的关键所在。因此，“人”的问题是传统村落保护中的核心问题。

然而问题的解决并不能依靠隔绝传统村落与现代的接轨，因为脱域机制包含于现代社会制度的发展之中，还原和回归纯粹的传统是难以实现且徒劳的。在信息传播越来越便捷的今天，试图将原住民困囿于不便利的传统之中，以文化博物馆或文化活化石等方式保护和展现纯粹的传统，既没有市场，也无法真正实现。历史悠久、文化深厚不应该成为传统村落居民与现代接轨的屏障。

唤醒传统村落内部的活力，让传统村落成为可以吸引并长久留住居民的空间，让居民出于对村落的眷恋和喜爱回归村落生活，不是因为别无选择而被迫留下，才是实现传统村落保护的有效途径。虽然生活方式会出现变化，人们的思想也不会一成不变，但居民在与村落共同存在的日常生活过程中获得归属感，践行并继承村落文化，使传统文化以新的样式融入到现代生活中，传统村落自身的完整性和真实性也在这一过程中得到实现。

二、传统村落的伪复兴：旅游业发展与脱域的加速

依靠发展旅游带动村落经济，增加村民收入并吸引游客以提高传统村落活力，是目前我国传统村落保护利用中最常见的方式。不少传统村落在旅游发展的带动下，逐渐构建起完整的产业链，凭借旅游带来的经济发展和基础服务设施改善，逐渐摆脱冷清萧条的颓势。

但这并非问题的解决之道，就实际情况来看，旅游发展虽然能够带来一定规模的人口回流，却并没有办法挽救日渐式微的地方文化，反而通过脱域机制的两种类型加速了现代文明的介入，并割裂了传统村落居民生活内容与物质空间的一致性，瓦解了传统村落作为人与自然共同体的基础。

（一）象征标志：符号化的文化与日常生活的碎片化

吉登斯认为脱域机制包含两种类型，第一种为象征标志的产生。所谓象征标志指的是“相互交流的媒介，它能将信息传递开来，用不着考虑任何特定场景下处理这些信息的个人或团体的特殊品质。”

传统村落的文化内涵通过一系列的现代设计被抽象出来，如陕西韩城党家村文化被概括为一系列的景点和关键词，用党家村 LOGO 和讲解词来代表党家村的文化特征。然而在这些设计中体现的只是最为显著的文化特点，被符号化的文化在根本上只能作为一种象征。更为重要的是，如果只是简单地从日常的连续性中抽取出若干元素，日常生活所体现的文化也就会支离破碎，支离破碎的文化理解难以支撑并传承发扬传统文化，使传统文化成为一系列失活的符号和标签。

（二）专家系统：价值的现代设计本质与他者的视角

专家系统是另一种脱域类型，指的是“由技术成就和专业队伍所组成的体系，正是这些体系编织着我们生活于其中的物质与社会环境的博大范围。”社会关系通过专家系统从具体的情境中直接分离出来。在当代社会中，我们随时随地都会被卷入一系列的专家系统中，比如交通工具的安全性、建筑设施的安全性、金融系统等。这些系统背后的知识和原则大多数人或许并不了解，但我们基于对专家系统的信任，使我们不会随时随地产生不安全感和危机感。

传统村落被认定为“遗产”，“从根本上讲就是国际组织、政府部门及专家等各种社会力量主导而完成的一种现代设计。”这其中包含着我们所处时代普遍的价值认知。专业的旅游规划编制团队或旅游管理团队用一种他者的视角对地方文化进行理解和诠释，并且用这种理解代替地方文化本身。这种理解代表着权威，影响着更多来此参观的游客。人们甚至不必与本地居民深入交流，仅仅基于一系列展览便能对当地文化生成关键词式的印象。然而这种居高临下的态度是理解当地生动生活场景的壁垒，外来游客并不能够通过走马观花式的游览对当地的文化和生活产生真正的理解。

（三）生活与物质空间的脱离：真实性的瓦解与文化的置换

旅游的发展除了造成了地域文化的断裂和碎片化之外，还会让传统村落作为生活空间的属性受到影响。

首先，在旅游发展的过程中，原住民由农业生产者转变为服务业从业者。日出而作、日落而息的农业生产生活与人们的风俗信仰、民间节庆等息息相关，甚至能够反映在建筑形式、功能及村落布局和自然环境等物质层面。这种身份的转变让原本以农业劳动为基础的生活方式发生了巨大的变化，生活内容与村落的形态和所在地域环境格格不入，传统村落的物质形式与精神内涵发生分离。

其次，面对外来资本和部分社区精英，社区内部的原住民（或部分原住民），由于把握市场机遇能力、家庭经济基础、劳动力状况等的差异，从社区的主人位置被逐渐排挤到现在边缘位置。原住民更乐于将房屋租给外来者，旅游带来的房地产和商铺的火热使一些原住民仅仅依靠房租便可以过上相对富足的生活。然而外来经营者对当地文化少有深刻的认知体验，这些外来商品普遍将流行于大城市的休闲娱乐项目作为经营内容，村落的精神文化内容轻易被现代都市文化置换。人口与文化的双重置换让村落彻底脱离当地居民的生活，外来经营者和游客成为村落现实的主人，传统村落逐渐成为纯粹的旅游景区。这一点在其他类型的历史空间中已经有前车之鉴，比如丽江古城就是这一问题的典型案例。

最后，管理部门或经营部门让原住民参与到被策划出的种种表演活动中，试图让传统文化变得鲜活而能够被游客体验。民俗节庆“去功能化”，符号化、舞台化。比如花腰傣族中颇具特色的婚俗节日“花街节”，由于旅游需要转变为以娱乐和商贸活动为主的旅游花街表演，花街节在旅游业的介入下丧失了原本的社会功能，动摇了民众对它的信仰和认同。传统文化成为表演项目，失去了其神圣性和功能性。当地村民多数并不十分了解管理团队或者旅游活动背后的文化意义或合理性，对于管理工作的支持更多是基于无法理解基础上产生的实用主义态度。“这种态度的典型做法是：既然现实中的许多事情是我无法控制的，那么，我就不去想它好了，我现在能够做的就是如何获得眼前的实际收益。”在这一过程中文化的主人并没有产生文化的自觉，所谓的地方文化复兴仍旧无法摆脱“文化搭台，经济唱戏”的困局。复兴仅仅流于形式，这一过程并非激起了原住民对于自身的文化认同进而产生保护自身文化和传统的渴望。原住民的积极配合更大程度上是被旅游发展带来的经济收益和生活环境改善所吸引。

总而言之，无论是外来游客与原住民的人口和文化置换，还是被抽离出来形式化后的文化展演，都瓦解了传统村落的文化空间和生活连续性。原住民既是传统村落文化的组成部分，也是村落文化的践行者。传统村落文化本身就是由在这里世代居住的居民们在生活中不断创造并延续下来的，日常生活是文化繁衍生息的土壤。

三、真实的生活：传统村落生活空间的维护

如何真正保护好这些保护传统村落，进而保护传统文化，逐渐成为学术研究的热点。“或许我们不应把建设城市的规律照搬到农村，不能按照城市人的逻辑理念想当然地规划改建农村，而是协调农民自己建设新农村，尽可能多的保留农村的历史文化积淀和地方文脉”，“村落在与外界市场、国家政权发生联系以及受婚姻圈、灌溉系统等影响的同时，自身内部基本上形成经济上和社会文化上的自我满足的生活格局”，是居民“自足的生活空间”。生活情境对于地域文化在现代环境中的传承具有重要的意义，而核心问题在于如何让传统村落能够留住原住民并能独立的发展和生存，让村落成为原住民们的生活空间而并非旅游景区，让从小浸染当地文化的原住民在现代生活中创造出新的文化活力，而不是被他者“圈养”。

（一）构建立体产业结构与多元资金渠道

传统村落业态大多不能够满足人们提升生活水平的需要。不少传统村落依旧保持着传统的农业生产方式，产品附加值较低，与现代化、品牌化、互联网化的新农业相去甚远，缺少应有的竞争力。

发展以农业为根本，以旅游服务、文化产业为辅助的多样业态，让传统村落可以不完全依靠外来游客，就能够得到持续的经济收益，是解决这一问题的重要途径。农业是传统村落全部生活内容的基底，人们在农业劳作中逐渐发现自然规律，用自己的智慧建立起与之相适应的生活体系，许多传统节日或民间信仰都与农业生产相关联。失去了农业的传统村落便失去了与村落物质环境相融合的灵魂。因而以农业为主导产业，可以避免传统村落的根本属性发生变化。

跳出旅游的局限，生产高质量、绿色有机并且具有文化意义的农产品以满足市场需要，并运用互联网电商等现先进销售渠道，改变传统村落只适宜发展观光

农业的刻板印象，让农业发展可以独立于旅游观光而存在，避免村落里旅游旺季人声鼎沸，淡季便人去楼空的不平衡模式。

传统村落除了依靠电子商务渠道发展农业生产，还可以经营民间手工艺品。一些独具地方特色的非物质文化遗产可以开发成文创产品，比如手工扎染的布料、手工剪纸、特色美食，甚至以木工和编织技艺为依托的家具定制和家装服务等等都可以作为新的产业。基于互联网的商品营销既是资金的来源，又有一定的宣传效果。

（二）旅游作为辅助性的产业依旧可以发挥作用

传统村落回归生活并不是要断绝人口的流动，而是形成相对稳定和独立的社区关系。参观者的数量和旅游方式应该由当地居民来决定，其中产生的收益也应该回馈村落发展。在农产品和工艺品销售的过程中，居民可以与客户进行直接沟通，决定自己是否欢迎对方来家中做客，游客也能决定自己是否对村落生活感兴趣，并可以提前安排自己想要体验的深度和广度。这种双赢的局面，使居民避免了不必要的打扰，游客也得到了真正悠闲、安静的农家生活，可以真正短暂逃离城市的喧嚣，而不是在难得的节假日从繁忙拥挤的城市到人声鼎沸的景区，得到极差的旅游体验。

村落的复苏和居民的回归是平稳甚至是缓慢的，自然生长才更加符合社区长远的发展，而不是在行政命令或旅游项目下的骤然改变。规划师和专家们应该以间接的方式引导传统村落发展，提供必要的政策、税收、技术、环境治理上的支持，避免不切合实际的模式套用。

（三）居住条件改良与村落自我管理

不便利的生活条件和对未来发展前景的不乐观预期，让人们加速了搬离村落的步伐。便利的生活条件，良好的教育资源、医疗资源和公共基础设施是传统村落恢复生机的前提条件，是人们生存和发展的需要；政府需要为村落建筑的维护提供科学的指导和充足的经费，而并非一味要求居民不得随意改造房屋和新建建筑。不新建建筑需要以老建筑可以满足人们居住需求为前提，在不改变传统建筑外立面及空间布局同时，努力提高居民生活的便捷度和舒适度。只有提供优美舒适的人居环境，传统村落才可能成为人们生存的家园。

村落内部自我管理的有效程度，是村落社会稳定有序的重要保障。有学者以鄂东南大冶乡村社会作为研究对象，认为由于存在着较强行动能力的宗族“房头”势力，“从而使得村庄在发展过程中实现了乡村社会内部的整合以及有序秩序的建构。由于道德与伦理仍然是维系村庄社会秩序的基本力量，从而使得村庄具备较强的价值生产能力，其在与外来力量的互动中不断地维持自己内聚的品格。”对于宗族关系的认同有些时候并不会完全瓦解，这种认同对于村落的自我管理有重要意义，让村民成为村落的主人很大程度上需要依靠这种对宗族权威的认可。

（四）日常生活的传承与复兴

外来游客的涌入侵占了村民们的生活空间，让村落的业态和街区的功能都变得单一化。人们营造出一种生活在此的假象，下班后便离开村子回到新房子居住，这种表演出来的“舞台剧”让文化逐渐成为“藏品”。

“政府及景区管理主体对马降龙的空间形态与秩序进行操纵，企图实践其构想中的空间表征。但居民并没有完全接受其控制，而是通过日常生活进行抗争，实现反抗性的表征空间。他们通过使用者的行动策略，重新满足了生活生产的空间需求，夺回了部分空间秩序改写的权力，并在空间实践的过程与结果中体现了生活性。”很多学者承认旅游介入持续影响居民的生产生活方式，并认为人们依靠与旅游管理组织的不断磨合形成新型旅游社区。

传统村落本身的脆弱性并不适宜大众旅游的大力开展。旅游容量的测算应该以村落文化承载力为基础，应尽量减少对村民日常生产生活的影响。小众体验式的旅游更加适合传统村落，村民与游客可以产生更为广阔和深入的联系，也有益于游客得到更深入的旅游体验。

对村落的空间功能进行分割是一种可行的途径。将居民的日常生活区域与游客活动区分开，景区以传统建筑和空间格局为展示内容，无论是符合大众审美的景观园林、街道小品，还是特色美食、民宿都可以融入其中。村民保持自身的生活节奏，并享有经营区域的股权分红。同时，避免景区迎合平庸审美体验的做法，真正实现景区与社区的平衡。

四、结语

现代化的背景让文化的交流变得快速频繁，脱域让地域文化融入更多外来因素，非在场因素的影响使得地方文化难以维持一成不变的传统形态，这一点是无法避免的。旅游加速了传统村落的脱域，使得传统村落发生人口、文化置换，文化标签化、舞台化，珍贵的生活形态被瓦解。村落文化无法正常演进和生长，成为传统村落保护面临的最为关键的问题。

因此，在传统村落难以避免脱域的状况下，维持村落原住人口结构相对稳定、恢复村落生活场景，成为保护传统村落的核心问题。即便传统已经与现代化的生活方式格格不入，许多传统文化的内容已经不适合当代生活，但这些凝聚在血肉里的文化传统会在新的生活方式中得到全新的形式，并成为凝聚村落的精神文化，而传统文化也伴随这一过程在现代生活中发挥应有的作用，地方文化在与世界文化趋同的过程中保留自己的一些特色，让传统村落摆脱无趣的空壳，真正成为人们的精神家园。

参考文献请见原文。

（撰稿人：刘军民，西北大学文化遗产学院教授，主要研究方向为文化遗产保护管理研究；庄袁俊琦，西北大学文化遗产学院硕士研究生，主要研究方向为文化遗产管理）

淮盐文化传统村落保护与可持续发展的地域化路径

——以江苏盐城市草堰村为例①

引　言

苏北沿海地区滩涂广阔，历来是海盐生产的天然基地，封建社会时期，其海盐产量约占全国产盐总量的70%，海盐生产长期作为统治阶级的重要经济支撑。两淮盐业经济孕育出的淮盐文化，是江苏历史文化的主要脉络之一。而淮盐文化传统村落，由历史上的两淮盐场治所（即盐课司公署所在地）演变而来，是淮盐文化在物质空间的直接载体。

江苏的乡村文化遗存往往被现代的农村建筑包围和侵入，与其他地区相比，在城镇化进程中被改变得更为明显，它们是江苏产业不断发展、农村社会与时俱进的明证。淮盐文化聚落在经过近现代的废灶兴垦之后，规模迅速扩大，形成历史村落与周边新村比邻而居、相互融合的形态。这些聚落在传承淮盐文化的同时，也体现出江苏乡村文化遗产的价值内涵，具有显著的文化和地域特征。本文以江苏盐城市草堰村为例，探讨淮盐文化传统村落保护与可持续发展的地域化路径，以期为相关规划提供参考。

一、淮盐文化传统村落的价值内涵与典型特征

（一）盐业经济发展孕育的价值内涵

西汉初年，江苏出现了盐业生产的第一次高潮，“彭城以东，东海、吴广陵，此东楚也，……有海盐之饶”。唐朝和五代是海盐全面发展的时期，两淮盐场初步确立，并成为我国盐产量最大的地区。北宋时期，江苏建成范公堤，“障蔽潮汐，农子盐课，皆受其利”，盐场数量和产量均得到较大发展。明清时期，黄河

① 本文摘自《规划师》，2017（04）：89－94。

夺淮导致海岸线东迁，卤淡盐薄，潮汐不至，渐不宜盐，但两淮盐区仍保持了全国盐业中心的地位。在江苏盐业经济发展过程中，出现了一大批沿海聚落，这些聚落逐渐演变为从事盐业生产与管理的基层行政机构，称为淮盐治所。淮盐治所通常要建设盐课司公署、各类仓库，疏浚串场河及各灶引河、市河等河道，设置课税和缉私关卡，修缮闸坝、桥梁和井泉等公共设施，部分淮盐治所还建设了社学和各类祠庙寺观等。淮盐治所的建设于明代时达到鼎盛，两淮共设有 30 个盐课司。这些淮盐治所大多保存至今，大部分成为农商兼事的地方中心乡镇，小部分提升为县城或转变为普通农业村落。淮盐治所的综合价值可以概括为：①历史价值，是研究我国盐业史和城镇史的珍贵遗存；②建筑环境艺术价值，体现盐业特征和苏北沿海区域特征；③科学价值，在盐业生产运输和防洪排涝中运用了水利技术；④社会价值，弘扬艰苦奋斗、人定胜天的优秀民族精神。

（二）区域海陆变迁体现的典型特征

唐大历年间，为保障两淮盐场的繁荣，淮南节度判官李承筑捍海堰，北起盐城，南抵海陵。北宋范仲淹重修捍海堰，“束内水不致伤盐，隔外潮不致伤稼”，使“滨海泻卤，皆成良田”。在修筑范公堤时，取土形成复堆河，串联各盐场，即为串场河。串场河既是盐业运输的主要通道，又是泄洪的通道，使“亭民无车运之劳，又得免所负，逃者皆来归，盐利大兴”。淮盐场治村镇在这一时期形成了“治所居中、西河（串场河）东堤（范公堤）”的空间格局。明代，随着黄河夺淮，盐场不得不屡次东迁，场治与盐灶彻底分离。清代，在范公堤以东海滩宽达数十里的范围内，灶民进行零星开垦，并且获得了数倍于盐业生产的效益，使得各治所人口大增。由于范公堤以西的空间有限，新增居民向东越过范公堤，跨堤而居。各治所的发展模式由范公堤以西的南北向狭长区域发展转变为以跨堤向东为主的圈层式发展，范公堤的功能也从防御海潮逐渐向防洪排涝转化。由此，“西河东堤、跨堤而居”成为所有盐场治所的共同空间特征，也是淮盐文化传统村落的核心特征（图 1）。此外，淮盐文化传统村落的典型特征还包括：简朴实用、不事雕琢的建筑特征；水环堤绕、桥闸密布的环境特征；海陆交汇、开拓进取的文化特征等。

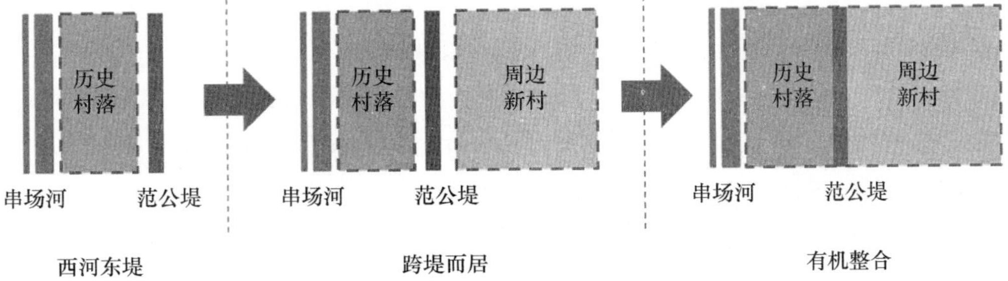

图 1　淮盐场治村镇空间演变特征示意图

二、淮盐文化传统村落保护与可持续发展理念及策略

（一）保护与可持续发展理念

1. 文化地理学视角下的乡村文化遗产保护

长期以来，我国乡村文化遗产保护沿袭较成熟的城市文化遗产保护方法，导致乡村文化遗产难以融入区域城乡空间体系与发展结构中，缺乏完整性与客观性；保护措施不能有效地保障文化传承与发展。一方水土成就一地民居和村落，苏北沿海地区是历史上著名的两淮盐业生产基地，独特的地理环境、自然资源孕育出属于江苏文化重要脉系的淮盐文化，盐业生产变迁也对地区发展产生了深刻影响。因此，引入文化地理学的研究方法，基于乡村区域环境、产业发展和聚落演变，研究其整体文化特征，剖析其演化的影响程度和变迁因素，是发掘淮盐文化传统村落的价值内涵、保护乡村文化遗产的有效途径。

2. 历史村落与周边新村互融互促

传统村落的保护发展宜遵循因地制宜的原则，依靠区位、文化和产业等方面的特色，寻求具有地域性的、与周边农村社区发展特征相匹配的模式。苏北沿海地区的历史村落多数被周边快速扩张的新村或新市镇所包围，一方面受到苏南模式的挑战，面临空心化和自然衰败；另一方面，周边新村的发展动力充足，可以带动历史村落的复兴，这为村落整体发展提供了有利条件。因此，统筹资源，促进历史村落与周边新村的协调发展，让周边新村为历史村落“输血”，待其恢复“造血”功能之后，再反哺周边新村，是实现淮盐文化传统村落可持续发展的有效路径。

（二）保护与可持续发展策略

1. 促进综合价值、典型特征与保护要素载体相互关联

乡村文化遗产根植于传统乡村环境之中，对其的保护需充分尊重乡土文化的特性，使其与周边环境及乡村发展态势相协调。在淮盐文化传统村落保护与可持续发展中，应围绕苏北沿海区域海陆变迁、盐业经济发展和淮盐治所兴衰等方面，充分发掘历史遗存的文化内涵，评估其综合价值，根据综合价值明确保护内容、范围与要求。同时，依据淮盐场治村镇的外在表征，归纳历史遗存的典型特征，从而完善保护框架，制定保护策略。保护要素是历史遗存的载体，综合价值是历史遗存的内涵，典型特征是历史遗存的表征；表征体现内涵，内涵支撑载体，载体反映表征，三者两两关联，共同构成保护体系。

2. 以文旅融合转型发展为触媒促进村落持续复兴

在淮盐文化传统村落中，历史村落目前基本以生活功能为主，周边新村除生

活功能外，还包括部分工业企业和小型商业。未来应逐步将工业企业全部迁出，引入新型业态，与原有业态共生。因此，应该以文旅融合为目标，在满足吃、住、行、游、购、娱等传统旅游服务功能发展的基础上，开发基于淮盐文化的新兴文化旅游项目，发展文化创意产业，为村落发展注入新的活力，从而促进村落的持续复兴。同时，在核心保护范围内，更新必要的市政基础设施，使其能够满足现代生活的需求，并配置公共服务类设施，辅以必要的优惠政策，以吸引原住民回迁，引导传统生活的回归。此外，通过提炼淮盐文化遗存的历史价值，恢复部分文化类公共设施，鼓励开展民俗活动，合理安排非物质文化遗产传承人和传承方式，将传统文化与现代生活方式相结合，再现村落活力。

三、有机互动视角下的盐城市草堰村保护与可持续发展路径

草堰村位于盐城市大丰区西南方向，南与东台市毗邻，西与兴化市接壤。草堰村历史悠久，盛产海盐，作为淮盐的主产地之一，发展演变时间长，承担的治所功能集中，是两淮盐区唯一的文庙所在地。从历史渊源、行政等级、治所建设、产业和文化发展等方面看，草堰村是体现淮盐文化的代表性聚落。

在两淮诸多淮盐场治村镇中，草堰村是唯一一个集三场场治（草堰场、丁溪场和小海场）于一体的村落，各类文化遗存丰富，价值突出（图2）。例如，保存至今的“一堤四闸”，是范公堤沿线淮盐治所的典型代表；“西河东堤、水环堤绕”的村落格局保存完好，堪称淮盐场治村镇中的经典；54口古井遍布全村，特色鲜明；村落的文风之盛不仅居诸盐场之冠，还远超一般乡镇。自明清以来，草堰村的规模不断扩大，废灶兴垦之后，东侧的新村对历史村落部分呈半围合态势。《盐城市大丰市草堰镇草堰村中国传统村落保护发展规划》提出了历史村落与周边新村有机互动、体现淮盐文化和传统村落发展特征的复兴策略，本文从格局演变、保护体系、人口引导、社会网络、土地使用、人居环境和产业发展等方面探讨草堰村保护与可持续发展的路径。

（一）由区域历史沿革推测村落格局演变

草堰村的发展经历了从临海煮盐、筑堰煎盐到设场治盐、废灶兴垦的过程。从草堰村的历史沿革中识别文化因子，并结合地形环境、空间格局、建筑特征和环境要素等，可以确定草堰村文化基因的空间表征。依据对黄河夺淮等地理演变、淮盐场治村镇变迁和盐业经济发展等方面的研究，本文推测出草堰村的格局演变如下：唐代及唐代以前，淮盐名场酝酿雏形；宋元时期，“西河东堤”的格局形成；明代，鼎盛时期灶治分离；清至民国，村民跨堤而居，村落呈圈层发展（图3）。草堰村的格局演变进一步验证，“西河东堤、水环堤绕”的村落格局是

所有淮盐场治村镇的共同特征。

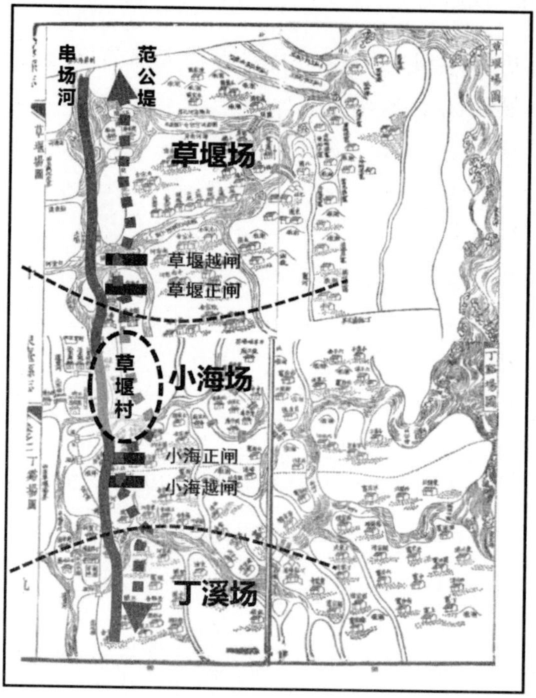

图 2　明清草堰村区域环境格局图

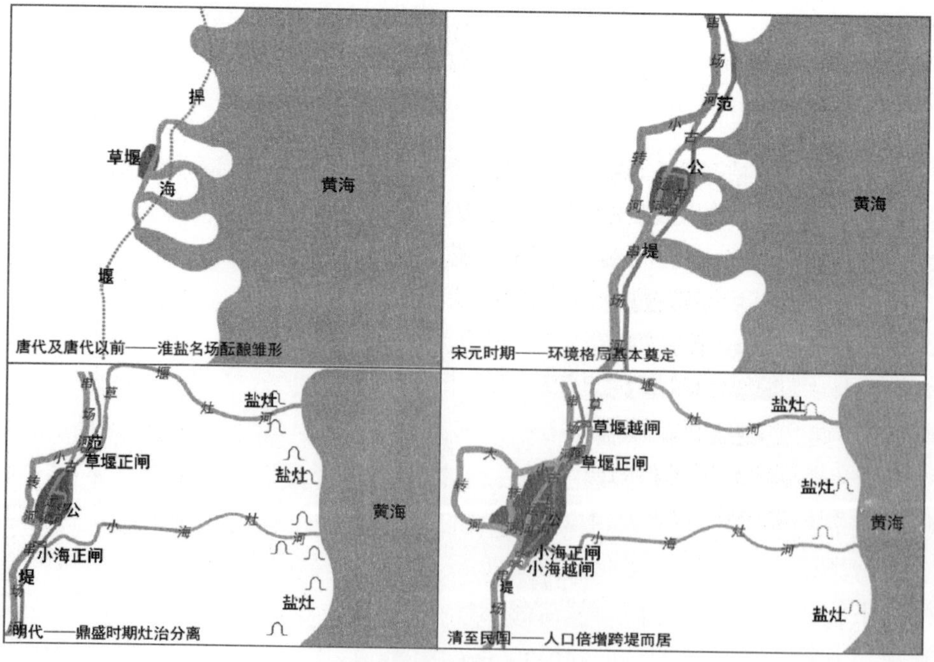

图 3　草堰村格局演变推测示意图

（二）基于价值判断和特征归纳构建保护体系

在草堰村的综合价值、典型特征与保护要素载体之间建立桥梁，使孤立的历史文化要素建立起跨越空间、时间和文化的关系，从而有效保障文化传承，促进村落发展。首先，规划基于草堰村的区域环境特征与文化价值，明确保护要素载体的保护层次，结合“一堤四闸”要素的独特性，划定草堰村的核心保护范围和建设控制地带。其次，规划明确保护重点，进而深化保护对象及内容体系：在村域范围内，保护水系格局与田园绿化等历史环境；在村落层面，通过对历代空间格局的研究，使不同历史时期的村落建立起时空关系，明确应修复的代表性格局和肌理，提炼出“五街十二巷”的街巷空间和玉带环绕的河道空间，提出整体保护措施。再次，规划基于精细化保护理念，深入解析草堰村的文化基因在传统建筑上的表征，据此遴选出 74 处传统建筑，进行梳理、建档，并对建筑保护与修缮制定分类措施。最后，规划注意保护草堰村散落的特色环境要素，通过逐户调研，搜集 54 口古井的第一手资料，采用测绘等方法，逐一建立详实档案。

（三）促回归、调结构的人口引导

在历史演进过程中，苏北沿海地区的村落对防洪避涝的要求居于首位，对耕作半径的要求位于其次，故自然村之间的距离通常较远，千户以上的大型居民点比比皆是。草堰村的人口自明代以来一直居高不下，与江苏其他传统村落相比，不但人口总量大，而且人口密度高（图 4）。目前，草堰村的城镇化率较低，由于传统村落所在地恰好位于草堰镇镇区，未来周边农村人口将进一步集聚，人口总量将在较大的基数上继续增长。

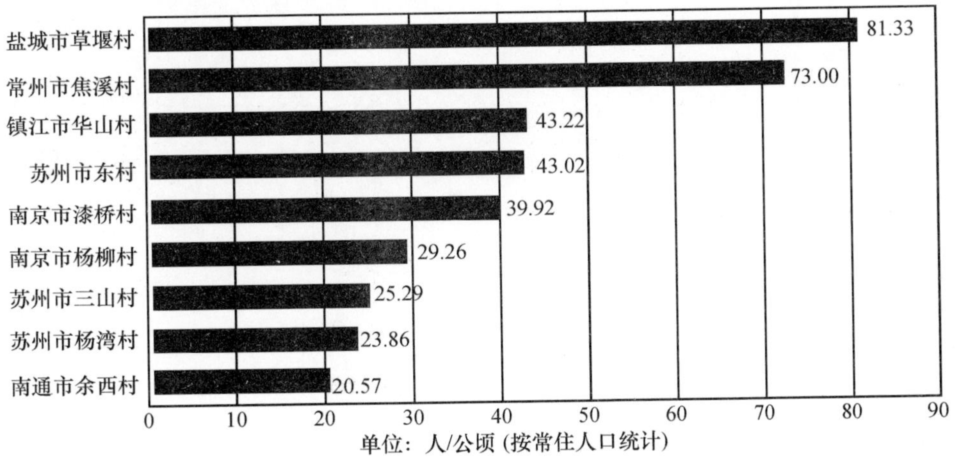

图 4　江苏部分传统村落人口密度比较图

在草堰村核心保护范围内，基础设施落后，房屋老旧，居住人口不断减少，而紧邻东侧的新村，由于产业发展，人口不断增加，可见核心保护范围与新村呈现分化趋势。调研显示，约有15%的居民生活在新村，而户籍空挂在老屋，从而加剧了草堰村的空心化。为改善户籍空挂的现象，延续传统社区生活，规划通过设置各类服务业岗位，引导原住民逐步回迁。随着草堰村的复兴，预计核心保护范围内的第一产业从业人口将缓慢下降，第二产业从业人口将大幅下降，第三产业从业人口将大幅上升，三产结构将得到改善，从业人口比例将趋于平衡。

（四）增强居民个体与社会网络的关联度

入户调研显示，草堰村的居民社会网络呈现“一弱三缺”的特征：①“一弱”，指社会支持网络弱，现状社会网络规模较小，网络成员以亲属为主，业缘、地缘等社会联系缺乏，整体结构松散。②“三缺”，一是指社区成员联系缺乏，年轻成员外迁，社会网络成员的空间分异明显；二是指社区自组织能力缺乏，社会组织数量少，社区团体活动依赖于街区外的支持；三是指社区服务能力缺乏，社区对内的公共服务设施缺乏，存在“断崖”，对外提供的产品与服务低端，易被替代。基于此，规划通过复兴社区文化、促进社区居民就业、提升社区空间环境和引导社区产业发展等措施，增加社会网络粘性，改善社区自组织能力，提升社会网络对内、对外服务能力，以达到增强居民个体与社会网络的关联度的目的（图5）。

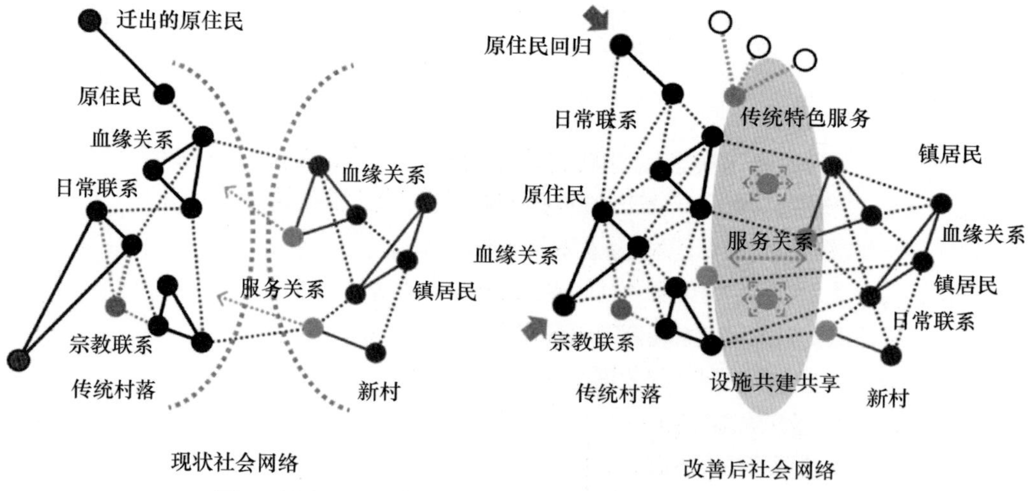

图5　社会网络关联度现状图（左）与改善示意图（右）

（五）结合用地调整，完善公共服务

草堰村现状用地以居住类用地为主，工业类用地或公共设施类用地占比也较大。其中，工业类用地以传统的食品加工业用地和轻工业用地为主，产业附加值低，部分工业建筑和构筑物高度较高、体量较大，影响村落景观。据调研统计，草堰村的公共设施基本可以满足村民日常生活需求，但约45%的村民认为老年活动设施不足，约15%的村民认为文化类设施不足，且多数设施的建筑风貌与传统风貌不协调。此外，工业类用地与公共设施类用地均存在紧邻传统民居院落、切断村落文脉和街巷肌理的问题。据此，规划将工业企业和部分公共设施、市政设施迁至周边新村，将原用地置换为餐饮、旅馆等旅游服务类设施用地，恢复文庙、关岳庙等文化类设施，并注入老年活动中心、博物馆等公益服务类设施，以丰富村民的文化活动，满足村落未来旅游发展的需求（图6）。同时，规划规定复建与新建建筑采用传统建筑风格，造型与周边环境相协调，防止建筑体量过大而破坏村落整体空间与风貌。

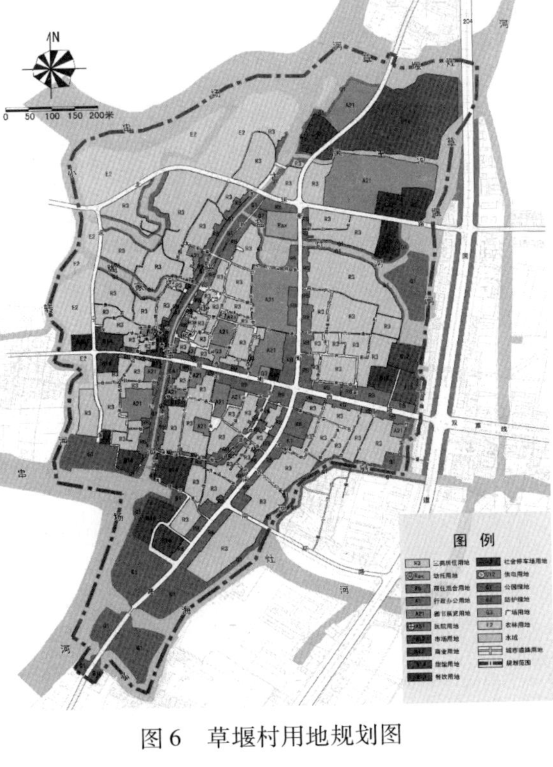

图6　草堰村用地规划图

（六）借助设施共建共享，提升人居环境

规划统筹草堰村的历史村落与周边新村，渐进式地更新基础设施，梳理道路交通，整治水环境，改善绿化条件，分类保护与修缮传统民居，设置历史文化展示园（馆）、商铺、民宿、茶室、酱园和古井博览园等设施，注重传统民居的活化利用，通过设施共建共享，有效提升人居环境（图7，图8）。同时，规划与村

民代表共同确定项目计划，对下一层次的实施措施做出具体指引，包括维修和硬化现有道路，恢复和修缮石板古街巷；改善供水管网，限制地下水开采，维护应急水源；完善污水管网，修建雨水沟渠；增加停车场、路灯、垃圾收集桶和公共厕所等设施；对民居院落中环境较差的厨房、厕所和圈舍等进行局部改造。

图7　草堰村规划总平面图

（七）以文化复兴为目标，引导产业转型

规划以腾退工业企业、改造部分公共设施为契机，植入文化创意产业，重点发展旅游业与休闲服务业。首先，规划以文化复兴为目标，依托文化创意产业开发，力求打造体现淮盐文化的新兴旅游项目。其次，规划与非物质文化遗产传承相结合，依据体现文化特征的淮盐场治、吴王故里、社学文庙和民间信仰，合理布局资源活化项目，重点建设淮盐文化体验园（图9）、淮盐场治博物馆（图10）等项目，模拟并再现淮盐生产、淮盐运输和淮盐管理的场景，同时设置游客服务中心、传统客栈、老字号酒楼、茶食铺子、旅游停车场、电瓶车停车场和游

图8　草堰村总体鸟瞰图

船码头等配套设施，尝试构建乡村文化旅游综合体。再次，组建传统民俗宣传队，定期组织宣传活动或传统节庆活动，扩大张士诚传说、草堰木刻和松花皮蛋等非物质文化遗产的影响力。最后，落实专项资金保障，完成非物质文化遗产传承馆、松花皮蛋坊等传承载体的建设，邀请更多具有相同文化背景的村落或地方共同举办节庆活动。

图9　淮盐文化体验园规划图（左）及效果图（右）

四、结语

我国疆域广阔，各地传统村落根植于其所处地域环境，形态多样、文态多元。发掘传统村落的历史文化内涵，尊重地区发展特征，探索因地制宜的发展方式和业态，是实现传统村落保护和发展的必然路径。淮盐文化传统村落的保护与发展应针对地域特征与价值内涵，以可持续发展为导向，围绕淮盐文化发展脉

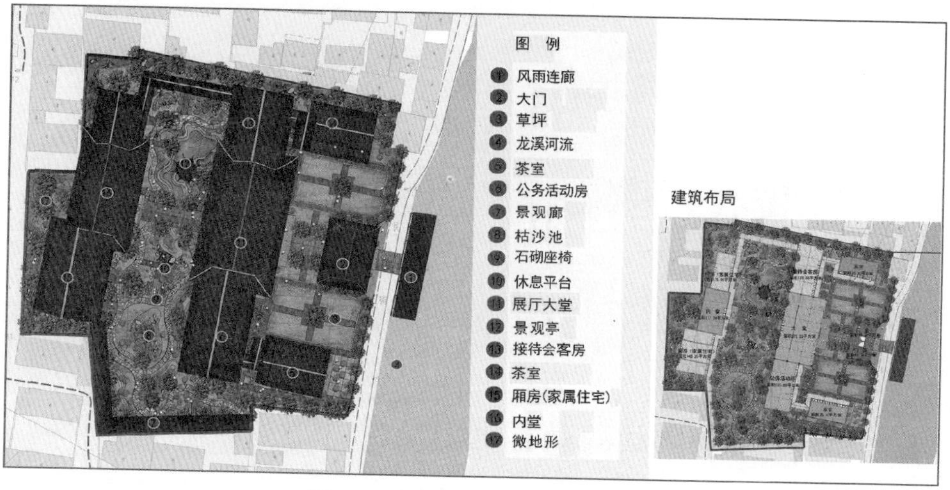

图 10　淮盐场治博物馆规划图

络，深入研究苏北沿海地区聚落演变历程；提炼历史遗存的典型特征与综合价值，构建典型特征、综合价值与保护要素载体相关联的保护体系；总结农村社区的建设发展现状特征，利用周边新村在产业发展等方面的优势，向历史村落注入活力，避免历史村落的衰败；在人口与社会网络、土地使用与公共服务等方面，寻求历史村落与周边新村有机互动、互融互促的发展方式；待历史村落复兴后，向周边新村输出其文化资源，提升新村的文化品味，促进传统村落的文旅融合发展、协调发展和特色化发展。

参考文献请见原文。

（撰稿人：陈栋，华夏幸福基业股份有限公司环南京区域事业部城市规划高级总监，研究员级高级城市规划师，注册城市规划师；阎欣，江苏省城市规划设计研究院规划师；丁成呈，合肥市规划设计研究院规划师）

传统村落整体性保护策略探究

——以浮梁古村为例[①]

一、传统村落发展现状和整体性保护要求

传统村落是经过历史变迁，承载了较高的历史文化价值，又保留着独特地方特色的村落。然而近年来，在我国不断推进新型城化进程的过程中，村民的不断外迁、农村基础设施薄弱、产业结构不合理等客观因素制约了其发展，传统村落正在逐步衰亡和消失。据国家统计数据显示，2000 年时中国有 360 万个自然村，到 2010 年自然村减少到 270 万个，10 年里有 90 万个村子消失，平均每天有将近 250 个自然村落消失。自 2012 年始，由住房城乡建设部联合国家文化部、文物局、财政部等相关部局合作开展了三次传统村落摸底调研，列入中国传统村落名录的村落总数已达 3000 多个，可见中国传统村落数量之大，在中国文化景观中占有十分重要的地位。

在这样的大背景下，人们开始逐步关注对传统村落的保护及其发展方式的探究。从原有单纯对建筑单体及历史城镇区域的保护，逐渐演变为在关注地域文脉及特征的基础上，对古村的文化价值、建筑遗产、空间肌理、景观环境等多个方面进行全面保护，并将古村落的保护和发展和美丽乡村建设相衔接，取得了一定的成效。其中，李枝秀以江西丰城白马寨村为例，提出对文化实体、非物质文化及空间和生态文化系统三方面的整体性保护要求。

二、浮梁古村保护现状及问题

历史上的浮梁古城始建于唐元和十二年（公元 817 年），其旧址所在的浮梁旧城村，是江西省第四批省级历史文化名镇名村。在浮梁旧城村中，有两处省级重点文物保护单位，其一是浮梁古县衙，为江南唯一保存完整的清代县级衙署，有“江南第一县衙”之称，其所蕴含的历史文化、衙署文化及政治文化都有着极强的整体价值吸引力；其二是浮梁红塔，有“江西第一塔”之称，始建于北

① 本文摘自《小城镇建设》，2017（04）：83－87。

宋建隆二年，塔身皆用大型青砖实砌，反映了宋代的建筑风貌与艺术特征，著名的“昌江八景”之“西塔夕照”即指红塔之景色。

（一）文物环境缺乏合理保护

古县衙和红塔两处文保单位是古村历史和文化价值的集中体现，县政府对其十分重视，成立了以分管副县长为组长的旧县衙维修领导小组并设立了旧县衙文物管理所。文物本体保护管理现状良好，但由于古村整体缺乏合理有效的规划手段，导致文化遗产周围环境极为糟糕。现状浮梁古县衙北边是荒芜的平地，西边是破败的民房，古塔则通过一道围墙与旧民居相隔，这样的现状必然导致其整体价值降低（图1）。《历史文化名城名镇名村保护条例》中通过建立核心保护区和建设控制地带的方式对文物周边建设进行控制，但却未对环境整治质量提出相应标准，类似的情况在我国传统村落中较为普遍。

图1　文保单位周边环境现状

（二）整体风貌难以统一协调

古村内有价值且保存完好的民居不多，往往难以形成可以反映地区传统特色的整体风貌。村落内建筑多为村民自建，导致建筑风格多样且质量较差，随意搭建现象严重。随着村民外出务工，村内建筑空置率较高，长时间的无人管理导致屋顶杂草丛生。另外诸如啤酒厂等企业的大尺度厂房迁入古村，对原有古村格局和风貌均造成了严重的影响。

（三）文化竞争力不足易被同化

由于村落自身文化竞争力不足，为发展旅游提升品牌知名度，常依附于周边主要城市进行宣传，这对其自身文化传承和发扬极为不利。浮梁古村位于景德镇市郊浮梁县，自古以瓷茶文化闻名于世，为了吸引游客，浮梁古村，打造了千年瓷坛、历史文化长廊等以瓷为主题的旅游项目，但受制于景德镇的知名度和文化影响力，文化竞争力不足的劣势使其本土文化演绎与发展受到制约。

（四）产业结构落后导致空心化

与一些历史文化城区相比，传统村落往往保留着农业或手工业的产业结构，缺少新兴产业的引导和带动使得地区经济持续落后，居民收入不高使其大量离村进城发展，最终导致了古村的“空心化”，这对于古村文脉的保护和可持续发展极为不利。

三、传统村落整体性保护规划思路

基于传统村落这些共同问题和现状，如何在兼顾原真性的基础上有效地实现古村整体保护成为难点与重点。保留文化遗产的原真性就要求保护其原来的真实面貌，而其完整性的体现不仅是在建筑和街巷空间上，更应表现在古村的整体格局与环境风貌中。基于此，传统村落的保护和规划就需要从整体性上考虑，突出其整体价值。对于历史遗存不多的古村来说，其保护的整体性应当包含以下三个层次：

（一）历史整体性——规划理念上的延续

1. 浮梁古村空间特色及发展脉络

浮梁古村全村布局形似八卦，村中有一条名为“洗心沟”的水道将全村分为两部分，历史上古城墙全长20余里，高1.6丈（约5.3米），宽丈许（约3.5米），四方共有八个城门，象征八卦图的八个卦象，而今城墙仅剩北部的一小段，其余不复存在（图2）。

图2 浮梁古村历史格局图

浮梁古村历史悠久，自742年正式定名以来，经历了县治迁徙、引水挖渠、修筑城墙等重大历史变迁（见表1）。这些举措虽然目的各异，但从规划角度来说，大多参考了中国传统哲学思想或风水理论，由村民与当地政府协调建设，反映在如今的古村格局之中。村内早期的历史风貌，综合了城墙、流水、古桥、赣派乡土民居等形成富有水乡风情的小城意向，同时在大尺度上，古村与周边的农田、水系、山体共同构成理想人居环境聚落，形成宁静安详的整体氛围。

表1　浮梁古村格局变迁大事年表

历史年代	重要事件	相关人物	相关地名	说明
621年	建新平县，县治设在新定、化鹏二乡之间，即今浮梁江村乡	—	—	—
716年	将县治迁于昌江左岸，东河出口处之南城（今浮梁镇新平）	—	—	此处设立县治前后100余年
742年	新昌改名“浮梁”	—	—	“以溪水时泛，民多伐木为梁也”
816年	迁县治于河西西北高阜杏花村	裴戡	杏花村	风水上山水环抱、地势较高，环境上宁静庄严、交通便利
1035年	筑莲荷塘、引元辰水成洗心沟	范仲淹	莲荷塘洗心沟	“与卢刺桥配成牝牡”，运用易道卦理，将洗心沟入城处定于西北方乾位，即“开门之位”为吉位
1359年	筑城墙，周长2.6千米，高5.3米，设五重门	徐寿辉	—	城楼为二重檐七檩回廊式建筑，木构楼房、三开间，歇山顶，小青筒子瓦剪边
1807年	城墙大修花费两万八千两，城高6.6米	—	—	八座城门之上修建八座城楼，配有护城河及吊桥

2. 遵循历史整体的发展方式

在这样的背景下，实现古村保护的完整性首先应遵循古往今来的规划理念与思想，延续古村格局肌理的演变规律。在具体实施的过程中，首先需要对当地空间历史发展有所研究，从古籍县志中找到依据与根源，进行分析总结。通过考证，复原了浮梁古村城墙位置及重要街巷，明晰古村历史空间形态，并对每个空间内的重要历史遗存节点进行梳理（图3）。依照已有的街巷格局，对街巷尺度、整体风貌等现状进行调研，最终确定保护对象和具体保护范围。浮梁古村演变至今

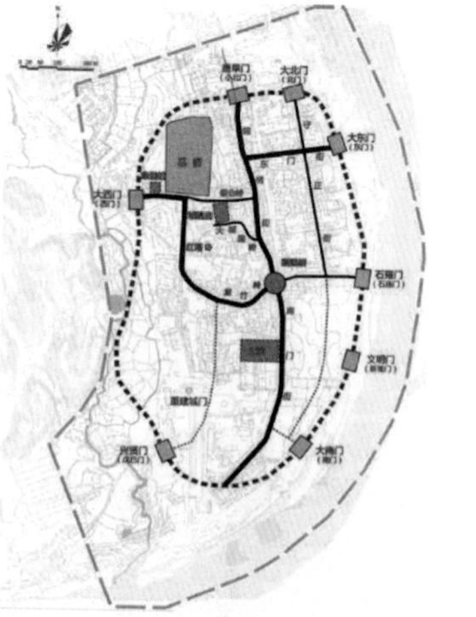

图3　浮梁古村历史空间格局复原图

街巷众多，尺度不一，宽度从0.3米到8米不等（图4）。运用规划手段，对现有格局进行调整，依据街道空间进行道路体系的梳理，对于历史特色街巷进行环境整治和合理布局，对其沿街立面天际线、建筑高度和风貌等进行控制，对景观小品元素进行合理设计，从而实现在已有格局的基础上遵循历史传承的规划。通过梳理街巷格局延续浮梁古村的文脉，划分重点街巷，完善道路体系和古村空间结构，使得古村空间在具有地域特征性的同时更具时代性和实用性（图5）。这样做有利于延续古村居民生活状态和习俗，保留古村空间格局的特色与历史文化价值。当地居民可以更好地适应他们之前习惯的空间，也可以强化他们潜意识中的保护观念，对于引导公众参与、促进规划落实有着重大的意义。

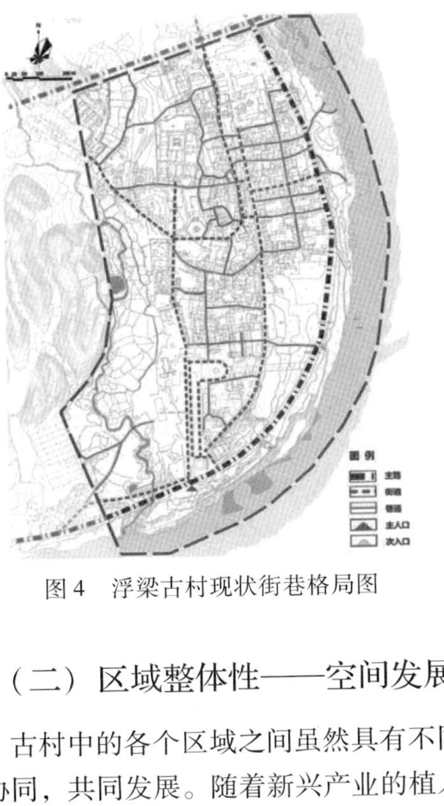

图4　浮梁古村现状街巷格局图

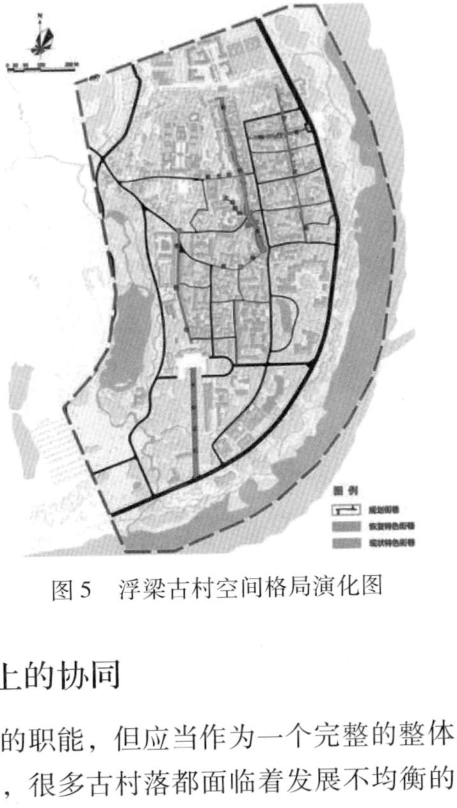

图5　浮梁古村空间格局演化图

（二）区域整体性——空间发展上的协同

古村中的各个区域之间虽然具有不同的职能，但应当作为一个完整的整体相互协同，共同发展。随着新兴产业的植入，很多古村落都面临着发展不均衡的困境。一些重点开发的区域由于旅游业、休闲服务业的植入显得生机勃勃，一些历史建筑和文物保护单位成为旅游景点而备受关注，相比较之下，一些老旧的居民区和古村郊区处则依旧死气沉沉，维持原样。这样不协调的发展方式对于古村是极为不利的，直接造成贫富差距扩大，居民外迁形成“空心村”等现象。因此，在规划和建设初期应满足区域整体性要求，使得古村均衡发展。

1. 古村内部社区营造

浮梁古村东部和中部各有两片聚居地，尚有居民居住，然而基础设施缺乏，传统民居破旧导致生活质量普遍较低。游客主要聚集在浮梁古县衙和红塔周边，几乎不会去古村东部。通过保护与复兴两片历史传统社区，从实验示范和文化创意两个方向分别进行社区营造，从用地建设管控、历史文化要素、空间形态、项目设施等四个方面提出相应对策，利用多元化的管治模式，以政府主导、多方协调、公众参与的综合发展模式推动，营造有活力的宜居社区（表2）。同时通过复兴以锦绣街为主的历史商业街区，极大地丰富村东居民的业态形式，使得居民能在政府统一监督管理下自发开展旅游服务项目，进一步推动土地兼容，结合文创、旅游等多产业带动村庄经济振兴。

表2　浮梁古村社区营造模式

示范社区	参与主体	职能	发展方式
社区再造实验街区	政府	主导社区再造，整治风貌，完善公共配套设施	基于本地文化，以村民为主体，重构文化空间，帮助村民获得文化认同感 项目可包括：老建筑的再利用、基础设施的改善、重要文化空间节点的再造
	第三方组织	建筑保护，功能转换，梳理村落的文化	
	村民	社区再造主体，参与营造	
文化创意示范街区	政府	给予相关政策和一定资金的扶持	重点发展当地手工艺，结合艺术、创意策划，以当地居民作为参与培训对象 项目可包括：手工艺基地、创意坊、文化旅游
	第三方组织	发掘有潜力的文创项目，搭建平台，组织培训村民，帮助村民发展创意经济	
	村民	文创的主体，提供手技艺与传承文化	

2. 古村外部环境营造

对于古村外部空间，应当结合自然资源条件合理发展，保护古村外部环境的可持续性。浮梁古村村西低山现状主要为农用地和工业用地，通过考虑整个古村历史上“昌江八景”的景观效果与昌江、洗心沟的水系流向，规划“韵琴湖”以形成一个完整地水域系统，并在低山山坡处规划建设大片茶园及休闲茶室，在突出本土文化氛围的同时使得古村内外旅游产业各有侧重，互相协调，保证了整个古村各个区域整体性发展。

（三）文脉整体性——文化内涵上的特色

1. 浮梁古村文化及演绎

浮梁自古盛产优质红茶，明代汤显祖赞曰“浮梁之茗，闻于天下”。同时，浮梁制瓷也历史悠久，元代设立的“浮梁瓷局”是当时全国唯一为皇室服务的“瓷局”，在历史上，瓷都景德镇长期归浮梁县域管辖，因而浮梁被称为“世界瓷都之源”。“瓷”文化和“茶”文化的交融是浮梁县重要的文化特色。

另一方面，浮梁古村有江南地区唯一且保存完整的“县级衙门”，其规整的院落布局和建筑形式呈现出当地灿烂的衙署文化，县衙内主体建筑亲民堂及两侧科房均悬挂楹联，告诫村民要遵纪守法，为官者要清正廉洁，反映了当地丰富的楹联文化和廉政文化内涵。浮梁古村自古有“十户九读书”之美誉，历来人才辈出，有“一王二侯两宰铺，六部尚书缺一部”的说法，今古村内守正街上尚存浮梁历史人物操时贤高中进士而建的牌坊，上书“嘉靖丙辰科进士操时贤”，表现了浮梁重视教育的传统。浮梁古村自身文化特色鲜明，互相之间存在着内在联系，在浮梁县众多村落中独树一帜（图6）。

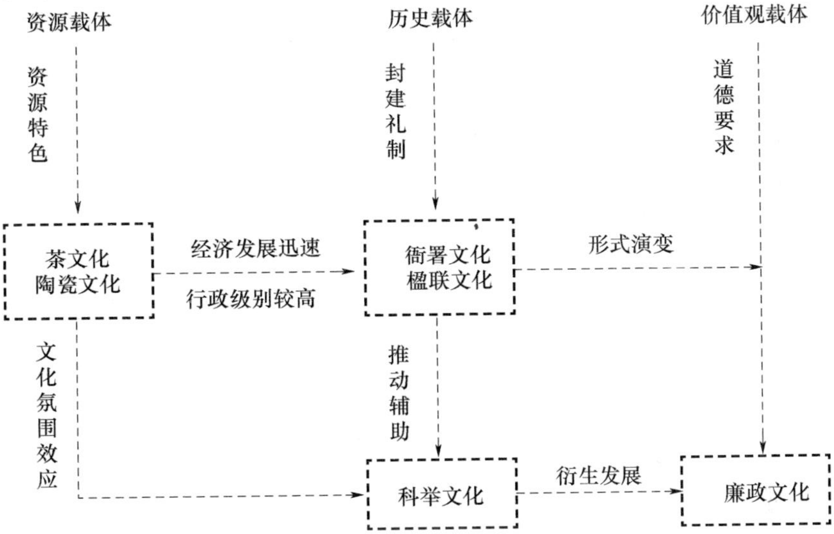

图6　浮梁古村历史文化演进脉络

2. 基于文脉的整体发展

浮梁古村周边有沧溪村、严台村等历史文化名村资源，与浮梁古村自身传统茶文化总体上相似，浮梁古村应当与这些周边村镇协同发展，从文化共赢的角度加以整合，形成浮梁县瓷茶特色文化圈，通过县域旅游促进产业融合，使瓷茶文化成为旅游产品的内核，从而增加旅游产品附加值，实现文化的传承和演绎。在复兴的锦绣街中，引导居民开设茶馆、茶铺，并在古村西部外围开展种植茶园等等项目，促进古村旅游业发展，在实现产业结构优化的同时将浮梁当地的茶文化与农业、商业与旅游业有机结合，真正实现浮梁本土文化的完整复兴。

同时基于古村文化自身特色开展专项活动，从根源上保证地域文化的传承性，使之在县域大文化体系中占有一席之地。2016 年 9 月，江西省首家廉政主题邮局“廉政心驿”在浮梁古县衙景区成立，主题邮局将传统邮政服务和文化创意相结合，通过提供一系列廉政建设明信片、瓷工艺品、邮政周边等旅游纪念品，突出了浮梁传统的廉政文化和瓷文化。古县衙也可通过开展戏剧演艺活动和节庆民俗活动的方式普及和发扬衙署文化，并通过建设教育基地的方式发展亲子游产品，体现衙署文化和廉政文化在新时代背景下的教育意义。

四、结语

浮梁古村具有当代中国传统村落所包含的许多共同特征和问题，在规划上应当尊重古村历史发展过程中的传统规划理念，体现空间演化上的整体性；在空间格局发展上综合协调，对不同古村分区规划不同的支撑产业，促进古村均衡合理发展；古村文脉保护应尊重地域文化内涵，结合周边村落共同形成乡土文化圈，传承文脉、协同发展，突出区域文化特色，从“茶”“瓷”两个文化维度，确保浮梁地域文化环境的完整传承。我国传统村落类型多样，基础条件复杂，本文指出的整体性保护方式的三点策略，主要针对浮梁古村类型的传统村落，对于古村整体性保护框架的系统建设与建立及完善还有待于将更多的古村类型包含进来并深入研究。

参考文献请见原文。

（撰稿人：傅大伟，同济大学建筑与城市规划学院景观学系在读研究生；严国泰，同济大学建筑与城市规划学院景观学系教师。）

传统村落文化传承度评价体系及实证研究

——以湖南省首批中国传统村落为例①

一、引言

传统村落即古村落，是始建年代久远、自然与文化资源丰富、至今保留着传统农业生产和传统起居形态的历史文化村落，是中国乡村遗产的“活化石”和认识中华农业文明的金钥匙，传统村落是传统文化的载体，是传统建筑、传统生产、传统民俗和传统制度的综合体。在全球化、现代化和城镇化进程中，传统村落面临商业化、创造性破坏、保护性破坏等问题。保护和传承传统村落文化已成当前我国社会各界的关注焦点。传统村落文化的传承，是指传统村落文化在居民共同体内部代际间的纵向传递过程，包括“传”和“承”两个有机组合过程，其过程也是传统文化教育的过程，其最终目标是形成文化传统，实现民族认同。另外，传统村落因数量众多、地域分异明显，传统村落文化传承也有助于实现地方认同。传统村落文化传承研究主要涉及这几方面：传统村落文化传承内容经历了从注意保存文物、古民居等物质性文化向保护传承民俗等非物质文化的过程。传承方式也从实体性传承走向数字化传承，传承主体由当地居民、传承人走向政府公众，传承原则也从真实性、完整性到活态性、延续性。而关于传统村落文化传承评价的研究较少，传统村落文化传承的怎么样，效果如何？既是传统村落发展的客观实际问题，又是国家传统文化复兴政策制定的基础，希望通过本研究有所裨益。

二、传统村落文化传承度的内涵及评价指标体系

（一）传统村落文化传承度的内涵

传统村落文化传承有其明确目标与内涵。随着传统村落发展与人们对传统村

① 本文摘自《经济地理》，2017（12）：203－210。基金项目：国家社会科学基金重大项目（16ZDA159）。

落文化认识的深入，传统村落文化传承的内涵逐渐丰富。传统村落文化传承主要包括保存遗迹文物、传统民居等传统文化景观和承接民俗等传统文化技艺两大方面。其实质是传承蕴含在其中的传统哲学思想、生活智慧和优秀传统文化，传统村落文化传承是一个长期的过程，其最终目标是延续传统、实现民族与地方认同。传统村落文化传承方式经历了被动性传承、批判性传承和自觉性传承三个阶段，其传承途径可分为实体性保存、数字化传承、创意性利用三种类型。传统村落文化是物质文化与非物质文化的综合体，其传承涉及到传统村落文化的全过程（图1），其传承整体状况即“传承度”是对传统村落文化传承程度的评判，传统村落文化传承度是对传统村落文化的保存程度和居民接纳水平的综合判断。包含两个相互依存的方面，一是传统建筑、农业生产等传统文化的原真性、完整性的保存；二是农业生产、民俗文化、制度文化等传统文化的居民活态性、适应性承接；三是农业生产、民俗文化、制度文化等传统文化的感知和认同。因此，传统村落文化传承度包括保存、承接度和传播度三个方面六个维度。

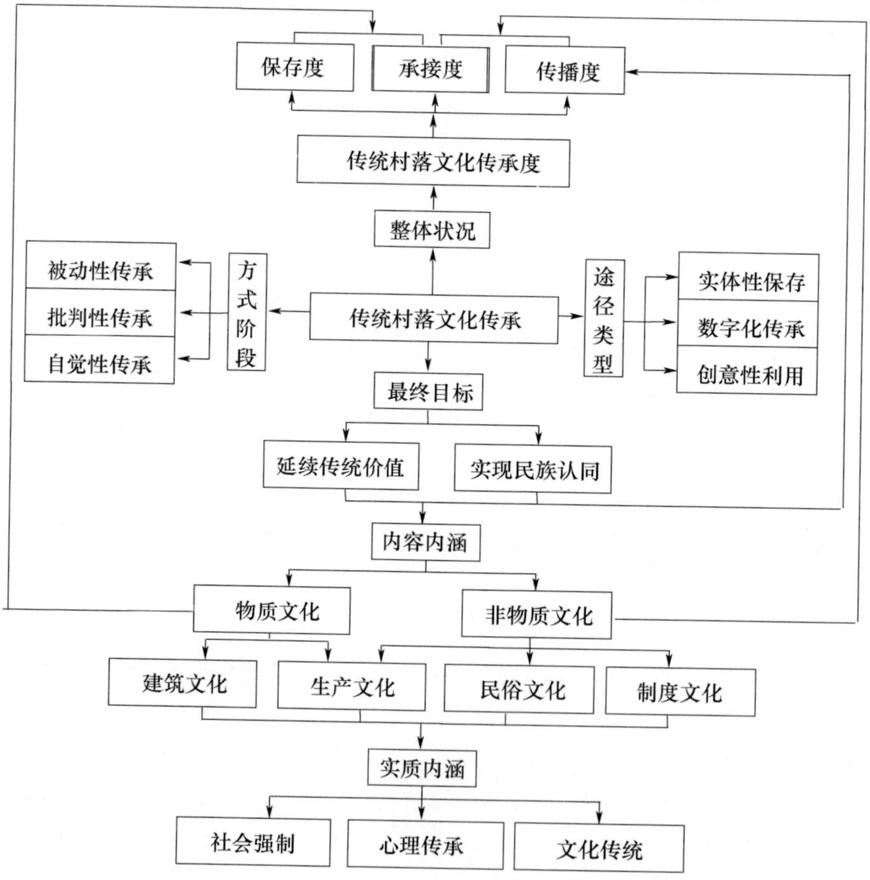

图1　传统村落文化传承度内涵图

（二）传统村落文化传承度评价指标体系构建

1. 指标体系构建原则

选取的传统村落文化传承度的评价指标必须能够起到直接或间接反映效果，同时还要考虑指标本身的合理性和有效性，总体来说，指标的选取要遵循几大原则：

（1）系统性原则。按照系统论的观点，指标要能全面反映系统的总体特征，符合传统村落文化传承度涉及到的各个方面内涵，经济、社会、文化、生态等主要构成要素都要在指标体系中得到反映。

（2）可行性原则。选取的指标应该考虑数据获得的难易程度及指标量化的可操作性，传统村落文化传承度评价指标体系的关键内容就是将各种指标集成为简单明了的综合指标。

（3）可比性原则。选取的指标其内涵在传统村落之间具有普遍适用性，以方便进行传统村落的对比研究。

（4）综合性原则。选取的指标要尽可能量化，做到定量评价，有些指标无法做到量化，也可以考虑采用主观评价指标，因此，指标体系构建采取定性与定量结合，全面和科学的反映传统村落的文化传承度。

2. 指标体系的建立

从传统村落文化传承保护度的概念可以看出，传统村落文化传承度涉及传统文化景观、传统文化技艺和传统文化价值三个等方面。在遵循评价指标体系的完备性、可行性、可比性和定量定性结合原则的基础上，对评价因子内涵进行系统分析基础上，设计了目标、准则、指标的三个层次的评价指标体系（表1）。

3. 指标释义

由于收集到的各类数据存在量纲不统一的情况，为了进行量化评价，需要消除其数据的量纲影响，为了简便易行，本研究采用直线型无量纲化方法，将各评价指标值量化为［0，1］之间。评价指标主要采用正向指标和逆向指标两种形式，18 个指标中 15 个是正向指标，而建筑原真度、饮食原真度、服饰原真度等 3 个指标则采用逆向的方法进行计算（表1）。

（1）原真度。建筑原真度根据非传统村落建筑材料（红砖、铝合金、水泥）、非本传统村落建筑风格（他地风格、现代风格、西方风格）、非传统村落建筑结构（现代结构、西方建筑结构）运用的面积比例进行反向赋分的方法进行计算，即非传统建筑材料、非本传统村落建筑风格、非传统村落建筑结构的比例越高得分值越低，得分值等于 1 – 非传统建筑材料（风格、结构）的面积比例。饮食原真度根据非传统村落饮食的数量占总饮食的数量比例进行计算，比例值乘以 100 为得分值；服饰原真度根据穿非传统村落服饰的时间占总时间的比例进行计算，比例值乘以 100 为得分值。

表 1　传统村落文化传承度评价指标体系

目标 A	准则 B	权重	指标 C		属性	权重
传统村落文化传承度	传统文化景观保存度	0.167	原真度（0.067）	建筑原真度	逆向	0.022
				饮食原真度	逆向	0.034
				服饰原真度	逆向	0.011
			完整度（0.1002）	风貌完整度	正向	0.044
				形态完整度	正向	0.028
				环境完整度	正向	0.028
	传统文化活动承接度	0.334	活态度（0.2004）	民俗活态度	正向	0.087
				技艺活态度	正向	0.057
				组织活态度	正向	0.057
			适应度（0.1336）	载体适应度	正向	0.066
				形式适应度	正向	0.044
				场所适应度	正向	0.022
	传统文化价值传播度	0.499	感知度（0.1248）	生态感知度	正向	0.053
				美学感知度	正向	0.036
				遗产感知度	正向	0.036
			认同度（0.3742）	居民认同度	正向	0.187
				游客认同度	正向	0.062
				公众认同度	正向	0.125

（2）完整度。形态完整度，按照原来高宽比和材质的街巷长度占总街巷长度比例（$a1$），加上按照原来饮水和排水水系的长度占水系总长度比例（$a2$），$a1 \times 50 + a2 \times 50$ 为得分值；风貌完整度按照原来风貌（如青砖黛瓦石板街绕祠堂）的面积比例进行计算，比例值乘以 100 为得分值；环境完整度按照原来环境格局（如背山面田临水靠路）面积比例进行计算，比例值乘以 100 为得分值。

（3）活态度，民俗活态度按照民俗活动的比例和参与率进行计算。如某传统村落共有 n 项民俗活动，而每项活动的居民参与率为 X_n，则民俗活态度得分值为 $(1/n \times X_1 + 1/n \times X_2 + \cdots + 1/n \times X_n) \times 100$。另对列入非物质文化遗产的进行加分（国家级 5 分、省级 3 分、市级 1 分）；技艺活态度按照传统技艺的比例和参与率进行计算。如某传统村落共有 n 项传统技艺，而每项技艺的居民参与率为 X_n，则传统技艺活态度得分值为 $(1/n \times X_1 + 1/n \times X_2 + \cdots + 1/n \times X_n) \times$

100。对列入非物质文化遗产的进行加分（国家级5分、省级3分、市级1分）；组织活态度按照传统组织的比例和参与率进行计算。如某传统村落共有n项组织，而每项活动的居民参与率为X_n，则传统组织活态度得分值为$(1/n \times X_1 + 1/n \times X_2 + \cdots + 1/n \times X_n) \times 100$。

（4）适应度。载体适应度按照民俗、技艺和组织活动载体的现代、创新和转型的程度进行计算，民俗、技艺和制度活动传承人的中青年人比例值，比例值乘以100为得分值；形式适应度按照民俗、技艺和组织活动形式的现代、创新和转型的程度进行计算，民俗、技艺和制度活动中现代元素的运用比例值，比例值乘以100为得分值；场所适应度按照民俗、技艺和组织活动场所的现代、创新和转型的程度进行计算，民俗、技艺和制度活动场所的现代感比例值，比例值乘以100为得分值。

（5）感知度，美学价值感知度按照居民、游客、公众对传统村落的美学价值的感知总和进行计算，分别统计本村居民、游客和公众对传统村落文化景观美的知晓人口比例值之和，比例值除以3再乘以100为得分值；生态价值感知度按照居民、游客、公众对传统村落的生态价值的感知总和进行计算，分别统计本村居民、游客和公众对传统村落的生态价值知晓人口比例值之和，比例值除以3再乘以100为得分值；遗产价值感知度按照居民、游客、公众对传统村落的遗产价值的感知总和进行计算，分别统计本村居民、游客和公众对传统村落遗产价值量的知晓人口比例值之和，比例值除以3再乘以100为得分值。

（6）认同度，居民认同度按照本村居民对本村文化景观意义认知、情感依恋和保护意向的比例进行计算，比例值除以3再乘以100为得分值；游客认同度按照游客对文化景观意义认知、情感依恋和保护意向的比例进行计算，比例值除以3再乘以100为得分值；公众认同度按照网民对本村文化景观意义认知、情感依恋和保护意向的比例进行计算，比例值除以3再乘以100为得分值。

（三）指标权重的确定

指标权重确定采用层次分析方法，本文以传统村落文化传承度评价作为总体目标（A），相对于总体目标而言，确定了传统村落文化景观保存度、传统村落文化技艺承接度和传统村落文化价值传播度三个评价准则（F），评价准则之间的相对重要性通过专家评判得到的评判矩阵表示，通过计算特征向量W得到评价准则的权重值（表2），矩阵最大特征根=3.008，判断矩阵的一致性$CI = 0.045$，平均随机一致性指标$RI = 0.58$，$CR = CI/RI = 0.078 < 0.10$，说明上述矩阵具有满意的一致性。按照同样的方法，得到各单项因子权重值（表1）。A-F判断矩阵见表2。

表2 A—F 判断矩阵

A	F1（文化景观保存度）	F2（文化技艺承接度）	F3（文化价值传播度）	i
F1	1	1/2	1/3	0.167
F2	2	1	2/3	0.334
F3	3	3/2	1	0.499

（四）评价标准确定

传统村落文化传承度评价指标体系中每一个单项指标，都是从不同侧面反映传统村落文化传承状况，而要整体反映传统村落文化传承的程度，还需要进行综合评价。本研究采用多目标线性加权函数法，进行传统村落文化传承度综合评价，其函数表达式为：

$$M = \sum_{i=1}^{m} \left(\sum_{j=1}^{n} I_j \times R_j \right) \times W_i$$

式中，M 为传承度综合评价值总得分，I_j 是某单项指标 j 的评分值，R_j 为单项指标 j 在该层次下的权重，W_i 为三个评价准则中第 i 各准则的权重。

传统村落文化传承发展阶段理论主要描述传统村落的传统建筑、传统生产、传统民俗和传统制度综合体的演变过程，传统文化是传统村落的核心，其传承发展是其现代适应、功能转换的综合体现。在一般定性分级（差、一般、好）的基础上，为了将“好”进行细分以便更好的分析传统村落文化传承状态，将“好”区分为“较好”、“良好”和“严格”三个等级。根据传统村落文化传承综合评价得分值，参考了刘沛林、于海波的研究成果。将传统村落文化传承状态划分为严格传承、良好传承、较好传承、一般传承和较差传承五个传承度级别（五种类型）（表3）从传统村落传承度评价指标体系来看，传统村落文化较差传承是指传统村落文化景观保存较差，技艺承接较差，传播度较低；传统村落文化一般传承是指传统村落文化景观保存一般，技艺承接较差，传播度较低；传统村落文化较好传承是指传统村落文化景观保存较好，技艺承接有所提高，传播度一般；传统村落文化良好传承是指传统村落文化景观保存良好，技艺承接一般，传播度较高；传统村落文化严格传承是传统村落文化景观保存良好，技艺承接良好，传播度较高，原真性较高。

表3 传统村落文化传承度评价标准

评价分值	<30	31～60	61～80	81～90	>90
传承级别	较差传承	一般传承	较好传承	良好传承	严格传承

三、传统村落文化传承度评价实证——以湖南省首批中国传统村落为例

（一）案例情况

根据住房城乡建设部公布的四批中国传统村落名单，湖南省共有传统村落257个，主要聚居在湖南的湘西自治州、怀化、永州、郴州等边缘地区。本研究以国家公布的首批湖南省中国传统村落为例（图2）。

图2 湖南省首批中国传统村落空间分布图

（二）数据来源

（1）数据来源。采用湖南省的遥感影像图和行政区划图，获得地形、水系、植被、交通线路等相关要素空间数据；采用实地调研获取建筑、街巷、村落、水系等完整性的相关数据；参考各地社会经济统计数据、相关政府工作报告、各类旅游宣传资料获取旅游、科学、遗产价值情况；采用实地查勘与深度访谈获取民俗载

体、内容、形式，房屋居住情况、节日参与情况、传统生产方式及参与情况。

（2）数据处理。由于收集到的各类数据存在量纲不一的情况，为了进行量化评价，需要对其进行无量纲化处理，为方便易行，本文采用直线型无量纲化方法，得到介于［0，1］之间的各评价指标值。

（三）评价结果

运用前述的传统村落文化传承度综合评价函数 M，结合湖南省传统村落的地图数据、统计数据、调研访谈数据进行传统村落文化传承度的综合评价，得到传统村落文化传承度的综合得分（表4）。

（四）结果分析

（1）总体特征分析。从总体上来看（表4），湖南首批中国传统村落文化传承度综合得分值在59－82之间，平均分值为68.6，说明湖南首批传统村落文化传承水平总体处于较好传承，这与实际情况比较吻合，其中，得分值最高的是石堰坪村（82.5），超过了80分，属于良好传承，最低的是马路溪村（59.4），低于60分（图2）。

（2）准则层特征分析。从三项准则层来看（图3），湖南省首批中国传统村落的文化价值传播度（32.4）和文化技艺承接度（22.1）的得分值较高，说明湖南首批传统村落都比较重视村落文化价值传播，而文化景观保存度（14.1）较低，说明所有传统村落对文化景观保存意识欠缺，有待加强。三项准则层文化传承度的平均值依次为文化价值传播度（32.4）＞文化技艺承接度（22.1）＞文化景观保存度（14.1），湖南省首批中国传统村落文化价值传播度之间差异较大，平均值为32.4，共10个高于平均值，20个低于平均值。其中文化价值传播度最高的为石堰坪村（39.8），最低的为马路溪村（28.1）；湖南省首批中国传统村落文化景观保存度和文化技艺承接度之间差异不大，平均值分别为22.1和7.5和14.1。

（3）指标层特征分析。从18项指标来看，湖南省首批中国传统村落指标值平均得分超过85分的有建筑原真度（85.7）、饮食原真度（87.7）、风貌完整度（90）、形态完整度（86.3）和环境完整度（86.5），说明传统村落文化传承中实体文化景观保存较好。而指标得分值低于60分的是服饰原真度（41）、载体适应度（57.5）、形式适应度（57.9）、和场所适应度（56.8）等4项，说明传统村落文化传承中对传统文化技艺等非实体文化等的传承还重视不够（图4）。湖南省首批中国传统村落的载体适应度之间差异最大，标准差为62.1，7个高于平均值，23个低于平均值。其中载体适应度最高的为石堰坪村（83.5），载体适应度最低的为马路溪村（50.2）；湖南省首批中国传统村落的指标值差异最小的是饮食原真度和建筑原真度，标准差分别为11.7和12.8。

表4　湖南省首批中国传统村落文化传承度评价结果（30个）

目标	准则	指标	传统村落																													
			衡阳市常宁市庙前镇中田村	邵阳隆回县虎形山瑶族乡崇木凼村	岳阳岳阳县张谷英镇张谷英村	张家界永定区王家坪乡石堰坪村	益阳市安化县东坪镇黄沙坪老街	益阳市安化县马路镇马路溪村	郴州市永兴县高亭乡板梁村	永州市零陵区富家桥镇干岩头村	永州市江永县夏层铺镇上甘棠村	永州市祁阳县潘市镇龙溪村	永州市双牌县理家坪乡坦田村	怀化辰溪县上蒲溪瑶族乡五宝田村	怀化市会同县高椅乡高椅村	湘西州保靖县夯沙乡夯沙村	湘西保靖县碗米坡首八峒村	湘西凤凰阿拉营镇舒家塘村	湘西州凤凰县都里乡拉毫村	湘西州凤凰县麻冲乡老洞村	湘西古丈县高峰乡岩排溪村	湘西古丈红石林镇老司岩村	湘西州古丈县默戎镇龙鼻村	湘西州花垣县边城镇磨老村	湘西州花垣县排碧乡板栗村	湘西州吉首市矮寨镇德夯村	湘西州吉首市矮寨镇中黄村	湘西龙山县苗儿滩镇六合村	湘西龙山苗儿滩镇惹巴拉村	湘西州永顺县大坝乡双凤村	湘西永顺县灵溪镇老司城村	湘西州永顺县小溪乡小溪村	平均值
统村落文化传承度	化景观保存度 真度	建筑原真	85.6	87.4	76.4	85.2	82.6	80.6	85.2	87.6	87.2	85.2	86.3	85.8	86.8	87.1	88.1	86.3	86.6	85.1	88.6	85.1	85.5	86.8	85.6	88.6	85.8	85.9	86.6	87.1	85.7	85.4	85.7
		饮食原真	85.5	90.9	88.5	90.1	92.3	85.9	89.8	90.9	88.3	87.8	86.5	90.3	90.8	88.1	90.1	89.5	87.9	86.5	85.1	85.1	85.5	85.1	85.5	88.8	87.8	85.5	85.5	85.1	85.9	85.1	87.7
		服饰原真	32.5	53.2	34.4	50.4	30.8	30.2	33.6	31.4	32.1	30.4	32.2	54.6	54.3	42.4	45.5	44.2	43.3	43.5	44.5	43.4	42.2	45.4	43.4	46.4	44.3	45.4	45.4	45.5	45.3	45.4	41.9
	整度	风貌完整	91.6	90.8	92.7	93.2	86.6	83.6	92.8	92.1	94.6	91.6	92.1	82.2	91.8	90.2	88.6	89.2	89.6	89.2	89.7	89.28	90.4	90.2	90.2	91.6	89.4	88.4	88.6	89.9	92.6	92.7	90.2
		形态完整	90.8	87.5	91.4	87.4	80.5	78.5	89.9	90.9	91.8	87.4	85.5	86.2	90.7	85.2	86.2	84.6	85.2	85.8	84.6	85.6	85.2	85.3	85.4	83.9	85.8	85.6	84.6	85.1	85.5	85.4	86.3
		环境完整	90.7	88.8	89.5	89.5	85.7	75.7	91.2	91.5	90.7	90.5	86.1	86.5	91.2	85.5	85.3	85.5	84.3	83.2	84.5	83.5	84.8	86.6	85.8	86.6	85.8	84.5	85.4	84.3	85.1	85.5	86.5
	化技艺承接度 态度	民俗活态	65.6	85.6	73.7	92.4	88.3	62.6	83.5	73.6	73.8	72.4	72.6	90.7	91.6	78.7	80.6	73.7	75.6	74.6	76.5	76.6	74.6	73.6	73.6	90.5	78.4	75.8	78.2	79.6	81.6	74.6	78.1
		技艺活态	55.2	80.6	56.6	85.3	85.2	52.2	80.2	60.3	62.3	56.3	53.3	86.7	85.3	60.3	65.1	60.1	60.3	62.1	60.3	61.3	60.1	60.8	60.9	74.1	61.3	61.3	62.3	62.3	62.1	61.3	65.2
		组织活态	55.6	85.6	80.6	83.3	57.5	55.1	82.3	80.6	84.4	75.3	60.1	85.9	86.3	65.6	66.3	65.3	65.1	65.4	65.1	65.3	65.7	66.1	65.8	66.2	65.4	66.1	65.4	65.3	65.4	65.3	69.6
	应度	载体适应	51.8	62.2	52.6	83.5	70.6	50.1	80.2	51.3	50.3	50.2	50.5	78.5	78.6	51.9	62.5	50.2	52.3	51.5	51.2	51.2	51.5	51.2	50.2	85.2	51.3	50.2	51.5	51.5	51.3	51.3	57.5
		形式适应	52.4	63.1	55.3	74.5	85.6	51.1	73.5	52.4	51.2	51.4	51.2	78.6	77.6	51.4	65.6	51.2	52.7	51.9	51.7	51.9	51.7	51.7	51.8	75.6	51.2	51.9	52.5	51.7	51.7	51.4	57.9
		场所适应	52.2	55.6	58.3	78.3	75.2	52.8	65.6	52.8	52.3	52.3	52.8	65.2	68.5	52.3	62.3	52.3	52.8	52.2	52.3	52.3	52.8	52.3	52.3	71.6	52.3	52.8	52.8	52.3	52.5	52.8	56.8
	化价值传播度 知度	生态感知	65.6	68.8	66.2	77.8	62.3	61.5	66.3	63.5	65.5	62.3	62.5	63.3	66.7	64.8	64.9	64.8	64.9	64.8	64.9	64.8	64.6	64	64.8	63.8	63.8	63.5	63.7	63.5	63.9	63.6	64.8
		美学感知	71.7	72	71.8	80.5	70.3	65	78.9	71.5	78.7	72.8	71.8	75.5	77.8	71.8	76.8	70.8	71.8	71	71.8	71.9	71.8	71.8	71.9	75.8	70.2	71.5	71.1	71.3	71.6	71.5	72.8
		遗产感知	62.9	61.4	75.9	76.9	60.7	60.1	75.9	73.9	77.9	62.7	62.1	63.9	62.4	61.8	61.4	61.8	62.8	61.4	61.4	61.1	61	60.9	60.8	61	61.4	60.8	60.9	60.8	60.8	60.9	63.9
	同度	居民认同	62.5	75.7	78.5	85.5	65.5	55.2	85.6	76.5	88.6	70.5	69.5	78.5	77.7	62.5	66.5	61.7	61.8	61.7	61.8	60.7	60.1	59.5	58.7	65.7	58.7	60.4	60.3	59.5	58.1	57.8	66.8
		游客认同	61.8	72.8	64.4	65.8	71.5	55.2	72.6	65.9	66.9	61.8	61.6	68.9	70.6	61.5	70.5	61.8	61.4	61.5	61.6	61.5	61.4	61.5	61.1	68.5	61.5	61.8	61.6	61.5	61.8	61.5	64.1
		公众认同	53.5	75.6	80.5	79.6	60.5	52.6	75.3	62.6	68.6	56.6	54.6	65.8	66.5	54.7	75.7	55.7	53.7	53.2	53.5	54.5	53.7	54.2	53.7	68.9	55	54.5	54.7	55	61.6	54.6	60.6
		总分值	63.7	76.1	73.2	82.5	71.9	59.4	80.0	70.6	74.5	67.0	65.4	77.4	78.4	65.6	71.8	64.9	65.1	64.7	64.9	64.8	64.4	64.4	64.1	74.1	64.7	64.6	65.0	65.0	65.9	64.2	68.6

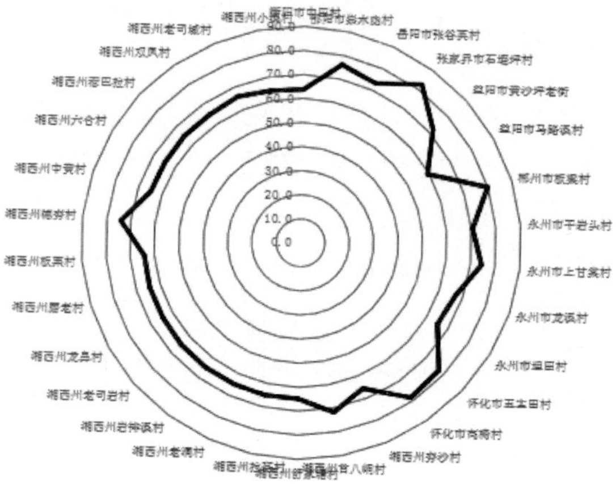

图 3　湖南首批中国传统村落文化传承度得分情况

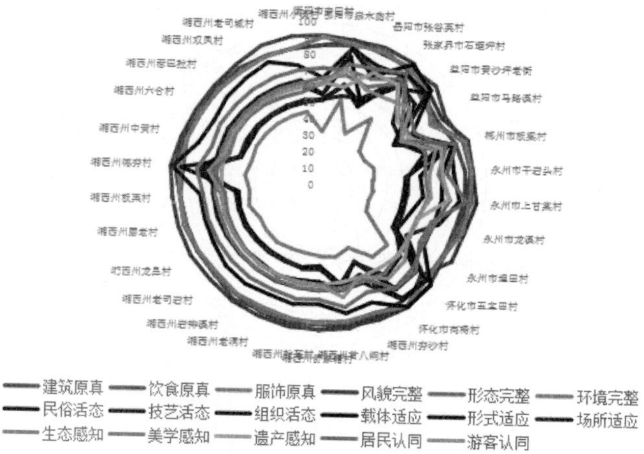

图 4　湖南首批中国传统村落文化传承度指标得分情况

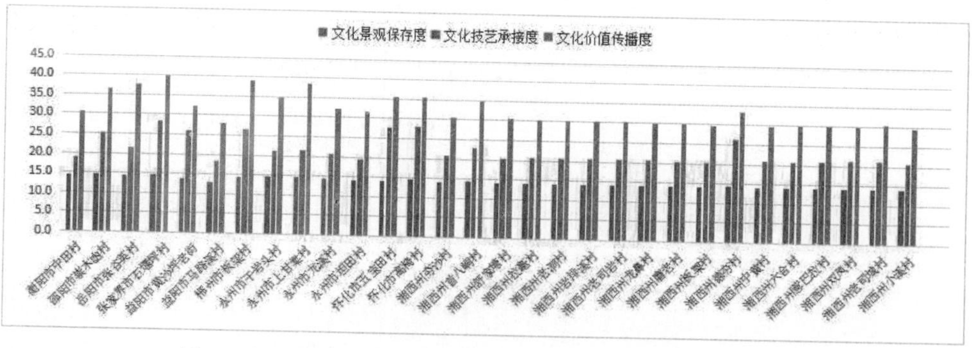

图 5　湖南首批中国传统村落文化传承度准则层得分情况

四、结论与讨论

本研究构建了一整套用于对传统村落文化传承状态进行定量评价的传承度评价指标体系。该指标体系以传统村落文化传承度为评价总目标，以文化景观保存、文化技艺承接度和文化价值传播度为评价准则层，共涉及 18 个评价指标。以传承度评价指标体系为基础，设计了传统村落文化传承度计算函数，并提出了传统村落文化传承度分级标准，将传统村落文化传承发展状态分为严格传承、良好传承、较好传承、一般传承和较差传承五个发展阶段。

选择湖南省首批中国传统村落为案例研究，对 30 个传统村落文化传承度进行评价，对评价指标体系和计算函数进行实例分析。评价结果表明湖南省首批中国传统村落文化发展状态整体处于较好传承，且 30 个传统村落保护状态差异明显；三项准则层的文化传承状态也有较大差异，文化景观保存较好，而技艺承接重视不够；18 项指标内部差异更大，建筑原真度和传承较好，而游客认同度等 3 项指标则传承欠佳。案例研究初步证明了构建的传统村落文化传承度评价体系的实用性和计算函数的可行性，能够较好描述传统村落文化传承状态。

受数据统计、研究时间、资料可获得性等限制，本研究还存在以下需要完善之处：研究范围是以湖南省首批中国传统村落为例，样本量小，在一定程度上影响了评价指标体系的验证效果，传统村落文化传承发展程度目前没有可借鉴的评价模式，指标体系还需要根据传统村落发展类型特点而不断丰富完善；由于很多评价指标没有定量化的统计数据，只能采取定性分级的方式进行，其权重设定较小，如何更科学的进行量化是后续研究的方向。

参考文献请见原文。

（撰稿人：杨立国，衡阳师范学院城市与旅游学院副教授、博士，主要研究方向为聚落景观及城乡规划研究；刘沛林，衡阳师范学院城市与旅游学院教授、博士，主要研究方向为传统村落保护和人文地理学研究）

第四篇　美丽乡村

美丽乡村是小康社会在农村的凝炼概括和形象表达。建设美丽乡村，是党中央、国务院深入推进社会主义新农村建设的重大举措，是现阶段推进乡村振兴战略的重要抓手。

早在2003年，习近平同志在浙江工作期间，就提出实施“千村示范、万村整治”工程。2012年10月，党的“十八大”报告提出，要努力建设美丽中国，实现中华民族永续发展。2013年1月，党的十八届三中全提出，围绕建设美丽中国深化生态文明体制改革。从2013年至今，美丽乡村建设成为每年度中央一号文件明确提出的工作内容，2013年第一次提出建设“美丽乡村”的奋斗目标，进一步加强农村生态建设、环境保护和综合整治工作；2014年再次提出大力整治农村居住环境；2015年鼓励各地从实际出发开展美丽乡村创建示范，有序推进村庄整治；2016年鼓励各地因地制宜探索各具特色的美丽宜居乡村建设模式；2017年提出深入开展农村人居环境治理和美丽宜居乡村建设；2018年提出塑造美丽乡村新风貌，把乡村建设成为幸福美丽新家园，持续推进宜居宜业的美丽乡村建设。此外，2014年3月出台《国家新型城镇化规划（2014－2020年）》，明确提出建设各具特色的美丽乡村。

2013年开始，各部委先后出台一系列政策文件推进美丽乡村建设。2013年3月，住房城乡建设部开展美丽宜居小镇、美丽宜居村庄示范工作，至2016年共评审认定并公示了四批美丽宜居村镇。2013年10月，农业部开展“美丽乡村”创建活动。2014年4月，农业部发布美丽乡村创建“十大模式”。2014年10月，农业部发布年中国最美休闲乡村和中国美丽田园推介结果。2015年5月27日，由农业部起草的《美丽乡村建设指南》正式发布，为开展美丽乡村建设提供了框架性、方向性技术指导，使美丽乡村建设有标可依、有据可考。2016至2017年，农业部连续开展中国美丽休闲乡村推介工作，加快建设美丽休闲乡村，打造休闲农业和乡村旅游知名品牌。

本章节选取《美丽乡村建设的系统性思考——以山东省济宁市下辛庄村为例》、《美丽乡村规划建设实践研究——以广州市增城区大埔围村为例》、《美丽乡村建设背景下的村庄规划体系创新研究——以北京市延庆区大吉祥村为例》、《精准扶贫视角下的美丽乡村规划研究——以五峰土家族自治县梅坪村为例》和

《区域融入视角下美丽乡村的重构与实践——以厦门市翔安区溪美村为例》五篇文章，对美丽乡村规划体系构建以及创新建设实践等方面，展开系统性的研究探讨。

美丽乡村建设的系统性思考

——以山东省济宁市下辛庄村为例①

引　言

2012 年 11 月 8 日，党的“十八大”提出大力推进生态文明建设，努力建设美丽中国的宏伟战略。2013 年 2 月，农业部发布了《关于开展“美丽乡村”创建活动的意见》，意见明确指出开展“美丽乡村”创建活动，是落实生态文明建设的重要举措，是在农村地区建设美丽中国的具体行动。美丽乡村建设以促进农业生产发展、人居环境改善、生态文化传承、文明新风培育为目标，作为构建美丽中国的起点被提到了国家战略高度。由此，全国各地掀起了美丽乡村建设的热潮。当前，一些地区结合地方自身资源禀赋已在美丽乡村建设实践中形成了自身独特的发展模式。与此同时，如火如荼的乡村建设运动也从经济、文化、社会、生态文明等方面对乡村的综合发展提出了新要求。

目前，国内学者从多个维度对美丽乡村建设的理论研究及实践分析进行了不同层面的探讨，现有理论研究多侧重于概念的定义及组成要素的探讨，对于更深层次的属性分析较少，研究深度不足。现有美丽乡村建设实践研究则多侧重于描述型分析，关于探索型的分析研究较少，理论结合实践的研究则更少。同时，在研究尺度上，美丽乡村建设研究主要侧重于省、市、县等层面，以乡村个体为对象的研究较少。乡村个体作为美丽乡村建设的最小行政单元，是实现美丽中国的重要基础，将美丽乡村建设的理论及实践研究细化至个体乡村尺度有助于更真实地反映乡村个体的发展特征及乡村建设发展模式。本文以山东省济宁市下辛庄村为例，尝试通过理论结合实践探索美丽乡村系统性建设，以期为美丽乡村建设背景下的乡村综合发展提供有益借鉴。

---

① 本文摘自《小城镇建设》，2017（03）：39－44。

一、美丽乡村建设发展现状及存在的问题

（一）乡村规划体系不完善，乡村建设项目落地性差

对于城镇而言，一方面，已经形成了一套从宏观至微观尺度的较为完善的规划体系，内容涵盖总体规划、分区规划、详细规划等层面，而我国的《城乡规划法》中并未明确乡村规划的范畴与发展重点。另一方面，乡村地区是广阔而复杂的巨系统，美丽乡村建设作为一项系统性工程，建设过程中需要政府各相关部门及社会力量的积极参与，而在具体实施中由于缺乏统一的组织协调机构和统一的政策指导，工作组织及协调难度较大，导致乡村建设项目落地性较差。

（二）建设要素受制约，影响乡村建设进程

乡村建设涉及规划、建筑、农业技术指导、工艺培训等多个方面的人才需求，但由于乡村地区相对恶劣的就业环境及匮乏的社会资源，给人才的引进造成了一定困难，加剧了乡村建设实施的难度。另一方面，我国乡村建设受到环境制约程度较大，造成了工作量大、资金需求多等现实问题，与政府有限的资金投入存在矛盾，在一定程度上制约了乡村建设的发展。人才、资金等方面乡村建设要素的制约，一定程度上影响了美丽乡村建设的发展进程。

（三）村庄主体性缺失，村民参与乡村建设的主动意识不强

当前，美丽乡村建设过程中普遍存在着两种现象，一是政府与开发商联合主导乡村建设，借建设之名行任意摆弄农民获得利益之实。二是政府过多主导乡村建设，包办所有内容，包括做培训、给资金、搞建设等等，造成村民认为乡村建设是政府的事情，抱着事不关己的心态消极参与乡村建设。这二者分别不同程度地导致了村庄主体性的缺失，造成村民参与乡村建设的主动意识不强。所谓“财力有限，民力无限”，农民作为美丽乡村建设的主体，应明确其主体地位，充分调动其参与建设的积极性，发挥其主动意识。

（四）重建设轻发展，缺乏系统性考虑

鉴于硬件建设见效快的原因，美丽乡村建设普遍存在着“重建设，轻发展”的问题，简单地把乡村建设局限于“盖房子、修马路”等硬件建设范畴，忽略了乡村建设是一个复杂的巨系统，忽视了乡村产业发展、乡村社会治理机制等“软件”建设内容，导致部分乡村同质化竞争严重、特色化建设不足等现象。同时，重“硬件”轻“软件”的乡村建设行为，也不符合美丽乡村建设在经济建设、政治建设、文化建设、社会建设等多方面综合发展的目标。

二、系统性乡村建设思考与探索

乡村建设是一项复杂的巨大的系统工程，乡村地区的村民自治、生活、生产、民俗、宗亲、土地、教育、集市、建房之间互相支撑，相互影响，犹如人的器官，缺一不可。作为一个系统，乡村建设不能碎片化地发展，更不能简单地用规划设计来诠释其内涵，应讲究内外兼修、系统发展，在注重乡村内生机制建设的同时，也积极推进村庄面貌的同步改善。因此，在当前美丽乡村建设发展过程中，乡村规划体系、规划设计工作方法、设计师工作角色等方面面临着一定程度的转型发展。

（一）系统性乡村建设工作模式思考

1. 乡村规划体系的完善

作为空间实体而言，乡村是与城镇拥有平等地位的，且同样存在着从宏观至微观的问题，同样需要不同层次的规划建设来满足其发展建设需求。只有形成完善的乡村规划体系，建立健全相关专业法律法规，才能满足当前美丽乡村建设的实际发展需求，解决众多乡村建设中存在的建设混乱、标准不一等各方面问题。

2. 规划设计工作方法的优化

乡村建设成效的优劣重在实施效果的评估，由于乡村规划体系的不完善及乡村建设落地实施难的现实问题，加上乡村地区在组织方式、社会关系等方面的特殊性，乡村建设要达到项目管理的有效推进及实施效果的质量把控，必须在规划设计的工作方法上进行探索与优化，尤其是加强在建设实施层面的工作方法及制度的创新。

3. 设计师工作角色的转变

乡村地区的规划设计问题并不复杂，复杂的是社会风俗、人情世故等方面。鉴于乡村地区社会关系的复杂性，面对乡村建设巨系统，规划设计师必须时刻牢记作为乡村建设协作者的角色，对乡村有全方位的认识与思考，工作内容从专注于空间设计转向沟通协调等方面。乡村建设工作没有固定的操作模式可循，更加考验设计师的综合能力。作为设计师，工作内容不应再局限于空间设计，工作视角应由专精的专业人员开始转向社会工作者、村民的立场综合地看待乡村发展问题，应面对村民诉求，建构传统专业教育以外的知识系统，通过真实的行动参与，以实践成果来检视自身工作的价值，协助村民进行乡村综合治理。

（二）系统性乡村建设实践方法探索

1. 文化挖掘先切入

乡村文化是村民生产、生活的内在联系纽带。对于乡村内部传统文化的挖掘，是村民信仰及凝聚力重建的过程。乡村文化挖掘的过程中必然带来活动的组织及对当地文化的追忆，无形中增强了村民对于乡村或社区的集体荣誉感及凝聚力，同时对未来乡村文化产业振兴的发展具有积极的推动作用。

2. 产业振兴为前提

乡村产业的衰败是乡村凋敝及乡村空心化的主要原因之一。产业的发展是乡村振兴的主要推动力，有了产业的支撑才有村民稳定的收入，才能创造足够的就业岗位给归乡的年轻人并将其留住。产业的挖掘与振兴可从两方面展开，一是积极探索与挖掘本村有别于其他乡村的特色资源；二是通过村社共同体的重建，整合特色资源，盘活集体资产，形成规模化产业，实现与外部社会组织的对接。

3. 公众参与是基础

乡村地区作为村民日常生活的空间载体，其建设发展脱离不了当地人的参与。当外部建设团队撤出乡村，当地的发展必须依靠村民自组织建立可持续运转。因此，在乡村建设过程中，一方面，应有意识地挖掘与培养村民自组织能力，进而通过自组织的力量扩大影响，带动其他村民参与到乡村建设中来，扩大公众参与的影响力。目前，已有某些乡村存在一些村民自组织，挖掘并培养热心于某项事业的村民，通过当地人的自发组织推动某项事业的发展，例如垃圾分类、传统工艺培训等。另一方面，在规划设计过程中，应始终贯彻公众参与的理念，让使用者有表达想法的途径，并与设计师形成良好的互动。

4. 多方协力促发展

乡村建设是一项复杂的巨系统工程，系统性乡村建设不应只关注于空间的营造，更应注重软件建设，如产业发展提升、传统工艺培训、环境保护意识培养等方面。规划设计单位作为从事规划设计的专业机构，服务范围及服务能力有限，建设过程中应充分借助各种社会组织的力量，从多个方面促进乡村系统建设与协调发展。一方面，可充分整合社会团体资源，特别是高校与非盈利组织，如引入社会团体对村民进行定期培训，从而建立起他们与乡村之间的长期协作关系。另一方面，由于乡村软件建设人才培养的“投入产出比”远远低于硬件建设，其周期长、见效慢，因此，在乡村建设初期就应该同步启动乡村软件建设。

5. 以点带面需务实

系统性乡村建设不管是在产业发展还是空间营造方面都需要从某些优势点着力，以点带面，撬动乡村整体发展。乡村建设受建设资金获取的局限性及乡村社会关系复杂性等多方面因素影响，讲究全方位的、发展迅速的乡村复兴是不切实际的。从某些微小的点开始启动乡村建设，寻找乡村特色，明确发展定位，进而找准发展方向，是逐步实现乡村系统性发展的重要途径。

6. 充分赋权作陪伴

规划设计工作者作为村庄之外的人参与到乡村建设中，常常会忽略自身是乡村空间载体的短期使用者，而以专业设计者的“强势”态度主宰着乡村空间。事实证明，单纯的空间规划设计无法解决乡村综合发展问题，必须深刻认识到由于精力、能力及视野有限，规划设计师应当更多地以协作者的身份参与到乡村建设中，更多地倾听与陪伴，在自身所熟知的专业领域提供力所能及的协助，把更多的设计构想交还给村民，陪伴着乡村“成长”。学会充分赋权予村民，是一种尊重，最终也将会赢来掌声。

三、系统性乡村建设实践：以山东省济宁市下辛庄村为例

（一）村庄概况

下辛庄村位于中国北方最大的淡水湖——微山湖东岸，属山东省济宁市微山县欢城镇下辖村，村庄距镇政府驻地 5.5 千米。据史料记载，明万历年间开挖运河，朱氏村民由曲房迁到运河西岸定居，因名“新庄”或“下新庄”，后“新”写作“辛”，“下辛庄”村名由此而来。下辛庄所处位置交通便捷，村庄东接 104 国道、南临 348 省道，距滕州东站与枣庄站均只有 1 小时车程。现全村总计 360 户，1188 人。2014 年人均收入 1 万元，村民主要经济收入来源为水产养殖、货物运输及外出务工。

下辛庄村全村面积 65% 以上为湖区，约为 7000 亩，湿地面积约 56 亩。村域范围内水资源及生物资源丰富，现有千亩荷塘，村庄周边的湿地是迁徙水禽重要的栖息地。下辛庄当地村民沿运河临水而居，留下了丰富的运河文化故事及历史遗存，保留了众多的传统手工技艺（图 1）。同时，抗日战争时期，村庄所在地是著名的现代革命斗争纪念地。

图 1　古运河

美丽乡村建设工作开展给下辛庄村带来了发展新契机。立足于现有乡村资源禀赋及现实问题，从硬件建设与软件建设两个层面构建下辛庄村系统性乡村建设的发展模式，是实现下辛庄村美丽乡村建设的重要使命。

（二）建设要点

1. 挖掘村史文化，凝聚村民共识，营建公共空间

下辛庄村的乡村建设实践工作中，在软件建设层面，以文化挖掘为切入点的行动演化成了众多村集体活动，包括村史文化梳理、相关文化活动组织等，极大提高了村民的参与热情与参与积极性。在硬件建设层面，提出公共活动空间先行建设原则并设计了朱氏宗祠作为家族聚会的公共场所（图 2）。乡村公共活动空间（宗祠、养老院、幼儿园、庙宇、戏台等）的建设一方面为村民提供休闲、祭祀等活动场地，另一方面可作为村民自组织的办公场地，二者的结合有利于村民自组织扩大其社会影响力，带动更多村民参与到本村建设中来。这些由上级政府支持并建设的公共活动空间不仅便利了村民，同时，在村民心中树立了上级政府的良好形象，拉近了与村民间的距离。

图 2　朱氏宗祠设计

2. 构建村社共同体推动产业逐步发展

下辛庄村在建设发展过程中面临着组织涣散、村民缺乏资金进行房屋改造等现实问题。以三农专家李昌平的“内置金融”理论实践为切入点进行村社共同体建设，组建了“下辛庄鑫旺生态旅游专业合作社”，推动了乡村旅游产业发展并提升了村民主动参与乡村建设的积极性。村社共同体的成立不仅可实现小额资金互助，解决村民发展乡村旅游的资金短缺问题，还可实现农产品统购统销，实现生产者与消费者的直接对接，大大提高农产品利润。此外，村社共同体的建立

在整合乡村资源、盘活集体资产、“找回孝道”、增强集体凝聚力等方面都具有积极的推动作用，是振兴乡村产业的重要途径之一。

3. 灵活运用参与式设计方法鼓励村民参与到乡村建设中来

鼓励并引导村民参与到乡村建设中主要从两方面展开。一方面，实施当地青年培养计划，该计划应与村庄建设同时启动，即由政府培养若干名常驻当地的知识青年，其主要任务及作用在于：（1）协助村民举办各种娱乐活动、组织整理村史等乡村软件建设。（2）作为与外部社会组织对接的窗口，负责协调由政府或其他第三方组织的定期培训工作，加强村民各方面的培训教育。（3）向政府了解并梳理可用于申请的项目资金，协助热心的村民申请相应项目资金用于村庄的软件、硬件建设。

此外，在民居改造及公共空间设计等建设项目上灵活运用参与式设计方法，如鼓励儿童、村民参与乡村建设并确保村民能够真正成为乡村建设的受益者(图3)。

图3 设计师组织儿童绘画

4. 引入社会团体定期组织村民培训教育

由于下辛庄村村民环境保护意识淡薄，在河道内、大路旁随意丢弃生活垃圾，导致村内环境水质遭到一定程度的污染。在规划设计前期，设计师通过组织活动对村民进行了第一次垃圾分类处理的培训，提高村民环保意识。随着项目建设的开展，规划后期拟定期引入社会团体在旅游接待服务、传统工艺品制作等方面对村民进行培训，使乡村发展的软件建设与硬件建设能够同步发展。

5. 推行“示范户建设先行”模式

在规划设计方案实施之前，村民对于房屋改造的投入产出比存在一定的疑虑，因此，推行“示范户建设先行”的模式显得尤为重要（图4）。项目实施前，通过建议政府对“示范户”的房屋改造进行补贴，鼓励村民带头先行启动建设改造。“示范户”的建成及运营发展给其他村民带来了希望，传递出发展信心，对于村民投入后续的乡村建设工作具有重要的示范意义。

图4　示范户建成后的效果

6. 建立“陪伴式乡建”制度

乡村建设项目讲究落地性，但由于设计费用及时间有限，尤其是民居改造类项目，一般不会像城市建设项目一样拥有完善的施工图纸再进行施工。因此，民居改造除了拥有完整的详细方案外，必须有当地的工匠予以配合，才能保证项目落地的安全性和地域性。在乡村建设项目启动后，通过引入设计师与施工经理联合驻村办公的模式，建立“陪伴式乡建”制度。设计师负责方案效果把控，配合施工经理进行方案表达、对外交流并协调其他临时变化的不可控因素等事务。施工经理则是当地有丰富施工经验的工匠，负责解决项目建设的技术性难题。

（三）建设成效

下辛庄村是济宁市欢城镇重点打造的美丽乡村精品村。目前下辛庄村已完成了村标建设及老运河河道环境整治，效果显著（图5）。同时，改造的“示范户”已作为餐饮接待投入使用，且生意红火，其他民居也在“示范户”的带动下积极推进。

图5　环境整治后的河道

下辛庄村在“系统性乡村建设”的设计理念指引下，在村容村貌、村庄发展及村民意识方面有了极大地提升，村民安居乐业。其改造成效也得到了各级领导的充分肯定和社会各界的高度赞誉。下辛庄村美丽乡村建设有望成为济宁市美丽乡村建设示范工程。

四、结语

美丽乡村建设以农村经济发展、乡村建设布局、乡村文化建设等方面为主要发展目标，是落实生态文明建设的重要举措，是在农村地区建设美丽中国的具体行动。相比以往乡村建设“重硬件”“轻软件”的发展模式，系统性乡村建设提供了一种系统性解决乡村发展问题的方法。

研究围绕“内外兼修”“系统发展”的乡村建设目标，提出文化挖掘先切入、产业振兴为前提、公众参与是基础、多方协力促发展、以点带面需务实、充分赋权作陪伴等六条乡村建设思路并应用于实践，是对系统性乡村建设方法的一种有益探索。当然，乡村建设存在很强的地区差异性特征，具体类型的乡村建设项目还需结合当地实际发展特征进行进一步深化研究。

参考文献请见原文。

（撰稿人：戴冰武，中国乡建院主任规划师）

美丽乡村规划建设实践研究

——以广州市增城区大埔围村为例①

引　言

为贯彻落实党的“十八大”精神，促进城乡统筹发展，广州市委、市政府在《中共广州市委广州市人民政府关于全面推进新型城市化发展的决定》中指出：“要开展‘美丽乡村’建设试点，因地制宜做好村庄规划设计。”并要求在美丽乡村示范村规划经验基础上，完成全市1142个行政村的村庄规划编制，以村民参与和“三规合一”为主要方法，推进村庄规划实施“落地”。增城区积极响应，按照《广州市村庄规划编制实施工作方案》的要求，有序推进全区行政村村庄规划编制工作。增城区大埔围村在“美丽乡村”的创建过程中积极探索“美丽乡村”规划建设及可持续发展路径，取得了明显实效。本文在解读美丽乡村规划建设要求及反思当前村庄规划建设问题的基础上，以增城区大埔围村美丽乡村规划建设实践为例，探索面向实施的美丽乡村规划路径及建设行动策略，以期为其他美丽乡村的规划建设提供借鉴。

一、美丽乡村规划建设的要求及对当前村庄规划建设的反思

美丽乡村建设是新农村建设的创造性发展，其更加注重生态环境资源有效利用、人与自然和谐相处、农业发展方式转变及农村可持续发展。美丽乡村之美除了村庄形象、村庄环境等物质空间层次的外在美，还体现在人文乡土、和谐可持续的社会精神层次的内在美。美丽乡村建设的总体要求包括以下六个方面：有和谐秀美的村庄环境、有便捷完善的配套设施、有便于交流的生活空间、有融合发展的活力产业、有地域特色的乡土文化和乡村风貌、有文明民主的乡村治理结构。美丽乡村规划建设是一项复杂且难度较大的综合性系统任务。

① 本文摘自《小城镇建设》，2017（07）：35－41＋59。

由于规划时间紧迫，编制方式单一，公众参与不彻底，只注重塑造空间整体形象，规划质量不高、实用性差等规划编制的局限性及村庄建设用地分配不均、土地权属错综复杂、建设用地分配管理与土地利用规划错位等现实原因导致村庄规划常常面临“落地难”的问题，难以发挥规划的引导、调控作用。传统村庄规划手段和方法必然无法满足美丽乡村建设的需要。如何编制适应美丽乡村建设的村庄规划，以何种策略推进美丽乡村建设与可持续发展成为美丽乡村建设工作的重要问题。

二、大埔围村美丽乡村规划实践

（一）大埔围村概况

大埔围村位于广州市增城区东部，东南接惠州市博罗县，西距广州中心城区 60 千米，东距惠州 80 千米，南与东莞市隔江相望，距深圳 120 千米，区位条件优越（图 1）。大埔围村村域范围 2.3 平方千米，全村下辖 6 个自然村，9 个经济合作社，村庄户籍人口 923 人，经济收入以传统农业生产为主，是广州市第二批“美丽乡村”试点村，于 2013 年启动“美丽乡村”规划建设工作。

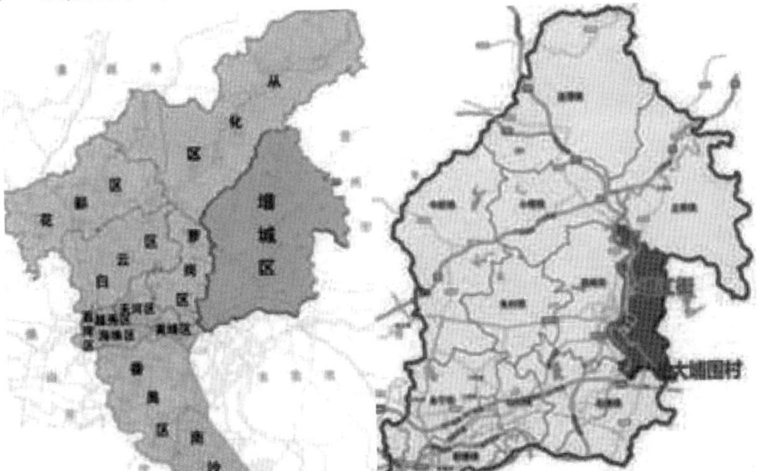

图 1　大埔围村区位图

（二）村庄发展问题分析

大埔围村美丽乡村规划以问题和目标为导向，通过对村庄进行现场踏勘，对村庄的地理条件、人口情况、房屋状况、资源分布、环境优势、公共配套设施等进行详细调查，深入了解大埔围村的现状特征，梳理出当前村庄发展存在的问题：(1) 居民点分布零散，土地资源利用粗放；村庄建设缺乏统一规划和管理，村民住宅建设无序，用地零散，村庄空间格局混乱；(2) 村内公园和公共活动空间不足，缺乏休闲设施，并且现有公共服务设施分布不合理，设施利用率不高，公共服务设施有待完善；(3) 村集体经济结构单一，经济发展乏力，现状村集体经济收入低，来源主要为果园种植、农田耕种、土地鱼塘租赁及政府财政拨款，缺少本村特色经济，需要探索新的发展思路，寻找突破口；(4) 村庄道路、公共服务和市政基础设施的建设需要大量资金，且不产生直接经济效益，村集体的经济实力有限，村庄建设资金紧张。

（三）大埔围美丽乡村规划建设实践

1. 面向实施的美丽乡村规划探索

为切实编制有针对性的美丽乡村规划，推进规划落地实施，大埔围村美丽乡村规划基于大埔围村现状基础与调查结果，在坚持以尊重村民意愿，推进公共服务均等化，“两规合一”确保村庄规划“落地”，尊重健康的民俗风情和生活习惯，保护村庄的自然肌理和历史文化遗存及保护生态环境为原则的基础上，结合广州市美丽乡村建设及区域发展要求，将大埔围村建设为以都市型生态农业为主导，农业和生态旅游业融合发展的宜居宜业宜游“美丽乡村”，打造广州美丽乡村建设典范。

大埔围村从实施性规划编制及保障规划落地实施行动两方面创新探索，通过打好村庄规划与村庄修建性详细规划两大规划组合拳，从两个层面指导大埔围村美丽乡村建设。其中，村庄规划类似于城市控制性详细规划，重点对大埔围村美丽乡村的功能和用地布局、产业发展及村庄整治方面提出建设指引，对美丽乡村建设进行总体控制和指导；而村庄修建性详细规划则类似于城市修建性详细规划，在村庄规划的基础上，重点对美丽乡村建设的各项基础设施及公服设施建设工程和环境景观配套及改造工程做出具体的安排和规划设计。

(1) 功能布局规划，空间上，按照优先控制生态绿地，严格保护耕地，合理安排城乡建设用地的原则，对大埔围村域进行功能分区，实现生产区、生活区、养殖区逐步分离，减少相互干扰，方便村民生产和生活。将大埔围村域分为生态保护区、生态农业养殖区、绿色农业种植区、湿地公园旅游区、工业发展区、居住区和基础设施配套区七个功能区（图2）。

(2) 用地布局规划，在村域功能分区的基础上，按照集约节约用地，以科学、合理地利用土地为原则，通过整合零星、闲置用地，提高土地利用率，基于人口、土地、生态环境容量的综合平衡，科学确定用地布局。优先安排道路、公共服务、市政等配套设施用地，实现路、房、绿化、供水、排水等综合整治，改善村庄环境，提高村民生活质量。现状村建设用地 27.18 公顷，通过复耕部分仓

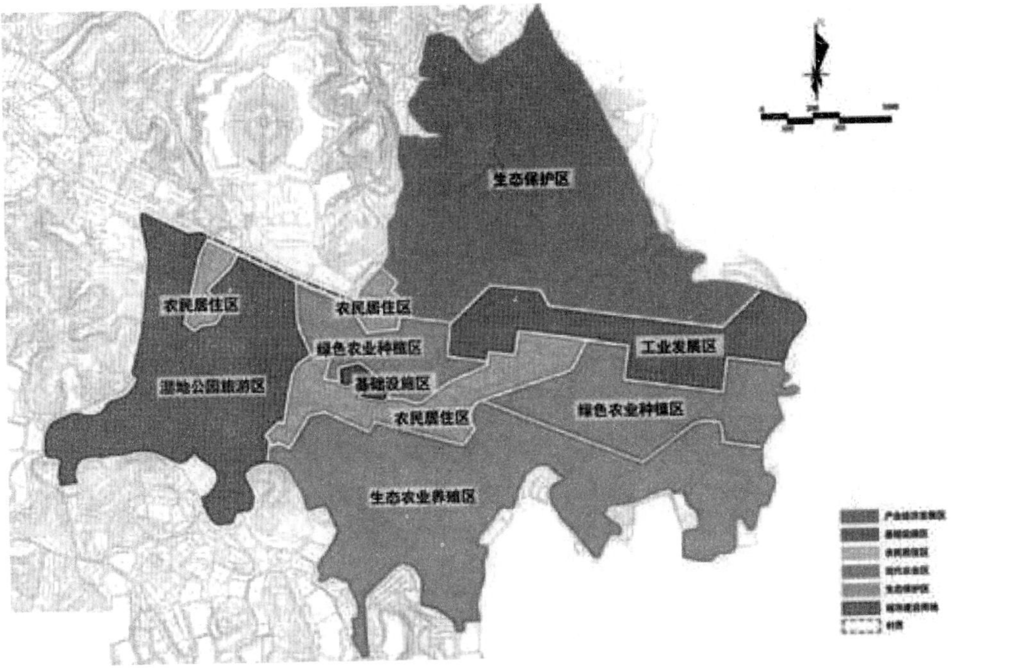

图 2　功能分区图

储用地将村庄建设用地总量缩减到 23. 66 公顷，但用地结构仍以村生活用地为主，其中道路、广场、公共服务设施用地略有增加，有利于完善村内生活配套设施（图 3）。

图 3　土地利用规划图

（3）产业发展规划，依托大埔围村现有产业条件和丰富的历史文化资源，充分挖掘大埔围村的历史文化、饮食文化、农耕文化、民俗文化，并结合革命纪念碑、古祠堂、古庙等当地特色景观，以文化生态资源为特色，生态农业为基础，大力推进生态旅游业发展。结合大埔围村用地布局，围绕水库、池塘、河涌打造湿地公园，规划安排适合当地发展的生态旅游产品，如农家乐、开心农田、果园采摘、垂钓乐园、农家购物等具有农家特色的乡村旅游项目（图 4）。

图 4　旅游系统规划图

（4）村庄整治规划，根据现状建筑质量、整治要求迫切性及整治条件的差异性，采取整体完善、局部整治、修缮等不同的整治措施（图 5）。重点完善路网和铺设给排水管网，种植绿化，增设公厕设施；整饰街巷容貌，保留村落原有的空间格局和特色建筑，拆除部分破旧的闲置建筑建设开放空间，增加街旁绿化，美化村中环境；整治旧村道路，消除消防安全隐患，同时结合乡村生活的特点设计可供村民驻足闲聊的街巷空间，延续传统民居亲切宜人的空间尺度，为和谐邻里关系的建立，营造一个舒适、充满活力的农村聚落空间（图 6）。

图 5　旧村整治规划图

图6　大埔围村规划总平面图及效果图

（5）项目策划，村庄修建性详细规划在村庄规划的功能和用地布局、产业发展及整治规划的基础上，结合村庄近期建设与长远发展的需要，提出美丽乡村各项建设项目，包括美丽魔方文旅园、亲子农耕园、垂钓场、世纪古树、花海广场、停车场、宗祠及荷塘改造等的规划建设及改造方案（图7）。

图7　建筑外立面整饰设计图

2. 大埔围美丽乡村规划建设策略

（1）尊重村民意愿，发挥村民主体作用。大埔围村在美丽乡村规划建设中充分尊重村民意愿，广泛集中民智，发挥村民的主体作用。一是通过制定《大埔围村民代表议事制度》，充分发挥议事厅的作用，定期召开村民代表大会，在“美丽乡村”的规划设计、房屋外立面整饰、破旧房屋拆除复绿、卫生巡查保洁、实施禽畜圈养等环节上坚持公开透明、民主决策，经村民讨论后进行表决，让村民来设计、选择和决定，保障村民对自己家园处置的发言权和对自己生活方式的选择权。二是多措并举，让村民自觉参与“美丽乡村”建设。如在房屋外立面整饰工作中，采取政府奖励、村民自主施工的方式，由村民自主选择外立面整治方式，政府按瓷砖镶嵌 80 元/ 平方米和喷涂 30 元/ 平方米的标准给予奖励；并对在奖励办法实施之日起 50 日内完成外立面装饰且通过验收的给予 800 元/ 户的额外奖励。村民们参与积极性高涨，政府仅投入了 255.64 万元就在限定时间内完成了全村房屋外立面共 40487.18 平方米的整饰工作。大力开展家庭盆景花卉评比活动，通过赠送花木、花盆等形式，发动村民自觉美化绿化自家庭院，形成“一家一景”，共同营造村庄环境，提高村民参与“美丽乡村”建设的自豪感。

（2）挖掘村落文化，保护村庄历史风貌。大埔围村在“美丽乡村”规划中，引入保护自然、保留乡情、维护环境的理念，充分挖掘以自然村落为载体的村落文化，利用该村秀丽的自然风光、深厚的人文底蕴、浓郁的客家风情，将现代的宜居理念和生活方式融入乡村，使村庄在保持原有历史风貌的基础上，变得更加美丽。针对大埔围村各类住房建筑质量不同、外立面风格各异、建筑物高低不等的问题，村庄规划在用地布局和村庄整治中通过微改造的形式，进行整治和修缮，以延续村落原有的建筑形态、空间构成、院落布局等建筑文化特色；同时，在充分征求村民意见和建议的基础上，根据村民的审美特点和现有房屋的状况，设计与现有房屋建筑风格协调的整饰方案，使整个村庄房屋整洁有序、错落有致、和谐自然，真正做到“规划源自于农民，规划为了农民”，使规划具有可行性和经济性，满足农村发展和农民的实际需要，也使大埔围村美丽乡村建设最大限度地保护和体现了乡村特色风貌。

（3）注重抽疏建绿，美化提升村庄环境，受传统观念制约，农民即使建了新房子，也不愿意拆除旧房子，“有新屋无新村”的现象，导致大埔围村存在大量破旧房、空置砖瓦房，房屋参差不齐、村庄缺乏连贯性和整体性。针对本村破旧泥砖房比较多、影响村庄整体美观的实际情况，大埔围村采取抽疏建绿的方式，将应该拆除的破旧空置房屋规划为绿地广场，并制定《大埔围村拆除破旧房屋工作方案》，对村前村后不符合村庄规划的破旧泥砖房、空置的柴房猪舍等进行拆除，全部改建为公园、绿地和广场，同时种植大批大叶油草、桂花、紫薇、大红花、黄金竹等植物（图8）。通过抽疏建绿，大埔围村共拆除了破旧房屋166间，面积约5000平方米，整个村庄以绿色生态为主线，将一栋栋偏黄色调的民居串联起来，形成别致的乡村景色，极大地美化和提升了村庄环境。

图8　绿化建设指引图

（4）整合公共资源，推进公共服务均等化。“以人为本”是“美丽乡村”建设的出发点和落脚点。大埔围村村庄规划，坚持“以人为本”，从农民最希望、最迫切要求解决的生产生活问题入手，整合村庄原有的公共配套设施和闲置集体土地，改造成图书室、健身广场、篮球场等文化娱乐设施，设立有线广播站、金融服务站、老人活动中心、医疗卫生站等公共服务设施，提升村庄道路、亮化、污水处理、环卫等基础设施，使得农村教育、医疗、养老、金融服务、“七化”“五个一”等设施逐步完善，将原来只有在城市才能享用的公共服务覆盖到该村，进一步提升农村生活的内在质量，培养村民健康生活方式，充实美丽乡村的文化内涵，使“美丽乡村”成为农民丰富活泼的生活空间和具有强烈归属感的精神家园（图9）。

（5）树立特色品牌，促进产业现代化发展。一是培育现代农业品牌，发展特色生态农业。通过集中土地流转的方式，引进现代化大型养猪场，改变过去“散小乱”、污染严重、收益低下的局面，提高土地利用率和村集体收入；并积极探索以“公司+基地+农户”的方式发展特色生态农业产业。二是打造特色乡村旅游品牌，发展生态休闲旅游产业。通过集中土地流转吸引社会资金建设大埔围美丽魔方乡村文旅园；积极号召村民利用自家空余房屋开办“万家旅舍”；整合村庄的鱼塘、水库、水田、园地等资源，建设科普湿地公园、绿道、垂钓场、烧烤场等旅游设施；以大埔围美丽乡村建设成效，打响大埔围村乡村旅游品牌，实现美丽乡村建设与乡村旅游发展的良性循环，2015年接待游客约8万人次，村集体和村民经济收入均得到较大幅度提高。

图 9　公共服务设施规划图

3. 大埔围美丽乡村建设成效

经过近几年的建设，大埔围村美丽乡村成效显著。曾经因地处偏僻，少人问津，且猪场林立、臭气熏天、蚊虫滋生、环境脏乱差的“角落村”，如今已变成了经济稳步发展、村容整洁、环境优美、配套设施齐全、农民安居乐业、文化特色鲜明的“明星村”（图 10）。

图 10　大埔围美丽乡村建设成效

（1）村集体经济稳步发展，引进了增城第一家现代化大型养猪场项目、以花为主题的美丽魔方文旅园项目、以农耕体验为主题的亲密农耕园项目、文化艺术创作空间、民间手工作坊等。2016 年，大埔围村吸引约 20 万人次前往参观旅游，实现旅游收入约 180 万元。

（2）村容村貌整洁优美，实现了环境绿化美化、村道通达无阻化、村道路灯硬底化亮化、自来水供水普及化、生活排污无害化、垃圾处理规范化、卫生保洁常态化等。

（3）保护和发展传统文化，建设了 1 个抗战纪念馆、1 个抗战纪念碑广场、1 个文体活动中心和 1 个乡村文化大礼堂，整理村内的族规祖训，建设功德榜、好人榜，传承和发展村民爱国爱家奋斗精神和先进文化；同时成立客家歌、舞狮、戏曲、现代舞蹈等文艺队伍，每年的春节、清明、端午、中秋、重阳、冬至等传统节日开展花会、灯谜、歌会、舞会、亲子活动、篮球赛、乒乓球赛等活动，保护和发展村庄传统文化，丰富村民精神生活。

（4）基础设施配套完善，完成了村道、电力、排污、供水、水环境、路灯、绿化、垃圾转运点等基础设施升级改造，并建设了 1 个公共厕所、3 个停车场、1 个游客服务中心、3 间农家乐、5 间旅社等配套设施。

三、结语

在城乡统筹、可持续发展的背景下，“美丽乡村”规划建设成为联系城市与乡村、引导乡村文明与可持续发展的重要手段。“以人为本”是“美丽乡村”建设的出发点和落脚点。从根本上来说，大埔围村美丽乡村建设之所以能够取得成功，就是抓住了美丽乡村规划建设中的“人”这一核心。一方面，在规划编制上立足充分的村民及政府规划诉求调查和研究，秉承规划可实施性，通过打好村庄规划与村庄修建性详细规划两大规划组合拳，从两个层面指导大埔围村美丽乡村建设；另一方面，保障规划落地实施的各项行动中，发挥村民主体作用，关注村民物质和精神的发展，以村庄人居环境优化为重点，提升村庄环境品质，重塑乡村特色，推动现代农业和乡村旅游业的发展。大埔围村在上述规划和保障规划落地实施行动两方面的创新，有效地破解了村庄规划“落地难”的问题，实现大埔围村美丽乡村外在美和内在美的整体发展。因此，在我国美丽乡村规划建设中，应始终坚持“以人为本”的理念，在规划编制和实施等各个层面、各个环节强化村民主体地位，充分发挥村民的积极性，推进村庄规划的落地实施，因地制宜促进美丽乡村的可持续发展。

参考文献请见原文。

（撰稿人：凌筱舒、周远明、涂先强，广州市增城区城乡规划与测绘地理信息研究院技术员）

美丽乡村建设背景下的村庄规划体系创新研究

——以北京市延庆区大吉祥村为例①

一、美丽乡村建设背景

（一）美丽乡村建设的发展阶段

乡村的美不只是外在美，更要美在发展。从 2005 年中国共产党十六届五中全会提出建设社会主义新农村的重大历史任务开始，直至党的“十八大”明确提出“建设美丽中国”的宏伟目标，乡村这一承载了中国绝大多数农业人口，同时也寄托了大多数人乡思、乡愁的“居住场所”，得到了越来越多的关注。近年来，多个中央一号文件提出了要建设“美丽乡村”的奋斗目标，鼓励各地因地制宜探索各具特色的美丽宜居乡村建设模式。

随着经济水平的不断提高和村庄规划建工作的不断深入，北京村庄的发展已经从对完善配套设施、提升环境品质的村庄整治阶段，逐步进入转型发展、建设美丽乡村的新阶段。从 2005 年到 2011 年底，北京市绝大部分村庄完成了村庄规划的编制工作，2015 年初，北京市提出了“创新村庄规划编制”的课题，作为北京市政府城市机制体制改革的一项重要内容。

（二）美丽乡村建设存在的问题

近五年来北京市 GDP 年均增长 7.3%，首都经济实力显著增强，具备城市反哺乡村的能力，整个市场也存在巨大的市民需求，虽然取得显著成效，但目前仍面临群众参与热情不高、生态建设理念未普及、基础设施建设比较滞后、农业支柱产业相对缺乏、文化传承保护措施不足、基层民主管理仍显薄弱等问题，美丽乡村建设的实践性并不突出。

一直以来，我们都是用城市规划的方式去规划农村，这种思路在新城和上楼的村镇适用，但对于需要保留原汁原味村庄风貌的保留村并不适用。

---

① 本文摘自《小城镇建设》，2017（07）：16－25。

（三）大吉祥村美丽乡村建设的意义

根据《北京市村庄体系规划（2006—2020 年）》，全市行政村划分为城镇化整理、迁建、保留发展三种类型，其中延庆村庄体系中约 68% 是保留发展型，大吉祥村作为保留适度发展型村庄，美丽乡村建设的示范性意义重大。

《延庆区国民经济和社会发展第十三个五年规划纲要》明确提出：要高标准建设美丽乡村，逐步打响延庆“北京美丽乡村”品牌。2016 年确定将大吉祥村作为延庆区美丽乡村的试点村之一。通过大吉祥村规划建设的探索和实践，总结出一套可复制、可推广的美丽乡村创新规划体系，为建设美丽乡村提供示范和样板，推动乡村的健康良性可持续发展。

二、美丽乡村创新规划方法的研究思路

村庄规划方法体系的建立需要运用创新性的思维模式，针对各级政府提出的高标准目标要求，探索美丽乡村规划建设的方法和路径，通过深入现状调研进行评估，构建一套从宏观到微观、从物质到非物质的多维度规划体系框架。本文以北京市延庆区大吉祥村为例，剖析这一创新规划体系的构建思路（图 1）。

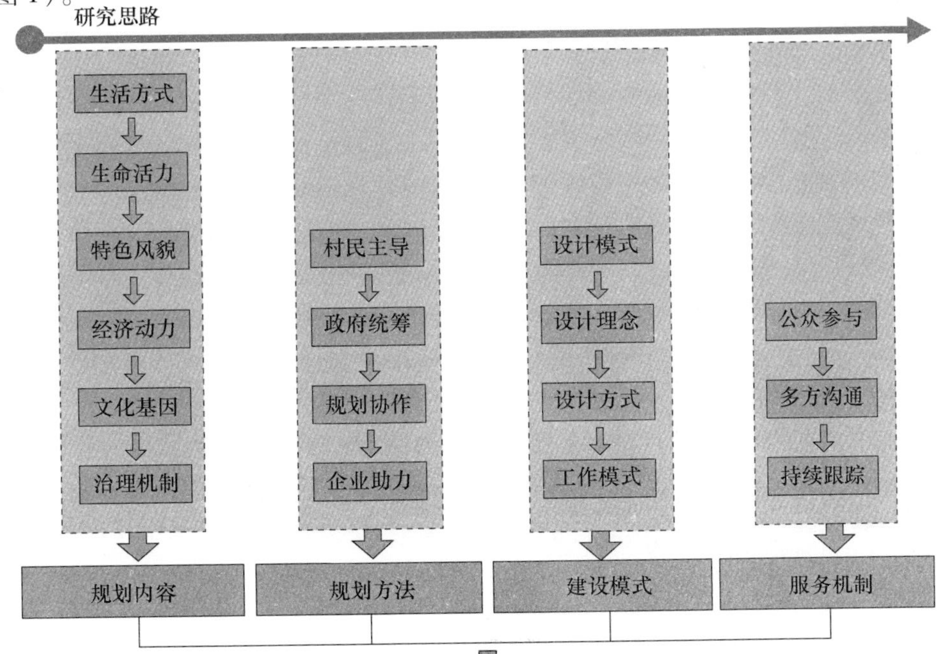

图 1　研究思路示意图

首先是运用综合性的规划思路。梳理与提炼村庄自身特色价值，通过村庄的生活方式、生命活力、特色风貌、经济动力、文化基因及治理机制等方面进行多系统的、全方位的规划设计。

其次是运用协作式规划方法。充分尊重村民的“主体地位”，以村民为主导，政府、规划设计单位与企业等职能是协作者。

再次是挖掘新农村建设模式。以保护整体村落风貌为前提，从设计理念、设计方式、创新机制等方面综合考虑，建立有机更新的新农村建设模式。

最后是建立责任规划师制度。充分体现村庄规划的实践性，以责任规划师团队严格要求，深度参与到实际项目中去，进行美丽乡村的全过程参与。

三、大吉祥村项目概况

（一）山水环境

大吉祥村位于北京延庆区四海镇的最西端，属北京市远郊村，是消夏避暑休闲旅游胜地，被称为夏都。村域范围内群山环抱，深山幽谷，生态良好，环境优美，村域北部山谷原生态的自然条件良好，南部花海已具备一定规模。大吉祥村定位为：“妫水之源，花海之端，吉祥花谷，幸福家园”（图2）。

图2　大吉祥村村域及村庄鸟瞰图

（二）特色风貌

村庄沿一条南北向的沟岩分布，地势南低北高。村落整体布局形态基本保持完好，结构完整且脉络清晰。村庄街巷肌理灵动多变、依山就势，自由灵活，形成十几个高低错落的台地。村庄风貌保存较好，传统山村街巷肌理与环境融合一体（图3）。

图3　村庄风貌图

（三）历史文化

明代建村，原名“大蕨菜冲”，常被外人误称为“大绝才村”，村民认为不吉利，20世纪40年代改名“大吉祥村”，沿用至今。大吉祥村历史遗迹众多，拥有边垣长城、妫水源头、古庙宇、古树等历史环境要素；踩高跷、高跷会、民间花会等众多传统民俗活动。周边旅游资源丰富，主要以四季花海、百里画廊为主（图4）。

图4　村庄历史文化

（四）问题总结

通过对村庄现状的深入调研与分析，总结出以下几方面问题。

首先是村庄内基础设施与公共服务设施配套不完善，维护运营情况较差，村民生活质量亟待改善。

其次是村庄内房屋空置现象明显，人口空心化、老龄化现象严重、村庄发展内生动力不足。

再次是村庄生活环境有待提高。现状村庄内部存在垃圾、木柴胡乱堆放的情况，影响村庄面貌。

最后是旅游接待水平有待提升。缺少旅游服务设施，特别是中高端设施。

四、基于创新性的村庄规划体系构建

（一）全面深入的系统性规划内容

村庄虽然很小，但是一个完整的系统。以往的村庄规划更多的是关注用地布局、设施完善、面貌提升等空间规划的内容，本次规划从村庄的系统性入手，除空间规划之外，在产业发展、文化修复、社会治理等方面进行深入研究。

1. 回归乡村田园的生活方式

“阡陌交通，鸡犬相闻，黄发垂髫，怡然自乐”是《桃花源记》所描写的理想乡村田园生活，纵观历史及国际乡村建设案例，乡村的未来在于其独立价值的显现，美丽乡村建设既要重点关注乡民当下的境遇与发展，同时也不能忽视乡村本身的价值与未来，乡村田园应该是一种生活方式。

考虑以国土现状建设用地总量为基础，不突破国土现状建设用地为原则，宅基地尽量保持原有的产权格局，尊重村民宅基地使用权，依据村庄现状功能布局及产业结构调整分析，对村庄用地进行合理规划。

遵循乡村自身发展规律，体现农村特点，注重乡土味道，保留乡村风貌，加快提升农村基础设施水平，推进城乡基本公共服务均等化，让农村成为农民安居乐业的美丽家园。通过保护原始自然的生活环境，提倡绿色健康的饮食习惯，建立低碳环保的交通方式，开展垃圾分类试点等，最终回归乡村田园的生活方式（图 5）。

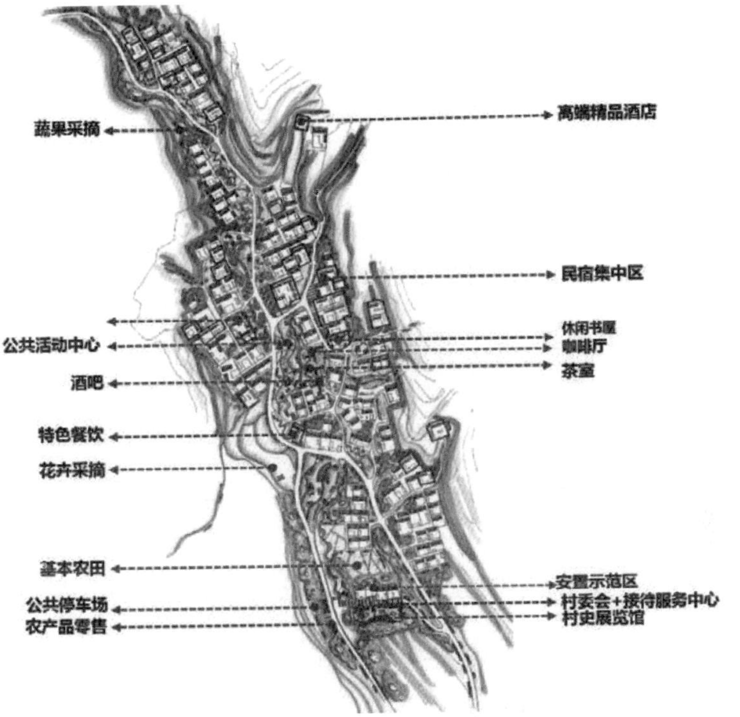

图5　村庄城市设计示意图

2. 复活村庄民居的生命活力

村庄内空宅、不常住的宅院约占四分之一，空心化较为严重，房屋面貌部分衰败，缺少生命活力（图6）。

图6　空宅现状图

合理利用村民住宅，按照使用功能分类，可分为自住、旅游、自住旅游混合三大类。通过改造修复院落，提升百姓居住空间，打造地域化景区，带动旅游业发展，让老百姓生活环境有所改善、收入持续增长，最终复活居民的生命活力（表1、图7）。

表 1　院落类型分析表

类型	自住型	旅游型	自住旅游混合型
经营方式	个人	企业合作社	个人
经营对象	个人	中小规模、体验休闲旅客、商务人群	小规模、体验休闲旅客
基本功能	居住	度假、餐饮、娱乐、会议	居住和经营
建设模式	原宅基地改造、提质	民宅改造突出民宅特色、品质	原宅基地改造、提质

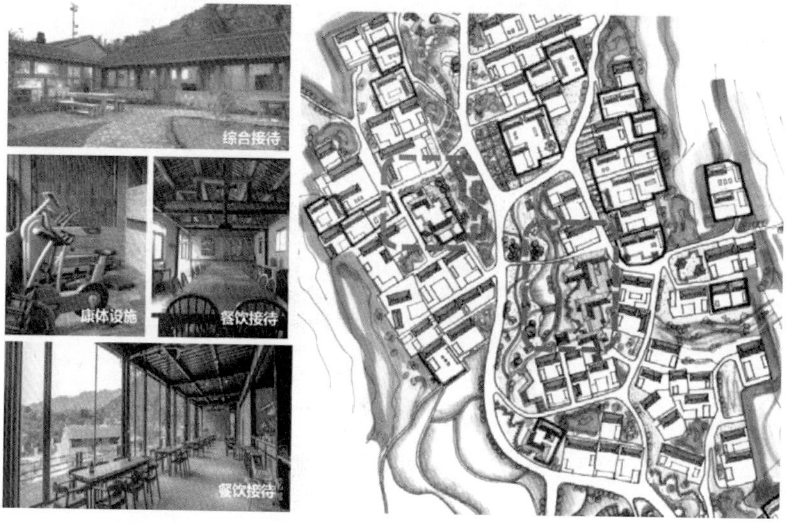

图 7　院落改造示意图

3. 营造自然村落的特色风貌

村落是一个有机的完整生命体，每一栋单体建筑、自然元素和村落周围的山水、田园、古树都是不可或缺的部分，要努力恢复和优化“山水—田园—村落”的完整格局，不仅要保护传统建筑风貌，还要对山体、河道水系、古树名木、湿地湖泊等要进行保护和提升，引导村民调整农作物种植结构，建立和完善农林生态体系，促进生态系统的修复，避免随意推山、填塘、污染改造河道、硬化路面等生硬的人工干预。村庄建设不采取“大拆大建”，而以院落为单元进行更新，整体的街巷肌理、院落格局进行严格控制，保证景观轴线及各景观节点的风貌特色，尊重村庄整体风貌格局（图 8）。

4. 激发村庄内生的经济动力

山村的产业发展，由于耕地面积少，一产难以提升高经济收入，需要有高附加值的产业类型，依托已有的农业基础，将二产、三产融合发展，形成“第六产业”，整体带动村庄经济可持续发展。

（1）依托区域的花卉种植产业基础，打造花卉的第六产业格局，深度发掘花

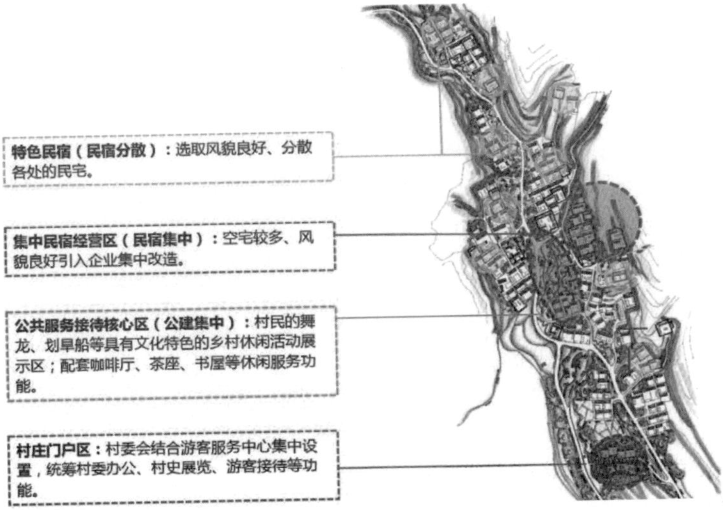

图 8　村庄功能示意图

卉产业链条中的价值。依托现有优惠政策、品牌和规模效应，种花、加工花、观赏花等，把花引进村庄、让村在园中、园在村中。种花，有序扩大花卉种植面积，精选花的种类为后续的第二产业、第三产业综合考量。旅游需求的增加，可以引入花卉加工制作的体验旅游产品，如花卉种植的体验，加工制作花的过程工艺体验等。此外，结合村庄周边的平缓耕地，开展少量的采摘观光活动。

（2）依托产业用地、民宅，发展庭院经济。乡村的庭院可以为旅游需求提供服务，如住宿、餐饮、咨询等功能。集体产业用地做好村庄历史文化展示、村庄旅游咨询、综合接待等内容。村民住宅用地，利用自家的院落有序开展高端民宿酒店、旅游接待等内容；闲置院落，通过经营权的流转，集体统一管理，形成多种服务功能的分散式院落产品。通过提供服务，增加集体经济组织和农民的收入（图 9）。

图 9　庭院精品酒店及民宿

（3）依托浅山资源（生态山林、古长城），拓展户外运动等项目。大吉祥村四周环山，东部山脊有古长城遗址，目前已经有少量户外爱好者在此进行户外徒步，应依托此资源，拓展户外运动等项目，包含步道休闲、古长城、露营体验、自行车骑行、拓展训练等。提倡健康、运动主题活动（图10）。

图10　户外运动项目

（4）依托乡村民俗，开展观赏、文化体验项目。大吉祥村传统文化体验有高跷、民间花卉、小车会、划旱船、秧歌等，利用该文化资源，丰富旅游项目的内容。

5. 修复传统村庄的文化基因

村庄文化既有物质形态，又有人文形态，每个村庄都有村民生活并延续着传统的生产、生活方式和传统文化。将村庄保护利用与特色文化传承有机结合，梳理村庄的起源、发展及演变过程，挖掘村庄发生过的历史事件、历史人物及传说故事，尊重村庄庙宇、古树、古井等历史要素，传承村庄的乡土文化、农耕文化及民俗文化等，逐步建立起村民的文化自信（图11）。

图11　建立村民的文化自信

以大吉祥村为例，有效保护及合理利用村域周边的边垣长城遗址，恢复文革期间遭到破坏的古庙宇，编写村史，在村入口处建设村庄历史博物馆等设施馆，对历史文化资源进行展示及有效利用，深入挖掘本地高跷、民间花会等传统文化项目，合理规划安排活动场地，由村委组建演出队伍，在农闲或村里有重大活动时期进行表演，为村民的文娱生活增添乐趣。

6. 建立现代乡村的治理机制

乡村治理面临着新形势、新问题和新挑战，必须改革创新、探索完善乡村治理模式，有效激发农民积极性，形成规范有序、充满活力的乡村治理机制。

（1）复活乡村发展建设的议事规程，村民代表大会是村级治理中民主决策、民主监督和民主管理的核心，也正是村民代表的代表能力构成了特定的村庄基础。规划过程中和村委会一起召开各种会议，包括村委班子会、村民代表大会、村民党小组会议等，同时强化村委基层治理的能力。

（2）发挥乡贤在村庄发展中的引领作用，乡贤一方面扎根本土，对乡村情况比较熟悉；另一方面具有新知识、新眼界，对现代社会价值观念和知识技能有一定把握。新乡贤文化作为一种“软约束”“软治理”，有利于健全乡村居民利益表达机制，营造新乡贤参与家乡建设的氛围，激发村民参与乡村事务的积极性，建设乡村共同体，并提高其凝聚力和自治能力。

（3）推动村规民约的治理作用，协助村民编制村规民约，依靠自治力量对村民进行规范，使其成为规范村庄发展的重要手段。

（4）强化村民技能培训，聘请有经验人员为本地的“农民员工”带来先进的管理、服务理念，并进行技能培训，从文化素质、产业发展及服务管理等方面进行系统培训，适应产业发展需求。

首先在文化素质方面，从礼仪、卫生、文化等方面进行全面培训，从服务水平、服务内容上提升高度。其次是产业发展方面，从手工制作、餐饮、艺仿、养护、种植等方面进行培训，使村民有一技之长，全身心投入村庄产业发展和建设维护的大环境。最后是服务管理方面，从服务、管理、运营等方面进行全面培训，灌输先进的酒店管理理念，使村民培训更加规范化和制度化（图 12）。

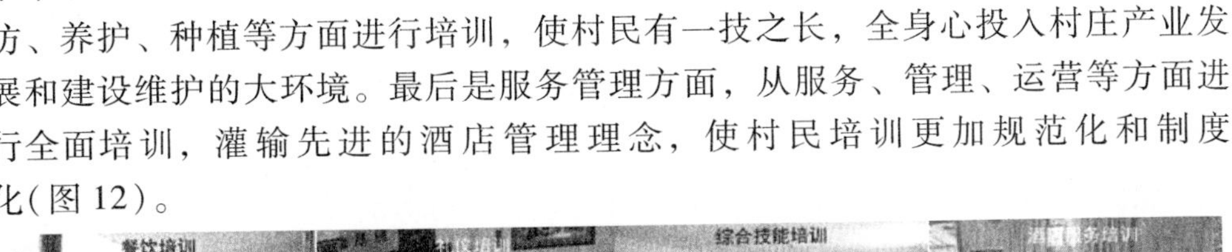

图 12　村民培训

（二）多方参与的协作式规划方法

规划过程中搭建了以区委、区政府为核心的规划决策平台，以规划分局、国土分局、发改委、农委、文委、交通局、水务局等委办局为主的规划协调平台，以责任规划师团队为主的技术平台和以村民为主体、多方参与的公众参与平台。通过这四个平台，规划建立了“村民主导、政府统筹、企业助力、多方参与”的协作式规划方法，各方力量共同参与，沟通协作，共同推进新农村规划建设（图 13）。

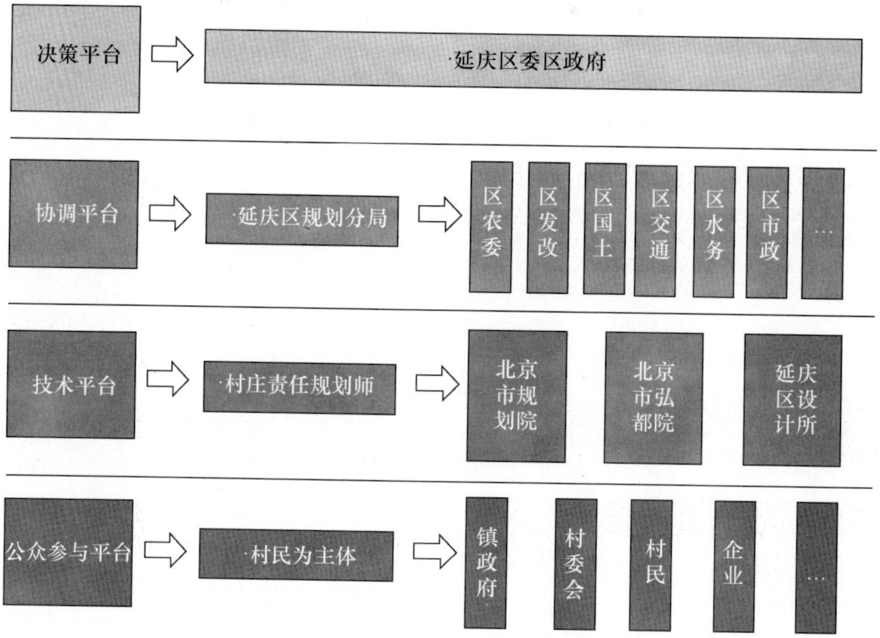

图 13　搭建四个平台

1. 村民主导

农民始终是乡村建设的主体，政府、设计单位、企业等只能是协作者，如何激发农民的愿景力和行动力，让村民积极主动参与到村庄规划建设中来，探索村民自治与政府管理相结合的方式，是美丽乡村可持续发展的重点。

村民自主参与可节约成本资金，同时让村民更用心的投入建设，村民自主参与建设后，更会努力维护、爱惜劳动成果。

相较于城市规划的单一实施主体，乡村规划的实施主体是多元的。大部分宅基地建设主体都是分散的村民，经济条件不同，建设诉求和思想认识都不同，对实施的方式产生影响，故而乡村的规划设计要更多地考虑使用者的意见，避免统一专业的设计方法。

2. 政府统筹

区政府建立健全工作督查制度，成立美丽乡村的联席会制度，明确规划管理—实施—审批的程序，探索整合规划、农委、国土、发改等部门的力量，在资金使用、政策融合上形成合力，推进美丽乡村建设常态化、制度化和规范化，共同推进美丽乡村建设。

3. 规划协作

规划师一定要转变观念，从专业技术人员变为社会工作者。规划设计团队搭建规划平台，采用驻地模式，从规划到施工建成，全生命链条的参与全过程。

4. 企业助力

在符合规划要求和不侵害村民利益的前提下，欢迎企业资金的注入，通过企业的发展，带动村民发展产业的积极性和能力。

（三）有机更新的新农村建设模式

将乡村建设和城市建设进行对比，会发现城市建设更像是标准化生产、工业化生产出来的，而乡村建设则是需要精心打造的手工艺品。一个有乡村特色，让人有乡愁记忆的村庄决不是按照几个标准户型排列组合而成的，按照一刀切的城市化方式建设农村，将会丧失乡村的特色。我们反对大拆大建，在尊重村民现有产权格局的情况下，强调示范带动，逐步引导村庄自发的进行有机更新。

1. “设计师 + 工匠 + 村民”的设计模式

以保护整体村庄风貌、保护老房子为前提，由设计师提供规划设计方案，统筹协调整体工作，请当地工匠提供传统工艺做法，组织现场施工指导，同时由当地村民参与设计，提出建议，最终配合实施并进行后期维护，共同建造属于当地传统风貌的房子。

模式一，修旧如旧，最大限度原汁原味保护原风貌的前提下，增加使用功能，提升居住、使用品质。

模式二，深度改造，根据每个房子不同的风格及今后的用途进行深度改造，适度增加与环境相一致的使用空间。

2. 就地取材、传统工艺的设计理念

就地取材是我国乡村建设的传统经验，建设房屋时尽量考虑就地取材、传统工艺、旧物利用及环境融合等，倡导现代舒适的生活方式，使其具备抗震加固、节能保温、温馨舒适的使用功能，同时实现传统文化的延续与再生。

大吉祥村建筑材质主要以石头、砖头为主，屋顶以小灰瓦为主，石砌围墙、小石子路面及整齐排列的大量木柴都是大吉祥村重要的建筑要素，设计中充分利用这些材料，采用传统工艺，保持村庄风貌完整性。

3. “一户一设计”的设计方式

相较于城市规划的单一实施主体，乡村规划的实施主体是多元的。大部分宅基地建设主体都是分散的村民，经济条件不同，建设诉求和思想认识都不同，对实施的方式产生影响，故而乡村的规划设计要更多的考虑使用者的意见，避免统一专业的设计方法、避免大规模、一刀切剃平头的改造方式，最终达到“一户一设计”、户户有别（图 14）。

图 14　两处院落改造方案示意图

4. 在地指导、示范带动的工作模式

强化设计师的在地指导实施，在建造过程中，设计师和工匠、村民一起可以进行多次设计，在规划中建设，建设中规划，对房屋建设进行精雕细琢，真正突出村庄规划“实践性”。

乡村建设中示范项目的意义十分重大，示范项目成功了，乡村建设也就成功了一半。很多村民只能看到眼前的利益，说教是不管用的，但一旦有项目建成落地，他们见到了实际效果，很快就会改变他们的认识。村庄示范项目能够由点及面，有效引导村民自发的进行建设，从内而外的改变村庄。有强烈改造意愿的院落率先启动，给与技术资金支持，产生良好的示范作用，由此总结行之有效的、符合整体村落风貌的院落改造经验，带动其他村民自愿参与到整体村庄、院落改造当中。

5. 创新机制的建设模式

回顾以往农村的建设模式，有以下三种 ：第一，土地一级开发的模式。农民被动上楼，存在农民住房虽然改善，但农民利益被资本侵占较大，长期来看，集体经济难以持续。第二，剃平头改造模式，集约土地，农民集中迁建，住进整齐划一的排排房，传统村庄的风貌破坏，山水林田路的生态格局损失，存在农民被动进行迁建的情况。第三，村庄整治模式（新农村规划），整体保留原有村庄，对村庄内部的环境、基础设施进行规划布局，落实五项基础设施。村庄产业功能弱化，并没有激发村庄经济的活力，村庄实际的产业路径模糊，造血功能不足，缺少内生动力。

以上模式，在新的形势下，均不符合村庄建设的需求。村庄建设出路需要在机制上创新，建立美丽乡村联席会、整合涉农资金等机制。从模式创新、政策机制创新，且符合北京总规对建设用地减量提质的原则，对村庄实施提出方向和目标。

（四）全面系统的责任规划师制度

乡村规划师“5 + 2”职责，规划决策参与者、规划编制组织者、规划初审把关员、实施过程指导员、乡镇规划建议人、基层矛盾协调员、乡村规划研究员。

1. 深度公众参与

之前，我们也提公众参与，但更多的是象征性参与，并未达到实质性参与的程度。村民是新农村建设的主人，一定要强化村民在规划建设中的主导地位。我们入户访谈、走访村民，深入了解村民需求；通过搭建微信网络平台，多方征求村民意愿，引导村民形成共识；同时还带领村民多走多听多看，和他们多沟通多交流，引导村民观念的转变。规划中我们意识到规划师只能是村庄规划建设的协作者，激发农民的愿景力和行动力，才是美丽乡村建设可持续发展的重点（见图15）。

（1）多次勘探、深入座谈、入户访谈。通过带领村民多走多听多看，组织村民参观学习山楂小院等建设良好的村庄，和当地村民多沟通多交流，改变他们对村庄规划建设的认识，引导村民观念的转变。通过邀请专家给村民讲课，让他们认清新农村建设的方向；召开村民代表大会、党员代表大会、全体村民会议等，让村民讨论村庄发展的重大问题。

（2）搭建微信网络平台，多方征求村民意愿。将村民组织起来搭建微信群，由项目组员负责，每日按时选定一个主题与村民交流，记录有价值的村庄历史信息，听取村民自己的建议和想法，耐心解答村民对村庄规划的疑惑。

2. 多方沟通协调博弈

责任规划师的深度参与体现在与政府、企业、村民的多方沟通协调和博弈上。项目之初，农委和乡镇政府想设计几个标准户型，把村庄拆平了，统一规划建设；企业想把村民从宅基地里搬出来，空出来的院子进行统一开发经营；施工

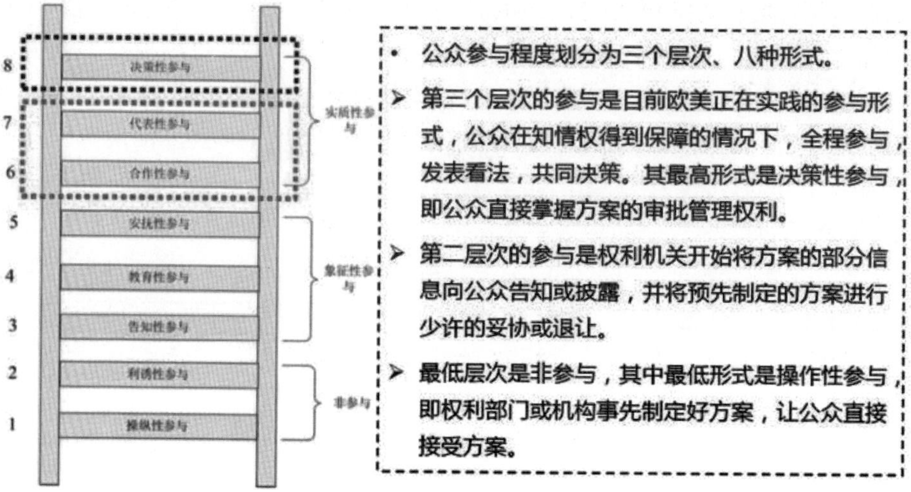

图 15　公众参与阶梯理论

单位对“一户一设计”，对传统工艺，旧物利用是有意见的……规划过程中我们进行了大量的沟通协调工作，一次协调会不行就两次，两次不行就五次十次，一直到大家形成共识为止。

3. 持续跟踪服务

责任规划师的深度参与还体现在规划建设的持续跟踪服务上。规划编制完成后，我们并没有停止对大吉祥村的服务，而是作为责任规划师团队持续为大吉祥村的建设实施出谋划策。从房屋单体的设计、修改、施工，到景观环境的营造，再到道路市政管线的工程设计和铺设，只要涉及到村庄的一砖一瓦、一花一草，都可能会咨询责任规划师的意见，责任规划师都要帮忙把关，以保障规划实施的效果。

五、反思及结语

“美丽乡村”建设是一项长期的、意义重大的工作，从创新性、实践性角度入手建立规划方法体系的过程中总结经验。首先，完善空间优化、社会治理、产业引领、文化修复的系统性规划内容；其次，探索村民主导、政府统筹、规划协作、企业助力的协作式规划方法；再次，开展工匠参与、在地指导、示范带动、有机更新的新农村建设模式；最后，创建深度参与、统一思想、技术把控、持续跟踪的责任规划师制度。总之，本次“美丽乡村”规划最大的特点是角色和思维的转变：规划设计单位从规划编制单位转变成了规划平台的搭建者；规划师从规划技术人员转变成了社会工作者。

虽然规划师们在项目中全程参与跟踪，但由于种种现实矛盾，大吉祥村规划依然存在诸多问题与不足：首先，在规划实施的动态过程中，由于设计和建造成本等原因，并没有完全按照规划提出的“一户一设计”进行实施，而是设计出了 20 多个参考户型，根据各家村民的具体要求在此基础上进行微调。其次，村庄规划建设的特点是“在规划中建设，在建设中规划”，这与我们现行的乡村规划建设管理方式（规划审批后再进行建设，建设要严格执行规划）存在矛盾。

“美丽乡村”建设的路还很长，希望通过笔者提出的创新性的村庄规划体系，来为美丽乡村的规划与建设提供一些实践性的思路，让美丽乡村真正实现既能留住乡愁，又能展望未来。

参考文献请见原文。

（撰稿人：杨梅，北京市弘都城市规划建筑设计院助理工程师）

精准扶贫视角下的美丽乡村规划研究

——以五峰土家族自治县梅坪村为例①

一、背景概况

“美丽中国”的概念是在中国共产党第十八次全国代表大会中首次提出的，旨在将生态文明建设融入经济、政治、文化、社会建设的各方面与全过程，满足“五位一体”的推进建设的总要求。“美丽乡村”建设是生态文明建设和“美丽中国”建设的重要组成部分，具体是指“规划科学、生产发展、生活宽裕、乡风文明、村容整洁、管理民主，且宜居、宜业的可持续发展乡村”。“美丽乡村”的建设不仅为农村产业发展指明了方向，也为改善农村生活生产环境、增加农民收入、助推脱贫致富、提升农民幸福感等方面提供了有力的政策支撑。目前，在新型城镇化快速推进的过程中，我国广大乡村正面临边缘化和空心化的困境，传统农业的主导地位逐渐被削弱，生态环境逐渐恶化等问题日益凸显。上述问题严重制约了乡村地区的可持续发展，因此美丽乡村的建设势在必行。在新常态下，乡村地区经济的重振与发展需要多种举措齐头并进，而产业发展是促进乡村转型发展和农民就业增收的重要手段。

国外发达国家已在乡村规划理论和实践方面取得了丰硕的成果。韩国以“勤奋、自助、合作”为发展目标开展乡村运动，其乡村规划的重点在于基础设施建设、环境整治、产业结构调整及农业增效等。日本以基础设施投资、区域均衡发展、产业振兴、乡村魅力与特色挖掘为重点，开展“一村一品”运动，逐步缩小了城乡差距，使乡村成为美丽的精神家园。德国以“均等化”理念为内涵，通过土地整理、村庄革新方式就地实现村庄产业和物质环境建设的转型与提升，转变传统乡村为工商城镇，保持收入、社会服务等方面与城市居民均等化。而荷兰主要是以农地整理实现都市周边农地经营的规模化和农业产业结构调整。由上述事例可知，国外乡村规划在发展实践和策略方面虽然各有不同，但都将产业发展作为重振乡村经济的重点。

---

① 本文摘自《小城镇建设》，2018（01）：74－80。

从目前国内“美丽乡村”建设实践来看，沿海各省市均出现了不同程度的产业发展问题，主要表现为村域经济薄弱、乡村建设内生动力与后劲不足、多数村落仍然以传统的种养模式为主、农民增收困难以及农村严重空心化。因此，“美丽乡村”建设在兼顾农村政治、经济、文化、社会、生态协调发展的同时，应该看到农村经济发展的困境和脱贫致富面临的巨大挑战，将经济产业发展作为“美丽乡村”建设的物质基础和重要环节。本文在总结“美丽乡村”建设经验和教学的基础上，以湖北省五峰土家族自治县梅坪村为例，从乡村发展的全局入手，以产业发展为重点，综合考虑生态、产业、文化、基础设施、就业、人居等方面，提出针对“美丽乡村”的规划策略，以期为中部地区“美丽乡村”建设提供参考和借鉴。

二、精准扶贫视角下美丽乡村规划策略

（一）坚持以产业扶贫为重点，增强乡村“造血”功能

经济指标是衡量贫困的最重要指标之一，而增加收入、摆脱贫困是精准扶贫的重要目标。传统扶贫主要通过“输血”的方式使贫困居民在被帮扶过程中受益，但从长期来看，这种帮扶方式容易使贫困居民产生依赖思想，导致扶贫的可行性和持久性较低。因此，在精准扶贫视角下，“美丽乡村”规划应该以产业为重点，通过产业导入和政策扶持，增强贫困地区的“造血”功能，以促进其内生发展，从而脱贫致富。

（二）加强基础设施建设，解决居民实际需求

基础设施的落后也是制约农村经济社会发展的重要因素。教育方面，受计划生育政策的影响，农村地区人口出生率大幅降低，间接造成中小学学生人数锐减，随之而来的是许多希望小学、村小学的撤消，给农村地区孩子上学造成一定困难。在医疗条件方面，农村地区医疗条件本身相对落后，加之人口老龄化进程的加速，导致了医疗设施供应与老年就医需求之间的比例失衡，农村人口的医疗、养老等问题日益突出。此外，农村居民对文化、体育等设施的需求日益增长，这些都需要在规划层面予以关注和解决。因此，在精准扶贫视角下，“美丽乡村”规划应该加强基础设施建设，使村民“幼有所学，老有所养，病有所医，娱有所乐”。

（三）维护生态环境，保护绿水青山

建设生态文明关系到农村的长远发展，关乎子孙后代，正如习近平总书记所言“绿水青山就是金山银山”。广大农村地区的山川河流都是其赖以生存和发展

的基础，也是宝贵的自然财富。部分经济发达的沿海地区在发展中存在的农村生态环境破坏等问题，应该成为“美丽乡村”建设的教训。因此，在精准扶贫视角下，“美丽乡村”规划应该注重原生态的自然环境保护，为子孙后代留有发展的余地。

（四）挖掘文脉资源，彰显文化魅力

文化建设也是“美丽乡村”建设的重要内容，乡村文化更多的是指传统文化、乡贤文化、家学文化、宗祠文化以及中国传统文化与伦理在乡村的各种形式。广大农村地区存在着大量的文化资源，而这些资源的保护与开发是农村发展过程中不可回避的现实问题。因此，“美丽乡村”建设应该强调文化资源保护与合理利用，一方面将当地文化资源转化为经济资源，带动地区经济的发展，另一方面也要保持其原真性与传承性。

（五）增加就业机会，减少劳动力流失

当前，中西部农村地区，出现了明显的空心化问题，其中最明显的特征是大量青壮年劳动力的外流。目前，大量青壮年劳动力到收入水平更高、就业机会更多的沿海地区寻找发展机会。在精准扶贫视角下，应该通过增加当地的就业机会、提供劳动技能培训以及优惠的就业创业政策鼓励外出人员回乡就业、创业，从而增强农村发展活力。

（六）改善人居环境，保障安居乐业

居民点建设是改善农村人居环境的重要举措，也是精准扶贫的最基本出发点。传统的新农村建设通过集中的居民点布置来改善居民的居住环境，但是也造成了一些问题，例如居民离自家山林、农田较远等。在“美丽乡村”建设中，应该通过就地扶贫、易地扶贫等多种模式来灵活解决居民的居住问题，尽量实现生活空间与生产空间的集聚，既要实现人居环境的改善，也要促进生产的高效性，保障村民安居乐业。

三、梅坪村村域发展现状分析

（一）梅坪村概况

梅坪村位于湖北省宜昌市五峰土家族自治县仁和坪镇东南部，东邻松滋市，南接湖南省石门县，北连宜都市，距仁和坪集镇 12 公里，距渔洋关新县城 43 公里（图 1）。

梅坪村地势北高南低，最高海拔 923m，最低海拔 158m。梅坪村辖区面积

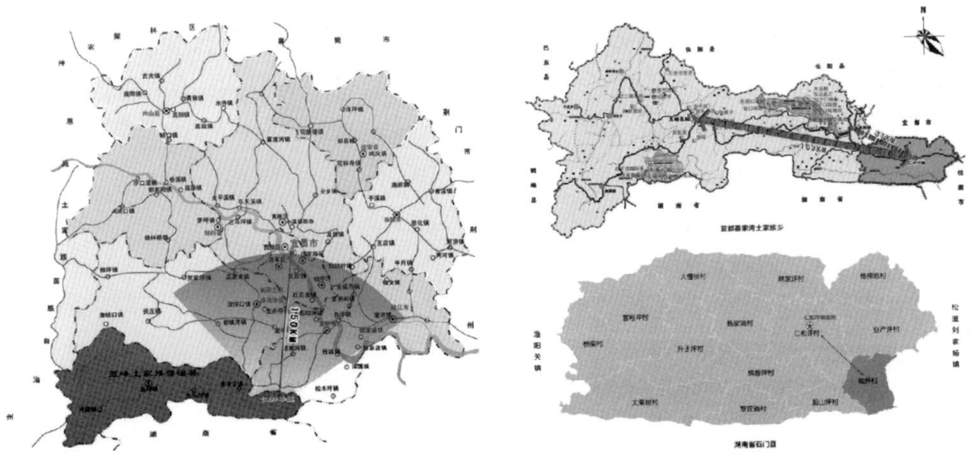

图 1　梅坪村区位图

25 平方公里，耕地面积 1631 亩，其中水田 158 亩，旱地 1455 亩。全村辖 3 个村民小组，总户数 263 户，总人口 993 人，劳动力 523 人。产业方面以种植业为主，以养殖业为辅（表 1）。

表 1　梅坪村现状基本情况统计表

现状分类	基本情况
经济产业	种植业为主，养殖业为辅。2016 年农民人均纯收入 4185 元
人口	辖 3 个村民小组，263 户，993 人，其中劳动力 523 人，外出务工劳动力 235 人
住房	以砖结构为主，少量为土、木结构；建筑质量参差不齐，风貌特色不突出
公共服务设施	党群服务中心、卫生室和健身广场一处，以及几处小型便利店
基础设施	目前有公路 32 公里。自来水入户率 90% 以上，电视入户率 85%

（二）梅坪村发展困境

1. 经济基础薄弱，农民增收困难

梅坪村以第一产业为主导，经济基础薄弱，农民增收渠道单一、途径有限。该村 2014 年全年粮食生产总量 701.5 吨，油料总产 122.8 吨，农村经济总收入 350 万元，年人均纯收入 3296 元，低于同时期全国平均水平。至 2016 年该村人均纯收入虽有所提高，增至 4185 元，但增幅较小，仍处于较低水平。

2. 地理位置偏远，基础设施落后

梅坪村地处五峰县与松滋市、湖南省交界位置，距仁和坪镇镇区 12 公里，地理位置相对偏远，阻碍了该地区经济社会发展。同时，梅坪村内部基础设施和公共服务设施配套不完善，进一步限制了该区域的可持续发展。

3. 劳动力素质偏低，优质劳动力流失严重

梅坪村全村从事农业生产的农民多为文化技能较低的群体，初中以下文化程度劳动力占总人口的71%。同时，由于农民收入低且增收困难，大量青壮年及高素质劳动力外出打工，导致优质劳动力流失严重，全村劳动力523 人，外出务工劳动力235 人，占45%。

（三）发展优势

1. 生态环境良好，自然景观优越

梅坪村依山傍水，植被丰富，气候宜人，峡谷深切，“山、水、林、田、村”自然景观相互映衬。梅坪村海拔高差大，既有923 米的高山，也有158 米的大峡谷，境内植被种类丰富，森林覆盖率高，生态环境优美。南河沿岸分布有深潭、峡谷、瀑布、溶洞等众多的自然景观，具有极高的旅游开发价值。

2. 人文历史悠久，文化资源丰富

梅坪村辖区有各类文化资源和人文资源，既有古时人类生产、生活的遗址遗迹，又有300 年前王姓人家迁徙的遗址遗迹，更有近代贺龙大将军飞兵袭梅坪的战斗故事及遗址，还有国家级非物质文化遗产和县级非物质文化遗产。

3. 民风淳朴，村落景观宜人

村民住宅依山而建，因地形而聚散不同，村落部分建筑中保留土家元素，呈现自然生长的肌理，具有浓郁的乡村风貌特征，保留着非物质文化遗产等人文资源。此外该村至今还维持着农耕畜牧的传统生活方式，民风淳朴，山清水秀的自然环境与简朴的村庄、淳朴的民风融为一体，能使人体会到真正的山野乐趣和民俗风情。

四、梅坪村美丽乡村规划对策

（一）规划定位

在综合考虑区位优势、自然资源、产业发展、村庄建设等各因素，以生态环境资源为基础，结合实际发展情况和上位规划要求的基础上，梅坪村的规划定位为：以壮丽的峡谷自然地貌、悠久的村落历史人文遗存、绚丽的田园风光和有机的村落风貌为特色，打造集峡谷探险、避暑养生、农业观光、村落文化体验等于一体的山水共生、村景互融的特色村寨。

（二）发展目标

1. 总体目标

梅坪村发展的总体目标为：充分发挥自然生态环境、历史人文资源和农业等

资源优势，建设生态环境优美、居住环境优良、产业发展可持续、村民生活富裕、乡风淳朴文明的宜居宜游乡村旅游样板，实现“生态美、田园美、村庄美、生活美”的“美丽乡村”目标。

2. 经济发展目标

2014 年，梅坪村全村经济总收入 350 万元，人均纯收入 3296 元。该村的经济发展目标为：

（1）至 2020 年，农村经济总收入达到 1000 万元，农民人均纯收入达到 1 万元，全面消除贫困，农民幸福指数明显增强。

（2）至 2025 年，农村经济总收入达到 2000 万元，农民人均纯收入达到 2 万元，农民幸福指数进一步增强。

3. 社会发展目标

梅坪村的社会发展目标主要有以下四个方面：居住条件明显改善，村庄生态宜居，充满活力；农民素质和文明程度普遍提高，适龄儿童入学率 100%；硬化道路、水、电、网、医保覆盖率达到 100%；村庄环境卫生明显改善，生活和生产垃圾实现无害化处理。

（三）规划发展对策

针对梅坪村的区域发展现状、规划定位和发展目标，该村的规划发展对策主要可以总结为六个方面：生态为底、文化为魂、产业为基、设施为盾、就业为根、人居为本。

1. 生态为底，展现山水秀美

充分挖掘与发挥自身的资源优势，以优质自然环境为基底，彰显“山、林、田、村”画境、村景交融的幽美风光，建设人与自然和谐共生的美丽乡村。按照地形地貌等特点将梅坪村景观规划为“一带、三轴、多节点”的结构，以凸显梅坪村的自然景观优势（图 2）。

一带是指南河峡谷景观带，由南河水系及其沿线景观节点构成的自然景观带。多节点以东部的杨木洞和西部的南河水库为主要景观核心，串联其他各自然和人文景观节点；三轴包括农林景观轴、对外道路景观轴和绿色生态景观轴。农林景观轴以地质地貌景观斑块、农耕景观斑块、生态经济林景观斑块等作为景观基底，由母猪礤、西冲、望五山等景观节点构成的景观类型多样、功能复合的农业观光轴线。对外道路景观轴以东西向村庄道路景观为载体，沿线自然风光和人文景观作节点，串联众多景观斑块，形成对外道路景观轴。绿色生态景观轴以农耕景观斑块、生态经济林景观斑块、果园景观斑块为基底，以沿途田园风光和自然景观为核心，构成绿色生态景观轴。

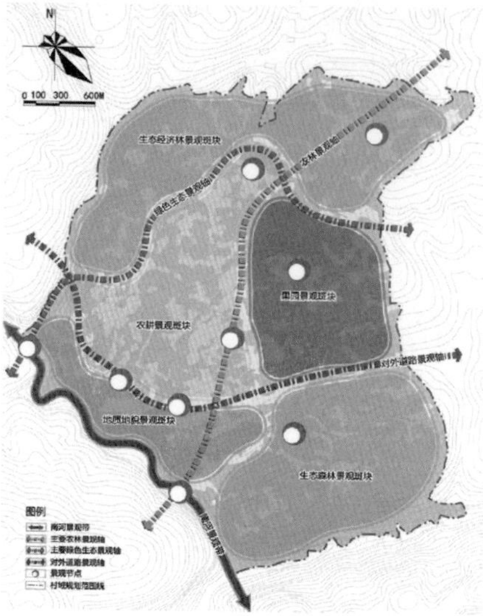

图2　梅坪村景观结构规划图

2. 文化为魂，彰显人文淳美

挖掘历史文化、农耕文化等地域文化，以乡土风情为抓手，传承本土民俗风情、建筑环境、地域因素等文化元素，营造多元文化共荣的文化新村，唤回村民、游客的“乡愁”记忆。

梅坪村计划成立非物质文化遗产保护和传承基地，作为传统文化传承的保障。梅坪村有国家级非物质文遗产“五峰打溜子”传承人简伯元和县四级非物质文化遗产传承人雷云家、文贤荣等。这些非物质文化遗产具有鲜明的本地特色，承载了深厚的历史及文化内涵，并在本地乃至省市都具有极大影响。

3. 产业为基，推进多元融合

依托农作物种植、畜牧养殖、经济作物种植等优势产业，提升一产、适度发展二产、突破发展三产，积极发展乡村旅游。同时，纵向拓展、横向联合，带动产前、产中和产后服务业的联动发展，推进产业融合。

（1）第一产业发展策略，筑基固本，以生态养殖和经济果林种植为主导、农业种植为辅助。首先，发挥传统畜牧业养殖优势，运用生态养殖技术，结合优美生态环境，发展生态养殖业。其次，结合山地地形，适度发展茶叶、果林业、药材种植，形成茶叶种植园、果园、药材种植基地三大特色产业，实现经济效益和景观效益的共存。农业种植方面，以现有玉米、水稻、红薯等种植为基础，创新农业发展模式，创建绿色有机农产品品牌，提升农产品品质和附加值，合理进行土地流转，促进传统农业种植向现代化、特色化，规模化、高效化和精品化方向发展。

（2）第二产业发展策略，借势谋新，延伸发展农副产品初加工和园艺处理为主的绿色产业。在保护生态环境的前提下，实现上游拓展，下游延伸。上游拓展包括建设特色种养基地、建立农产品、畜牧业拓展基地，下游延伸包括建设绿色生态加工厂和组建销售运输体系。

尤其是注重下游延伸，在绿色生态加工厂建设上，推进产地初加工与精加工，加强副产物综合利用，延长产业链，提高附加值。重点开发传统主食工业化生产技术和副产物综合利用技术，发展玉米、肉禽蛋等粮食加工包装、肉制品腌制、干制等农副产品初加工产业。在销售运输体系上，借助“互联网 +”的思维培育新时代农人，发展农副产品、茶叶、水果、药材物联网体系，搭建农产品销售展销交易平台，构建“公司 + 合作社 + 农户 + 商品”的产销一体模式，增加农民收入，推进精准扶贫。

（3）第三产业发展策略，顺应态势，突破性发展乡村休闲旅游业。一是，依托本土乡村旅游资源特色，以市场为导向，借力母猪礤峡谷风光带，联动周边村庄合作共生、一体化发展思路，将产品、民俗、美食与文化、美学思维、文化创意结合，推进传统农业产品向休闲商品转变，农业园区向休闲景区转变。二是，促进农业、人文资源、自然景观等与旅游业融合发展，培育发展农业观光、生态旅游、农事体验、乡村度假、乡村养老等多种类型的乡村旅游产品，完善旅游服务配套设施建设，形成具有当地品牌特色的乡村旅游产业，逐渐将乡村旅游业培育成地区经济发展及脱贫致富的支柱产业（图 3）。

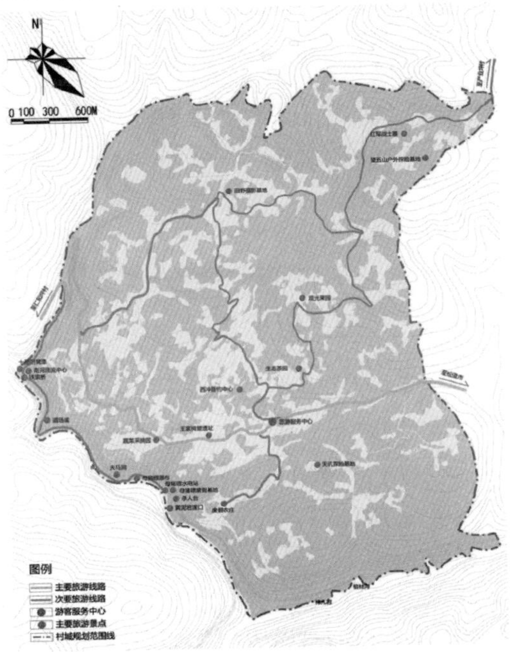

图 3　梅坪村旅游线路规划图

（4）产业空间布局，根据产业发展潜力和发展策略，引导农业要素，吸引工商资本投资农业，带动农民致富增收，重点布局传统粮食作物种植、生态养殖、特色旅游三大板块，辅助发展中草药种植和水果茶叶种植。

传统粮食蔬菜种植上，整合现有农田和水利设施，在耕作条件良好，粮食生产水平较高的地区种植玉米、红薯等粮食作物，同时种植大白菜、萝卜、西红柿、青椒等蔬菜。畜牧和家禽养殖上，大力发展山羊、菜牛、生猪、土鸡养殖，采取养殖专业户和家庭散养相结合的养殖方式。乡村旅游上，加大力度保护原有森林、峡谷景观，在该片区发展生态旅游，充分发挥该片区优美的自然景观资源优势。水果种植上，在缓坡丘陵地区种植水果，同时进行初加工，将产品发展成商业，同时构建茶园果园观光、采摘体验等旅游活动。中草药种植上，利用北部山地人烟稀少、生态环境良好的特点，进行中草药规模种植，未来可发展养生式旅游体验（图4）。

图4　梅坪村产业规划布局图

4. 设施为盾，提升软硬环境

以“人”的需求为导向，坚持民生优先，以提升村庄生活、生产、生态环境为目的，完善基本公共服务设施及道路、给水、电力等基础设施建设，优化村庄空间布局，塑造和谐秀美的乡村生活空间。

（1）道路设施规划，现有村干道作为与外界联系的主要通道，路面宽度仅3米，路面质量差，规划近期亟须进行扩宽及硬化：将现有村道及梅坪至村委会段进行拓宽，由 3 米拓宽至 7 米，路面全部实现硬化和行道树绿化，与仁和坪镇及其他村庄形成便捷交通联系；主要通组路由现状 3 米拓宽至 4 米，短期内实现路面硬化，形成多条环路，通达村民小组和主要居民点；同时设置公共停车场 7 处，主要设置在母猪碛水电站及村委会等地，供村民和游客使用。

（2）公共服务设施规划，以服务当地村民为主，兼顾旅游发展需要，沿村居民点集中区和各个村民小组布置不同等级和功能的公共服务设施，形成以村委会为核心的综合服务点、旅游服务中心及多个次要服务点。主要公共服务点：以村委会为中心，布置卫生室、商店、托儿所、文化广场、停车场等公共服务设施，满足全村居民的同时，为游客提供公共服务。以游客服务中心为次中心布置商店、文化广场、公共厕所、停车场等设施，为游客提供综合服务；次要公共服务点：以村民小组和旅游景点为中心，布置公共厕所、商店、游客服务点、停车场等。

5. 就业为根，促进村庄致富

引入“公司 + 农户 + 合作社”和“大户带动、典型引路”等模式，引导农民就地、就近就业、创业，从而增加农民收入、带领村民脱贫致富，推进“精准扶贫”，促进村庄社会经济和谐发展。发挥政府相关部门在村庄扶贫工作中的带动作用，由相关部门通过注入资金、拓展市场等方式带动村庄发展，为村庄发展奠定基础。以发挥返乡青年的能力为重点，从村庄中发掘能力，利用能人开展生态养殖、经济作物种植等产业，为村民提供示范作用，为村庄发展注入活力。

6. 人居为本，改善人居环境

本次规划在现有用地功能集成上，对原有功能进行整合。根据村庄移民安置需要，在用地西侧增加村庄安置居民点。新增托儿所、便民超市等公共服务设施，设置公共停车场 3 处。同时对排水沟进行梳理，保护南侧的山林景观和池塘，对镇村石林景观进行优化，新增两处公共绿地，并在绿地内部设置广场、景观亭、步行小径。增加路面宽度，绿化道路景观，优化田园景观，使其形成功能完善、环境优美、生态宜居的村庄居民点。

村庄现有住宅建筑以砖结构为主，还包含部分土、木结构建筑，且质量参差不齐，绝大部分风貌特色不突出。在本次规划中，分析现有住宅的使用功能及尺度，结合新的住房需求、保留乡村建筑风貌、融入土家建筑元素，对原有住宅建筑进行优化设计，满足村民住房需要。

五、结论

本文以“美丽乡村”规划问题为出发点，在对国内外乡村规划建设理论与实践总结的基础上，提出现有国内“美丽乡村”规划应该以产业发展为重点，从生态、文化、基础设施、就业、人居等方面提出了规划策略，并以湖北省五峰县梅坪村为例进行实证研究。上述研究对广大的中西部地区，特别是山区村庄发展具有一定的借鉴意义。但是由于篇幅有限，本文所选取的案例并不完全具有普适性，对于具有不同资源禀赋的广大乡村地区的规划策略，有待于更深入的研究。

参考文献请见原文。

（撰稿人：李星，中国地质大学（武汉）艺术与传媒学院硕士研究生；叶勇，中交城乡建设规划设计研究院有限公司城市规划师；许红梅，中国地质大学（武汉）艺术与传媒学院硕士研究生）

区域融入视角下美丽乡村的重构与实践

——以厦门市翔安区溪美村为例①

引 言

2012年，中共“十八大”报告提出了建设美丽中国的宏伟构想。2013年，习近平总书记关于“提高城镇建设水平，要依托现有山水脉络等独特风光，让城市融入大自然，让居民望得见山、看得见水、记得住乡愁”的讲话精神推进了村庄建设的大力发展，乡村建设再次被提到了国家战略高度。2013年，作为经济特区的厦门市开展了美丽厦门共同缔造的“十大行动”，“美丽乡村”建设为其中的重要组成部分。2016年，厦门市共有62个村庄开展“美丽乡村”建设。

国内学术界对于美丽乡村的研究主要从宏观背景、规划理念和参与主体等视角，提出了规划策略与实施路径。在宏观背景方面，乔文凯等人提出了在新常态背景下，自下而上与自上而下相结合的美丽乡村建设策略；姚敏峰等人提出了在新型城镇化背景下建设宜居可持续发展的小城镇；明思龙等人提出了在城乡统筹背景下对美丽乡村进行改造建设。在规划理念方面，已有研究包含了区域联动、聚落片区差异化发展下的全域旅游型“美丽乡村”建设理念；新型农村社区和产业园区两区共建，宜居、富民、和谐的美丽乡村综合规划理念；生态、业态、文态和形态“四态融合”美丽乡村建设理念以及“景村”融合或“产景村”一体化等“美丽乡村”规划理念。在参与主体上，主要体现为多元主体参与模式和全方位村民参与模式。

近年来，乡村独特的自然环境和人文背景为“美丽乡村”建设提供了发展条件，深入推进乡村建设的根本是加快产业转型升级，以产业美带动事业美，以事业美支撑乡村美。本文以2015年福建省美丽乡村——厦门市翔安区溪美村为例，在美丽乡村发展的背景下，以区域融入为视角，通过区域旅游产业规划发展

① 本文摘自《城市发展研究》，2017（06）：137－140。

建设乡村生态旅游产业，推进“美丽乡村”建设，希望能为其他地区的“美丽乡村”建设提供一些借鉴。

一、区域融入视角下的“美丽乡村”建设

在美丽乡村的实践中，各地纷纷打造“一村一品、一乡一业”等特色乡村单点发展模式，其根据地方环境，立足产业经济发展点，建设乡村主导产业，以产业带动发展乡村建设。以旅游型美丽乡村为例，其注重提升乡村内部品质，单质化发展旅游产业，缺乏整体性统筹规划、区域资源合理利用、周边村庄协调发展、基础设施共同建设等，存在旅游产品单一、亮点同质性强、旅游产业链不完善、集群效应弱等问题。

区域空间要素包括节点、轴线、域面及网络形式，其通过组合发展，形成区域空间结构。区域融入视角下的“美丽乡村”建设是将单点乡村整合到区域环境中，一方面可以从“点、线、面”三个不同层次将“美丽乡村”建设为单点精品村、主题乡村线、特色发展区等多层次的大区域美丽乡村；另一方面在进行乡村资源整合时，合理分布各个乡村特色要素，发挥区域整体的能动性与协调性，在空间规划中形成多点结合、多极发展、层次丰富、网络连通的美丽乡村格局。

具体在旅游乡村方面，以产业联动为基础，将旅游型精品村融入区域发展规划中，采用乡村联动发展的新型模式，因地制宜，形成具有不同层次、不同特色、不同功能、相互依存的综合体。在区域政策、功能、空间、资源等方面的导向下，在梳理乡村自身价值的基础上，明确乡村特色发展方向，根据主题旅游路线的串联，形成“点、线、面”不同层次，从单点精品村到主题旅游路线，进而在区域层面构成协同联动发展，打造区域产业的特色差异化。例如以传统民居、生态茶园、红色据点等特色精品村为发展点，通过村落民俗游线、田园生态游线、红色文化游线等旅游路线的串联，形成村落民俗文化区、生态休闲风情区、红色文化度假区等区域旅游发展规划，从“点、线、面”多层次融入区域的整体发展规划，具体的流程图见图1。

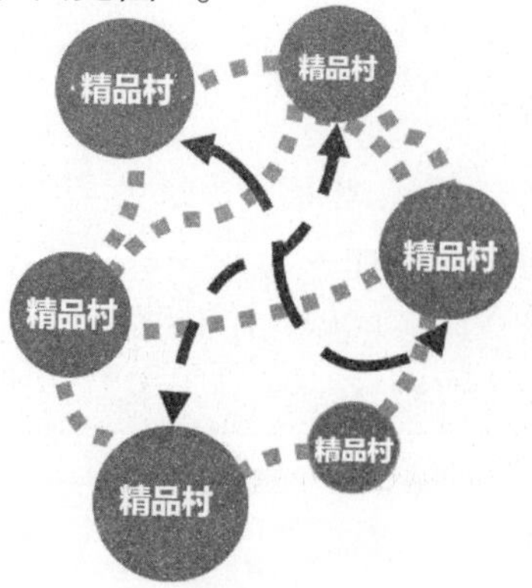

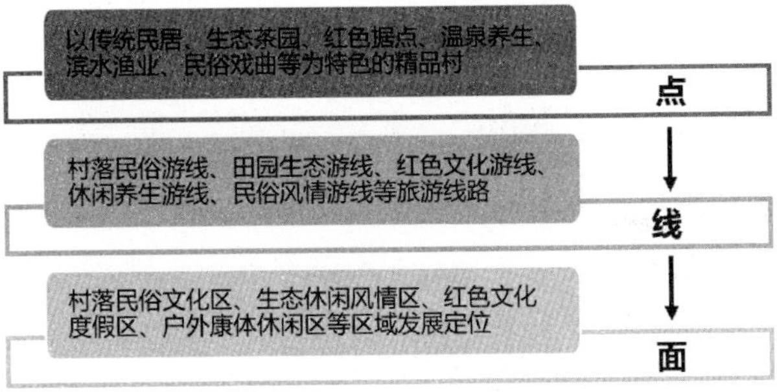

图 1　“点、线、面”区域联动发展示意图

二、溪美村美丽乡村实践案例

（一）溪美村概况

1. 乡村区位条件

福建省厦门市翔安区地处海峡西岸经济区最前沿，位于厦门岛东北部，东面与泉州市交界，南部隔海与厦门岛、金门岛相望。曾溪水库位于厦门市翔安区东北部，隶属翔安区新圩镇，距离新圩镇政府约 3.4km，距翔安区政府约 13.8km（图 2）。曾溪水库为小一型水库，非饮用水源，周边山地及农地保留大量基本农田，溪美村位于水库东侧。

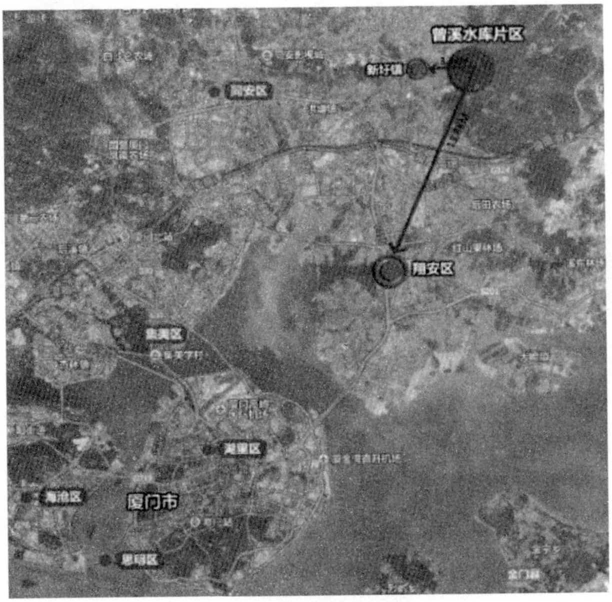

图 2　翔安区区位图

2. 区域融入的有利条件

从宏观外部条件看，在美丽厦门战略规划中，翔安区规划定位为美丽建设典范区域。同时厦门市委市政府 2014 年一号文件提出“推进三规合一，划定生态保护红线，明确山、水、田、城、路控制线，保障农业发展空间。依据地形地貌、自然特点、种植习惯，引导农民提升种植水平，实现区域化布局、块状化种植，打造农田景观和田园风光，提高农业综合效益，促进农民增收”的发展政策，为区域融入下的富美乡村建设提供了有利条件。

从村庄自身条件看，在自然景观资源方面有山林地、园地、耕地、湿地、水体等，在人文景观资源方面有闽南建筑、闽南文化等，生态旅游资源丰富。片区整体属山谷地貌，地势相对平缓，村庄地处背山面水环境（图 3）。区域内形成滨水开敞空间及环山聚拢空间，可因地制宜，策划旅游开发项目。规划片区南侧现已引进建设生态咖啡园发展项目，北侧的御宅村将建设为忠国御宅文化旅游故居，具有发展多点精品村相结合，形成区域轴向发展模式建设美丽乡村的潜力。

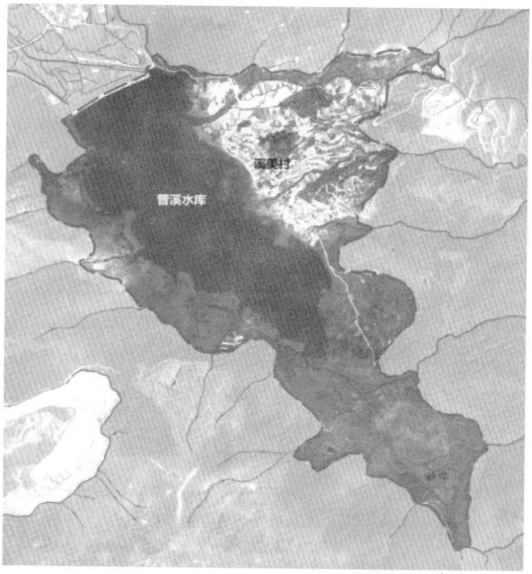

图 3　规划区现状图

（二）区域融入视角下溪美村重构与实践

在溪美村重构与实践中，根据翔安区旅游发展规划中“绿意山水户外康体区”的功能定位，明确北部山地生态旅游路线规划，进而从生态旅游产业、乡村设施建设、文脉记忆植入三个方面发展建设富美乡村溪美村，形成“面、线、点”不同层面的规划实践(图4)。

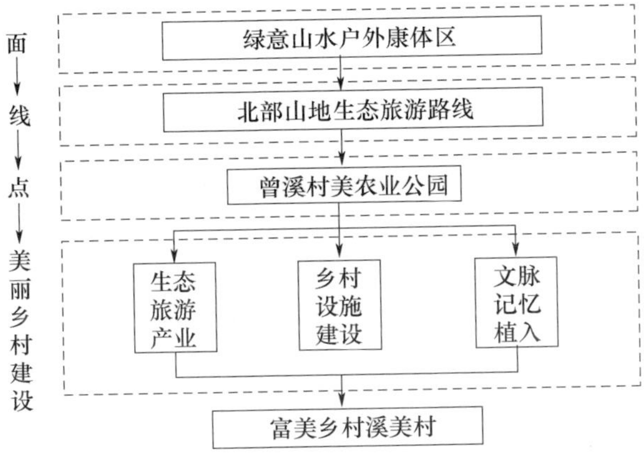

图4　溪美村重构与实践流程示意图

1. 从区域功能明确发展目标

厦门市翔安区旅游发展规划结构为“一心、两带、三极”，三极中规划定位其北部区域为“绿意山水户外康体区”。北部绿意山水户外康体区作为厦门岛的后花园，生态旅游资源丰富，规划形成“香山民俗生态旅游区、新圩生态农业休闲度假旅游区、大帽山山地旅游区”三大特色旅游片区（图5）。

同时，规划翔安区北部山地生态旅游线路为“东寮咖啡园—曾溪村农业公园—御宅古村—古宅十八弯—大帽山郊野公园—罗田大峡谷”。线路由南至北，贯穿翔安区北部山体，沿线景点特色鲜明，是美丽厦门建设的重点成果（图6）。通过把若干村庄孤立单薄的旅游资源整合为丰富多元的乡村旅游集群，分工协作，形成由点到线到面的多核心、多层次的空间格局，这也是溪美村美丽乡村建设的特色之一。

本次规划片区位于新圩生态农业休闲度假旅游区内，是其生态旅游发展的核心片区，同时是北部山地生态游线中“曾溪村美农业公园”项目的重点建设美丽乡村。

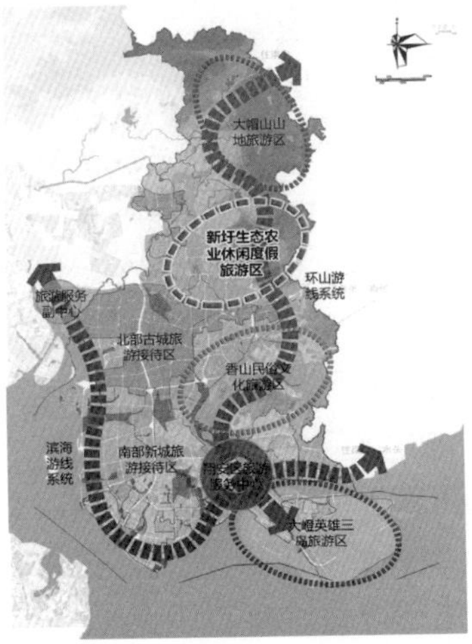

图5　翔安区旅游规划空间结构示意图

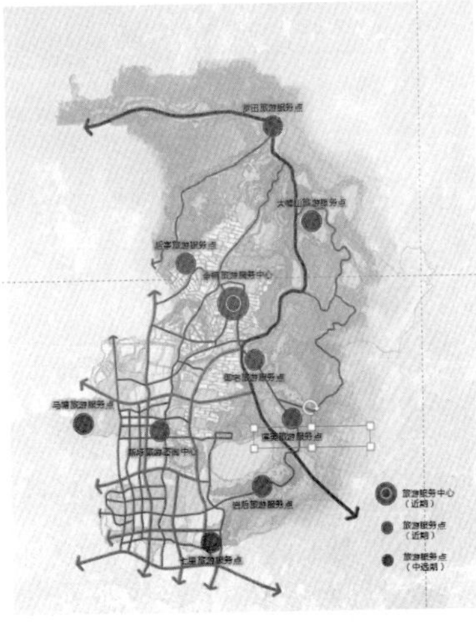

图6　翔安区北部山地生态游线规划示意图

2. 从发展目标确定总体布局

在翔安区北部山地生态旅游路线中，东寮咖啡园、御宅古村、罗田大峡谷等节点各具特色，通过各节点乡村资源整合，并根据区域的总体规划定位，结合规划片区生态环境优势，将山地生态旅游线路中的溪美村定位为曾溪村农业公园项目中的生态富美旅游区。规划形成“一水、一村、三园”的总体规划布局（图7），“一水”即为湿地生态公园，位于规划片区中央，是整个片区的景观生态核心区；“一村”即以溪美村为首的富美乡村，背山面水，是片区旅游产业发展的核心区域；“三园”指的是东北部和西南部的创意农业园与南部的花卉风情园，是片区内绿色生态产业的发展基地，促进片区产业发展。

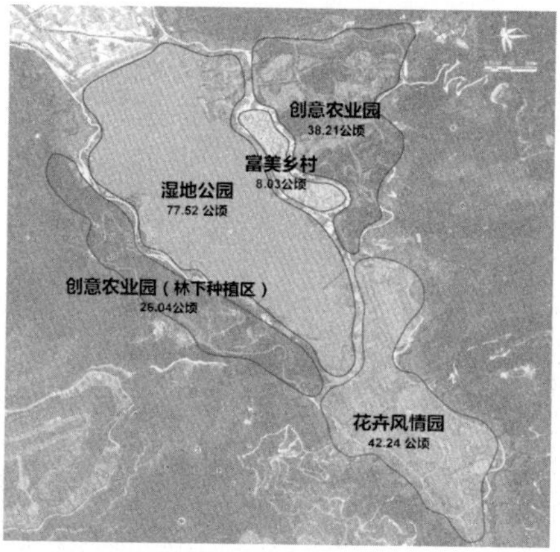

图7　规划片区总体布局分析图

3. 从产业发展推动乡村建设

根据溪美村独特的湿地生态环境，并结合“生态富美旅游区”的发展定位目标，培育特色生态旅游产业，推动乡村经济发展，使乡村环境、生态、产业等相互支撑，和谐共生。在生态旅游产业发展中，规划湿地生态公园，体验当代莲（廉）文化，观赏厦门市鸟白鹭等特色禽鸟栖息活动，感受生态湿地文化；建设创意农业园，培育种植闽南特色植物，体验闽南特色农家文化；打造花卉风情园，引入闽南热带花卉元素，栽培闽南、台湾特色花卉品种，进而建设特色生态富美旅游区（表1）。

在乡村基础设施建设上，改善村庄道路现状，增加公园入口停车设施，规划步行木栈道、环湿地自行车道等慢行设施，提升村庄的环境设施承载力。在乡村服务设施建设上，植入绿色空间，增加邻里、社区公园；增加开敞活动节点，对村庄的公共空间进行活化，并打造一处入口形象宣传区；结合水库区域养殖产业和闽南大厝，打造一处以吃淡水鱼为主的生态鱼庄，营造富有闽南渔文化特色的住宿、餐饮、商业风情街区；利用现有民居改造建设群众路线教育基地，游客服务中心。此外，加建公共厕所、便民诊所等设施，满足村民与游客的需求（图8），将生态旅游产业发展与乡村建设紧密联系，进而优化村庄旅游和居住环境品质。

表1 溪美村生态旅游产业建设项目一览表

建设项目	规划内容	项目特点
湿地生态公园	莲（廉）文化园、观鸟台、垂钓台、景观木栈道、湿地动植物科普馆、湿地净化污水处理区	体验当代莲（廉）文化主题；观赏厦门市鸟白鹭以及鸬鹚、黑嘴鸥等特色禽鸟栖息活动；体验闽南渔文化；多方面展示生态湿地文化。
创意农业园	东北部的农业园规划以田园风光、都市农夫为主题；西南部的农业园规划以亚热带海洋气候林下植物为主题	培育种植厦门市花三角梅以及闽南特色龙眼、咖啡等多种植物；体验闽南特色农家文化；栽培台湾九层塔、台湾山苏等特色引进植物品种；培养闽南特色食用菌、茶叶等，延伸了农业园的绿色产业链。
花卉风情园	规划建设花之海洋、花卉庭院、花雕园、花卉培育展示温室等项目	花之海洋以大面积大色块花卉观光为主题；花卉庭院采用各种花卉形式打造闽南风情园、海风情园；花卉培育展示温室展示了台湾引进的花卉新品种，与国际最新品种花卉公司进行合作。

图8 溪美村美丽乡村建设示图

4. 从人文背景植入文脉记忆

人文背景是乡村规划发展的基础和灵魂，规划片区位于闽南金三角地带，地域文化氛围浓厚，民俗活动、茶文化、戏剧文化等特色鲜明，传统建筑以闽南风格为主。通过对传统文化、民俗活动、特色建筑的传承与再发展，在传统节日中策划传统宗教文化、厦门博饼文化、民俗竞技等活动，对闽南寺庙、大厝、戏台、公共广场等节点进行空间营造，将片区文脉记忆与当代居民生活有机融合，植入于乡村营造、特色旅游等项目中，彰显区域独特的文化韵味，融入区域整体的人文背景中（图9）。

溪美村古榕广场现状　　古榕下居民民俗活动广场

图9　区域特色人文环境营造示意图

三、总结

随着“美丽乡村”建设热潮在中国的掀起，乡村建设成为美丽中国的重要组成部分。“美丽乡村”建设的关键在于对自然生态、特色产业、文化乡愁、可持续发展的尊重，通过生态文明建设和经济建设的有机结合，从而实现生态文明和经济社会互动发展。在厦门市翔安区溪美村的规划实践中，将乡村旅游单点发展与区域旅游产业结合，融入翔安区整体旅游规划中，并根据规划片区生态环境，结合发展定位目标，规划建设湿地公园、创意农业园、花卉风情园等生态旅游产业，带动富美乡村建设，营造了环境美、产业兴、村民富、文化浓的和谐美丽乡村，使村民们望山而作，栖水而居。

参考文献请见原文。

（撰稿人：高悦尔，华侨大学建筑学院讲师、工学博士，主要研究方向为城市土地利用与城市交通规划；涂哲智，华侨大学建筑学院；邬晓锋、杨春，厦门市城市规划设计研究院）

第五篇　村镇治理

村镇是国家治理体系的“末梢”，如何应对诸多挑战，丰富村镇治理实践手段，是一个富有生命力的话题。党的十九大报告提出“实施乡村振兴战略”“推动社会治理重心向基层下移”，提速村镇治理现代化进程；而“健全自治、法治、德治相结合的村镇治理体系”，为这一进程标识了工作重心，为未来的村镇治理指明了新方向。

村镇治理正处于基于外部性制度安排向基于内生型需求推动的制度创新大变革之中，是新时代加强农村基层基础工作、实施乡村振兴战略的内在要求，也是推进国家治理体系和治理能力现代化的重要途径。村镇治理对于研究处于转型和变革中的中国农村社会更具有广泛的适应性，能将社会变迁中的农村政治、经济、社会等诸多方面容纳进来，进行综合性分析。其通过对村镇布局、生态环境、基础设施、公共服务等资源进行合理配置和生产，促进当地经济、社会的发展以及环境状况的改善，同时不断提高广大农村居民的物质生活水平和精神文明水平，改变“脏乱差”的村镇现状，不断加强基层治理。

现阶段既是村镇治理的痛点凸显期，也是亮点催生期。村镇治理应站在国家治理现代化的战略高度，加强顶层设计，从村镇实际出发，积极稳妥地推动治理现代化、多元化。应聚焦体制创新，优化组织架构，重构基层权力运行体系，实现治理体制多元；探索自治、法治、德治三位一体，探讨治理体系多元；瞄准公共服务，寓管理于服务，凸显治理功能多元；借力外智，充实乡村精英人才队伍，形成治理主体多元；以融合思维激发活性元素的引领、贯通和渗透效应，力求治理机制多元。

因此，本章节选取《探索乡村建设的四两拨千斤之法——内置金融村舍及联合社体系建设是开启农村复兴之门的钥匙》《有限目标下小城镇环境综合整治规划思考与实践——以慈溪市周巷镇天元集镇为例》《乡村居民的就地城镇化意愿差异特征——基于两省21村的调查》《村民自治下的传统村庄规划管理——以曹家村灾后重建为例》四篇文章，以期这些村镇治理新探索能够提供可推广的典型样本和适宜借鉴的解决方案，以实在的治理行动助力乡村振兴战略，共建共享新时代村镇图景。

探索乡村建设的四两拨千斤之法

——内置金融村舍及联合社体系建设是开启农村复兴之门的钥匙①

自2009年开始，我们以郝堂村为起点开始了乡建之路，随着乡村建设的不断推进，我们的村庄遇到了截至目前最大的迷茫和焦虑，那就是大额投资下的乡建该何去何从。

曾经的乡村建设依靠基层组织和村民自筹。现在每年全国搞乡村建设，从中央财政到地方财政近几万个亿，这么多钱如何用在乡村建设才更有效率，产生的结果是否符合乡村建设应有的方向？为何经过反复尝试和实践仍旧“千斤拨不动四两”？

一、为何千斤拨不动四两——农村投资“活钱”变“死钱”，很难钱生钱

为什么“千斤拨不动四两”？是因为投向乡村建设的“活钱”变成了“死钱”，资金无法滚动是最主要的问题。乡村与城市发展一样要依靠资金的流动、产业的发展。政府将基础设施完善相应带来地价及开发价值的增长，政府的投资就提高了效率，实现国民财富的增加。但对于乡村来说，国家投放大量的资金进入，但农村产业的发展及农民财富并没有相应增加。

（一）原因一：分散的小农缺少农民组织，无法获得市场好处

在日本等农业产业发展很好的国家都有强大的农协等组织。这些组织极大的服务、支撑了农业产业的发展，保障了农民在产业发展中的权益。农民组织及农业产业组织强大的服务功能，把农民服务到离开农会、农协无法生存的地步。但中国大陆的农村缺少农协组织的支持和引导，无法在组织的帮助下完善农民主体性。千家万户的小农个体完全依赖市场，但却不能够保证可以从市场中获得相应的收益，从而导致农村经济发展千斤拨不动四两。

---

① 本文摘自《小城镇建设》，2017（03）：14－16。

（二）原因二：农民无财产，无信用，无法获得金融投资的服务

为什么我们的农民组织与国外强大的农民或者农业组织不同呢？以我的视角看，最根本的问题是无财产、无信用。在城市的经济发展链条中，不动产抵押贷款“死钱”变为“活钱”后，极大带动经济发展和人民财产性收入的增加。但在乡村农民由于无财产、无信用，无法实现不动产变现为“活钱”，投入市场获取更大的价值和财富，而且农民大多将收入投入到房屋的建设和改造当中，进入了“活钱”变成“死钱”的循环。没有产业的乡村无法经营，没有收益。

如果农民有财产权，也有信用，可以更加便利地获得金融工具的扶持，他们参与市场、创造财富和价值的机会将大大增加，农民将迅速从市场中获得利益，农业产业也更加具有活力，吸引并用好农村投资，增加农村自主发展建设的活力和能力，将极大减少政府的投入和引导压力。

二、如何四两拨动千斤——农民组织重建主体性，消除僵尸化、空壳化

通过深入改善农民组织的空心化、僵尸化，解决其在农村发展过程中不能够为农民提供服务、农民在市场中权利很小的问题。首先要重建农民和农民组织的主体性，要让农民的土地成为财产，要让农民或农民的组织有信用，让农民的钱投下去以后，因为小的增量把农村巨大的存量激活变得有价值，这才是乡建要干的事情。所以把农民重新组织起来，把资源资产资金集中经营起来，让产权实现和交易起来，是重建农民主体性的重要抓手。

如何做？中国乡建院的一个探索是要创建农村、农民的土地金融制度。让土地等成为农民的财产，让农民成为比城市更有信用的“人”，让农民的组织成为比一般的企业更有信用和服务能力的“主体”。怎样让农村的土地成为农民的财产？让农民成为一个比城市人更有信用的人？怎么做才能让农民的组织比一般的企业更牛？中国乡建院从河南信阳郝堂村开始进行实验。

（一）做法一：建立农民组织内部金融机构，实现资产变现，变“活钱”

2008 年至 2009 年 7 月，河南改革试验区政府给村民发放 70 年产权证，但银行不接受土地抵押贷款。我们在郝堂村创建信阳郝堂村夕阳红养老资金互助社，村社内置金融为农地、林地等承包经营权及集体成员提供抵押贷款服务。这种农民组织内部建立起的合作金融机制，被称之为村社内置金融，郝堂村的村民可以用自己的土地和房屋，在村子的内置金融里进行抵押贷款。以建房子为例，郝堂村的村民建房子不是由政府出钱，政府只是每个平方补助 130 元，我们坚决反对

农民建房子政府买单，也反对农民建房子到银行贷款，而是鼓励其在内置金融里面贷款，同时政府给予一定的贴息补贴就可以了。所以郝堂村的农民建房子速度很快。我们从 2011 年开始农民建房，2013 年变成了第一个全国的示范村，规模是很大的。

（二）做法二：通过搞活集体经济而将土地等“死钱”变成了“活钱”

郝堂村有了内置金融，我们通过金融把农民的土地收储起来，像土地银行一样集中存储，通过搞活集体经济而将土地等“死钱”变成了“活钱”。当时收储的价格是 2 万元一亩，现在郝堂村的土地价格是 40 万元一亩，郝堂村新农村建设的投资、建设，以及内置金融发挥作用以后，村集体经济至少积累了 6000 万。很多地方的新农村建设把村庄搞漂亮了，但是把农民手里的现金搞没有了，让村背上了一堆债务，把政府也搞穷了。郝堂村却没有，把集体经济搞富了，把农民也搞富裕了。郝堂村同时把乡贤和老人也设置到内置金融里面，通过机制给老人优先分红权，把村两委搞强了，我们传统的优秀的文化也找回来了。因为村社有内置金融以后，村民共同体出现了，中国的传统文化是生长在共同体制下的，没有共同体就不可能有传统的优秀文化，一家一户高度分散是不可能有传统文化的。

今天郝堂村村民的房子如果不用来经营而是出租，三间瓦房一年的租金差不多 5 万元。5 万元是什么概念？5 万元是农民的房子要值 150 万，因为 150 万存到银行里可以产生 5 万元收益。但如果郝堂村的村民在自己本村的内置金融里面贷款，3 间瓦房可以贷款几十万。由此郝堂村的村民依靠自己的财产，可以实现滚动发展。如今郝堂村农民自发建房不再需要政府管，能够自主往前走了。农民的资金投进去后，可以增加财产财富，同时可以用财产再贷款增加其他经营的流动现金。

郝堂村的经验在 2012 年被带到了湖北鄂州梁子湖的张远村继续实验，名字叫村社内置“金地融托”经济服务社。创建张远村资金互助中心，通过“土地托管”“房屋托管”“林木托管”实现土地、房屋、林地抵押贷款。用了 100 万的政府种子资金在张远村建设内置金融的合作社，乡贤出 20 万元，每个老人出 3000 元，组成了内置金融合作社，年轻人要贷款，存款 1 万，可以贷 3 万。把老人编成小组，八个人一组，把贷款指标放到老人小组里面去，年轻人要贷款，要通过老人小组申请，老人觉得这个后生很好，就可以用土地抵押贷款。

有了村社内置金融以后就把村民的土地转变为“活钱”。郝堂村土地曾经在内部互相转包是 88 元一亩，但小组连片把土地当成存款存到内置金融里面来后增加到 220 元一亩地，220 元相当于 8000 元存到银行的存款利率，所以一亩土地的价格是8000元。一个农户有10亩地存进来，就相当于8万元存款，内置金融开8万元的存折给农户。农户如果存20年会得到4%的回报，存30年得到5%的回报。这样把村里的1700多亩土地都集中起来，成为了一个金融产品。然后对集中起来的土地进行土地平整，土地在村内的转包价格变成了300元，经企业投资后，土地价格一亩地变成450元，就是说从88元变成了450元，土地的价格由8000元一亩变成了16000元一亩。这个土地就创造出财产性收入，农民的财富实现了增加。除土地整合外，内置金融合作社通过收存部分房屋，经过规划设计改造后作为企业的办公空间，同样将财产变成存款。因为有了合作社的金融服务，可通过土地抵押贷款获得资金后，将村中的剩余劳动力组织起来成立建筑队，通过工程项目获得新的收益。因为有了自己的金融服务，活化农民财产转化，通过金融加杠杆促进全新的新农村建设。

三、实现农民的财产权，建设农民的信用体系

对于实现农民财产权，我国提倡将高度分散的土地确权到银行里去抵押贷款，目前看实行起来困难较多。通过“集体所有制 + 农户承包制 + 村社内置金融”就可以解决农民的财产权实现难，在内置金融里边来实现。财产权能够实现，信用体系就可以建立起来，信用体系建立起来了，内置金融村社联合社这个体系就可以为农民提供更多生产生活方面的服务。

四、建立内置金融村社体系的意义

第一，建立内置金融村社体系回应了中央的一系列改革要求。比如土地确权的意义、如何实现中央的一号文件要增加农民的财产性收入等。什么叫财产性收入？农民的财产能够抵押贷款2万元，农民用2万元去做投资，这个投资带来的收益就是财产性收益。

第二，解决了农民贷款难的问题。可以搞农村保险，可以搞产权交易，可以建立农村新的信用体系，加强基层组织的服务能力或治理能力。可以探索新集体经济的实现形式，可以完善三农金融体制，可以打造新型的主体。可以使农村金融资金效率大大提高。

第三，避开产业产能过剩，通过为农民服务实现新的产业整合。

五、结语

中国的传统文化是生长在家族共同体的土壤之上的，后来家族共同体社会改成了村社共同体社会。改革开放后，村社共同体消亡了，家族共同体恢复不起来，导致今天的农村是无共同体社会。如今新时期要重新引导农村，要治理农村，必须要重建农民的村社共同体，重建村社共同体的文化。通过村社内置金

融，建立内置金融村社，建立起农民的财产权，以及农民的信用体系，由共同体为农民提供服务，农民依赖于共同体，新的文化逐渐生发出来。离开了共同体的建设不可能有乡村的未来。

（撰稿人：李昌平，中国乡建院院长，广东外语外贸大学云山学者，三农问题专家）

有限目标下小城镇环境综合整治规划思考与实践

——以慈溪市周巷镇天元集镇为例①

全面开展小城镇环境综合整治是浙江省继美丽乡村、美丽县城之后的又一美丽行动，是“两美”浙江大战略的重要内容。浙江省计划用三年（2017—2019年）时间，整治全省1191个乡镇和独立街道，“使全省所有乡镇环境质量全面改善、服务功能持续增强、管理水平显著提高、乡容镇貌大为改观、乡风民风更加文明、社会公认度不断提升，打造一批各具特色的洁净小镇、活力小镇、风情小镇，使小城镇成为人们向往的幸福家园”。

改革开放后的近四十年，我国小城镇经历了曲折变化的发展过程，在快速工业化和城镇化的大背景下更多扮演着配角，因此小城镇的发展与建设也缺乏较为系统的理论与技术体系。随着新型城镇化新阶段的开启和乡村振兴战略的实施，小城镇的角色与地位已悄然发生改变，新时代将赋予小城镇新的历史使命。但由于多年的配角式发展，使得小城镇积累了诸多的问题，如功能设施不健全、空间秩序紊乱、内涵与特色缺失、生态环境破坏等，各类“城市病”“农村病”在小城镇并发。当前，我国进入全面建设小康社会决胜阶段，全国层面启动小城镇环境综合整治促进小城镇空间更新发展势在必行，任务艰巨。本文尝试通过总结浙江省具体案例的规划经验，为全国层面小城镇环境综合整治工作的推进提供探讨的基础。

一、小城镇环境综合整治的现实困境

（一）高改造成本与有限财政能力的矛盾

小城镇环境综合整治涉及道路交通、市政水电、河道水系、环卫设施及街道立面、绿化广场等多重领域，牵涉面广、改造内容多、工程量大，且多为以财政

① 本文摘自《小城镇建设》，2018（02）：29－36。

投入为主的政府项目，整治成本较高。如建德市梅城镇环境综合整治，计划实施道路、水域景观、停车场、市政及背街小巷等25个改造项目，估算总投资达到7.13亿元。而梅城镇2016年财政总收入仅为2.44亿元，这意味着如完全由本级财政承担，需要3~5年甚至更长远的期限才能陆续完成这批整治任务。而梅城镇是浙江省经济强镇，相比之下一般镇的财政压力更大。

（二）高社会期望与有限市场参与的矛盾

由于小城镇环境综合整治本着从根本上改善和提升城镇环境品质的目标，承载着政府、企业、社会、居民的厚望，因此“是补齐生态环境短板的重中之重、加快经济转型升级的有力举措，也是提升城乡发展质量的关键环节、提高人民群众获得感和幸福感的民生工程，还是推进基层治理现代化的重要平台”。但由于整治项目多为政府工程，存在投入成本高、直接回报率低甚至零回报的特点，很难吸引社会资本参与。在一些具有优质资源或靠近大中城市的小城镇，市场参与度相对较高，但社会资本也往往在整治后期有一定成效之后进入。

（三）多样化社会需求与有限公共供给的矛盾

相比城市与农村，小城镇拥有更为多元的利益主体、产权属性及住宅形式。利益主体包括政府、企业、城镇居民、农村居民等；产权属性包括国有土地、集体土地；住宅形式包括商品住宅、宅基地自建房等。由于建制镇大多是基于行政村基础发展而来，因此村民、集体土地、宅基地等成分在小城镇中往往占有较大比重，这在一定程度上要求小城镇环境综合整治需兼顾不同利益主体的诉求，合理配置有限的公共供给。

（四）多职能管理任务与有限行政职权的矛盾

在现有管理体制中，小城镇是县管辖的有限行政职权的行政主体，其行政管理架构是部分承接上一级行政事权的职能配置。但随着小城镇在城乡融合过程中地位与作用的提升，城镇职能也越来越综合，如城镇规划、建设和管理，改善基础设施和居民生活设施，提供社会保障，环境与资源保护，外来人口管理，文化交流等，现有的职能配置已暴露出诸多不适应。小城镇在履行上述职能的很多权限和机构都不属于镇政府，存在权力与责任不对等、事权与财权不对应等问题。此外，由于部分职能条块关系不顺，加之小城镇所管辖空间有限，存在多部门事权交叉、界限不清的现象，容易产生缺位与越位现象（图1）。

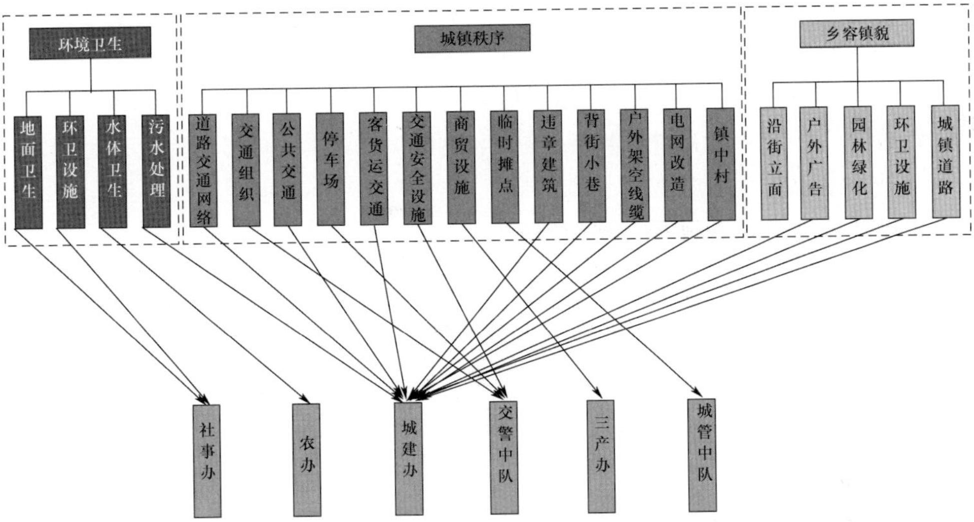

图1　天元集镇环境综合整治现状管理框架图

二、小城镇环境综合整治的解决之道

（一）理念与方法

1. 深入调研，精准把脉，瞄准核心问题

小城镇环境综合整治因问题而起，在规划和实施过程中要坚持问题导向，做到靶向精准。由于所处区位、发展历程、经济基础、规模大小等不同，小城镇之间也存在明显的建设水平差异，在环境整治方面面临的问题也各有侧重。因此，小城镇环境综合整治规划需通过深入、详尽的基础调研，聚焦核心问题、梳理典型问题，精准把脉，使整治对策与整治项目的确定更有针对性和实效性。

2. 多规衔接，统筹协调，着眼整体提升

小城镇环境综合整治作为落实新型城镇化和乡村振兴战略的重要举措，总体上必须树立高远目标，着眼整体提升，做好顶层设计。把环境综合整治作为小城镇建设牵一发而动全身的“牛鼻子”和突破口，加快完善治理体系，推动小城镇经济、社会、文化全面发展。以小城镇环境综合整治规划全面统筹各类专项环境治理行动规划，明确总体目标、落实分期任务，使之成为具有全局统筹意义的综合性和纲领性规划。同时，加强与城镇各类已编的城乡规划、土地利用规划等相衔接，强调规划的科学性与落地性。

3. 有限目标，民生导向，突出整治重点

小城镇环境综合整治必须基于小城镇自身财政能力，从核心问题入手，有限目标、量力而行，不做表面文章。聚焦显著问题、重点问题，精准发力，突出分阶段整治任务，划分一般整治和重点整治区域，并分别采取中观指引、微观示范的方式，循序渐进。坚持以人为本、民生导向、底线思维，把群众最关心、最直接、最现实、最迫切的民生问题作为切入点与突破口。浙江省小城镇环境综合整治，结合具体省情与共性问题，提出以规划设计引领、卫生乡镇创建、“道乱占”治理、“车乱开”治理、“线乱拉”治理和“低小散”块状行业治理等六个专项行动为重点，全面落实“一加强、三整治”18 项工作任务，并制定《浙江省小城镇环境综合整治三年行动计划》。

4. 创新机制，多方筹资，保障整治效果

小城镇环境综合整治，是一项高成本投入、长回报周期的政府工程。资金瓶颈是最大的瓶颈，财政压力是最大的压力。从建立长效机制角度，需要创新机制，吸引社会资本参与。浙江省小城镇环境综合整治的资金来源目前主要包括五个部分：地方财政、上级转移支付、投融资平台、社会资本及考核补助。此外，为加快推进整治进度、保障综合整治效果，各地结合自身优势积极探索管理机制创新。如浙江多地实践的 EPC 建设模式，借助央企人才、技术、经验、资金等优势，采用设计、采购、施工一体化的工程总承包，有效解决传统项目审批周期偏长、设计施工衔接不畅、投资规模不可控等问题，并简化招标环节，大大节约项目周期。

（二）路径与保障

1. 三方力量协同，建立长效管理机制

小城镇环境综合整治是一项系统工程，涉及面广、利益主体多、技术要求高、实施难度大，既离不开政府的统筹协调，也离不开技术团队的全程支持，更离不开利益主体的积极配合。因此，需要管理部门、设计团队、城镇主体等三方力量协同，建立长效机制。浙江省为保障综合整治工作顺利推进，专门成立了以管理部门为主体的领导小组和专项整治小组，建立了以设计院为主体的机构库和专家库。具体整治行动中由设计院、镇政府和各专项整治小组共同谋划整治建设项目和管理机制，关键环节、关键节点发挥各利益主体的主体作用，形成“政府主导、社会协同、公众参与”的整治机制，促进环境综合整治带动就业增收与增值。

2. 四个维度联动，落实四大整治任务

借鉴浙江省的经验，小城镇环境综合整治需基于长远目标和整体效果，从空间、生态、文化、产业四个维度出发，重点落实四大整治任务，即以城市功能修复为目标，落实城镇秩序整治任务；以生态环境修补为目标，落实环境卫生整治任务；以地域文化彰显为目标，落实乡容镇貌整治任务；以产业转型提升为目标，落实低小散企业整治任务。通过点状突破、以点带面，实现整体提升。整治过程中具体做到四个结合，即局部与整体相结合、治标与治本相结合、公益项目与社会（企业、个人）项目相结合、近期与远期相结合。

3. 四个层面支撑，缓解整治资金压力

从长效目标出发，小城镇环境综合整治需拓展多方筹资渠道，建立合理的分担机制，主要包括省市扶持资金、地方财政、项目融资、社会资本等。以各级财政投入和项目融资作为启动资金，快速产生效果，吸引社会资本参与。因此，小城镇环境综合整治规划必须从顶层设计角度厘清政府项目与社会项目、公益性项目与经营性项目，精心策划，合理确定建设时序，分期滚动推进，实现良性循环。

三、周巷镇天元集镇小城镇环境整治规划实践总结

（一）深入调研，精准把握核心问题

1. 城镇建设水平与经济强镇的地位不相匹配

天元集镇为原天元镇所在地，2013 年合并至周巷镇，但集镇功能仍然保留。天元集镇所在的周巷镇是浙江省经济强镇和工业重镇，先后被列入浙江省“小城市”培育试点镇和宁波市“卫星城市”试点镇。2016 年财政总收入 14.18 亿元，在全国百强镇中列第 89 位。境内个体经济发达，中小企业密集。天元集镇素有中国古旧家具“民间故宫”之美誉，形成了以永淦古玩、启发家具、阿尔特家具为代表的全国古旧家具整修、仿古制作的最大集散基地。相比经济发展水平，目前天元集镇的城镇建设明显滞后，无论是空间规模还是功能配置已无法满足快速的经济发展要求。在天元集镇的老镇区，空间与功能的局限对产业的制约尤为突出（图 2、图 3）。

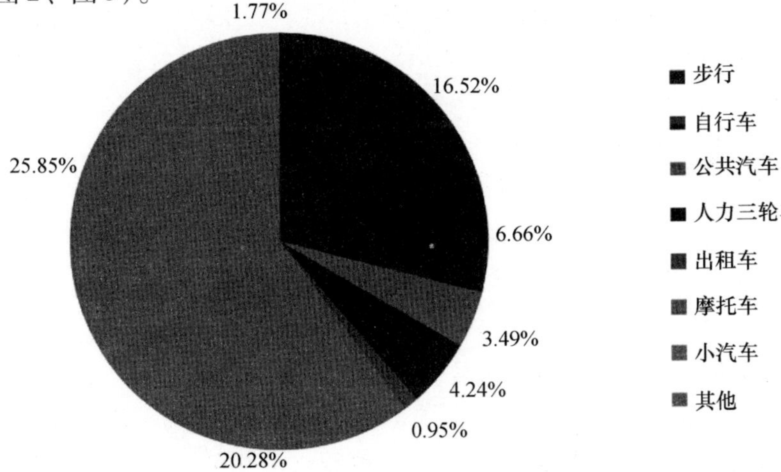

图 2　天元集镇出行结构调查分析图

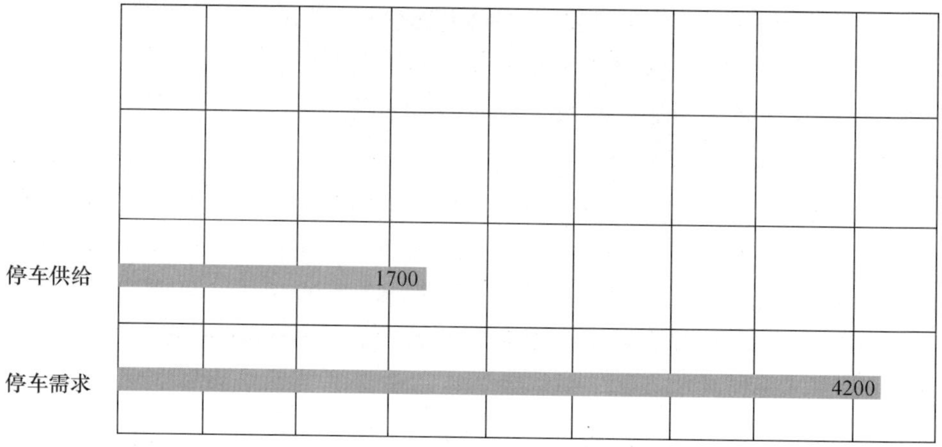

图 3　天元集镇机动车停车供需分析图

2. 城镇环境品质与小城市试点目标不相匹配

作为浙江省小城市试点镇，虽然在行政上仍为建制镇，但在城镇功能与设施配套上，已按照城市标准打造。在周巷由“镇”向“城”的转变过程中，城镇的环境卫生、交通秩序、风貌格局、环境品质等配套功能尚处在升级转换中，对应“城”与“镇”的配套匹配存在一定的矛盾。与此同时，因周巷镇是由原周巷、天元合并而成，合并后尽管城镇行政中心已集中至周巷，但天元的公共服务和商业中心依然存在，其空间格局和发展模式仍一定程度上延续着集镇的发展路径，对城镇环境品质的提升形成较大制约。

3. 空间利用效率与产业转型需求不相匹配

过去三十多年，天元集镇的经济发展主要来自于工业的单一驱动，但因工业门类杂、中小企业多，工业用地低效利用问题严重。在天元集镇，古旧家具制造类企业用地约占集镇总工业用地的 30%。但除了阿尔特家具、天元明清家具、博古家私、启发家具等大中型企业外，大部分为小规模个体家具厂。现状低小散企业占据大量的产业空间，不利于大中型企业的发展壮大和上下游关联企业的进入，制约了产业的转型升级和产业链延伸。同时，低小散企业的无序分布也对居住环境造成一定干扰（图 4）。

4. 街巷风貌特征与城镇人文底蕴不相匹配

天元集镇立镇历史悠久，商贸发展源远流长。自清乾隆三年（公元 1738 年），以西界塘路为中心已形成集市，清朝中叶天元已成姚北名镇。每逢农历十月下旬（廿七）兰街庙会期间，宁绍地区商贾小贩云集，一时人群熙攘、百货纷呈，并有老百姓喜闻乐见的传统文艺表演。至今沿革百年，天元仍有一种浓厚的文化气息。但由于过去几十年集镇的建设重心主要集中在空间规模扩张和工业

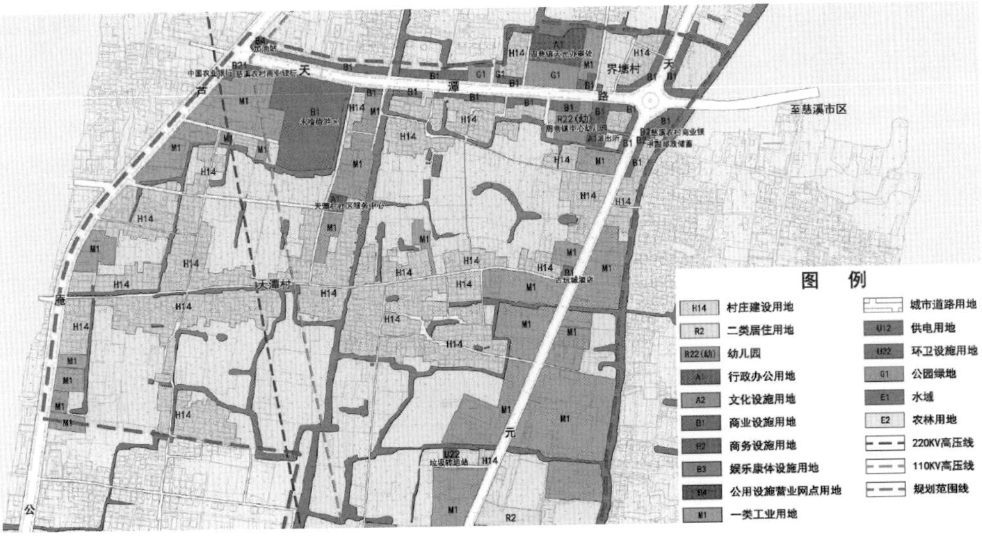

图4　天元集镇建设用地现状图

经济发展上，对城镇整体风貌和特色形象塑造方面有所忽视，对主要街巷沿街立面和入城口景观缺乏控制，对背街小巷的投入改造力度不足，对具有地域特质的历史人文内涵挖掘不够，导致城镇整体风貌形象不突出和可识别性不佳。

（二）全面统筹，精确落实分期任务

1. 制定以统筹各类行动计划为目的纲领性整治规划

近年来，天元集镇针对“三改一拆”“四边三化”“五水共治”“治危拆违”等陆续编制有多个专项环境整治规划，但各规划多关注局部地段或某一专项的问题，缺乏整体统筹。小城镇综合整治规划通过对已有各类规划和行动计划的梳理，结合实际情况，并充分对接城镇总体规划、土地利用总体规划、片区控制性详细规划等已有规划，制定集镇近远期整治目标、划定近期整治范围，明确近三年整治任务。

2. 明确分期整治目标与任务

就浙江省“治脏、治乱、治差”三大环境整治任务而言，天元集镇主要面临的任务是“治乱”，包括道乱占、车乱开、摊乱摆、房乱建、线乱拉等问题。近期目标为用三年时间针对交通混乱、镇中村混杂、城镇风貌不佳等问题，以环境卫生、道路交通、沿街景观整治为重点，形成整洁有序、幸福宜人的宁波活力卫星城镇新面貌，争创“国家卫生城镇”“国家园林城镇”；远期目标为通过环境整治最终全面提升小城镇生产、生活、生态环境质量，探索产城融合、生态宜居的美丽小城市可持续发展之路，打造全国小城市建设样板。规划通过综合分析评估，划定天元集镇区1.35平方公里作为近三年整治范围，其中核心区0.15平方公里作为重点整治范围。同时根据省整治要求落实三大重点整治任务，即环境卫生整治、城镇秩序整治和乡容镇貌整治（图5）。

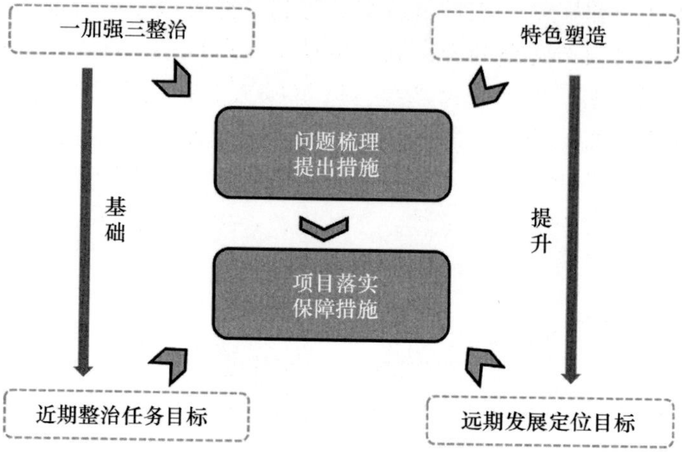

图5　整治目标与任务分解示意图

（三）重点突破，精心引领环境品质提升与产业转型

1. 以城市功能修复为目标，落实城镇秩序整治任务

以打造精品小城市为目标，坚持民生导向，补齐功能短板。在天元老镇区，一是通过改造污水管网、完善垃圾中转站、公共厕所等环卫设施，改善老镇居民的居住环境质量（图6、图7）；二是通过拆违拆危、河道水系治理，增加绿地、广场等开敞空间，为居民提供休闲健身和邻里交往的公共场所。

图6　天元集镇污水管网整治分析图

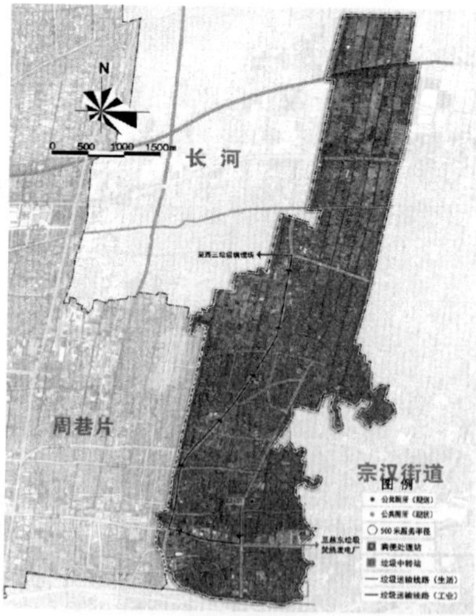

图7　天元集镇环卫设施整治分析图

以道路街巷治理为抓手，整治道乱占、车乱开、摊乱摆等问题。一是通过打通断头路，优化道路网络，实行货运交通管制，提升道路通行能力，缓解集镇交通拥堵。二是通过改造道路断面，满足机动车、自行车、行人、停车及街道两侧商业店面的不同需求，提升街道功能，恢复城镇空间秩序（图 8）。三是合理渠化交叉口，疏通交通拥堵点，规范交叉口信号灯设置，提高道路通行效率。四是规范路内停车泊位设置，在保证道路畅通的前提下进行适量工程性改造，沿路挖潜部分停车位，缓解停车供需矛盾。五是加强管理，规范停车秩序，严管路内占道经营。

图 8　天元集镇道路断面整治分析图

以综合管线治理为抓手，整治线乱拉的问题。规划对主干道路及次干道路线缆进行地埋改造，拆除原有入户飞线，移除原有通信杆，入户线缆全部共建共享。老镇区根据原有线路分布情况、建筑立面特色、周边绿化景观因地制宜探索十大整改方法（图 9）。

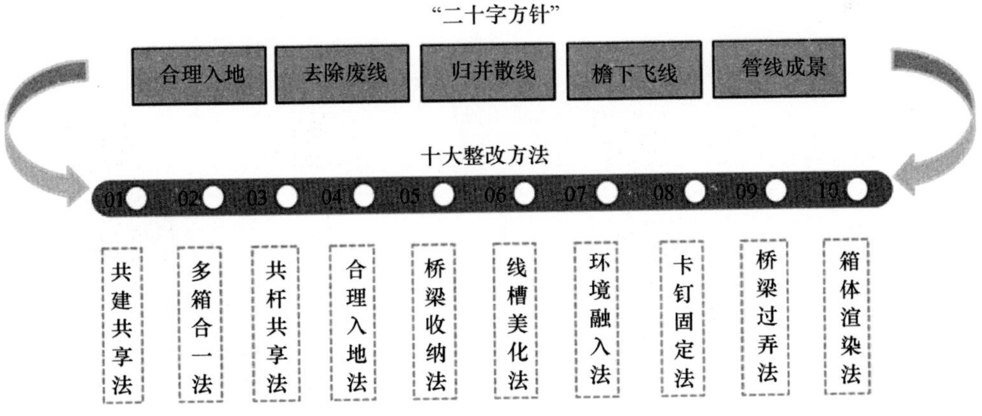

图 9　老镇区十大整改方法

2. 以地域文化彰显为目标，落实乡容镇貌整治任务

挖掘地域文化符号，展现地域特色风貌。有效保护、合理利用天元集镇历史文化资源，并充分结合地方优势产业特色，加强整体风貌管控。通过充分挖掘集

镇历史悠久的经商文化、名扬海内外的古旧家具文化、逐渐兴起的古玩文化内涵，重点提取明清建筑形式及建筑构造元素，全面引导重点街巷、重要节点、特色建筑、景观小品的整治提升，塑造源自地域文化和地方特色产业的城镇风貌。强化整治项目的设计引导，把文化元素融入小城镇的大街小巷和居民生活场景中，有机更新现存的传统街区、传统民居和老厂房，形成有内涵的公园、有记忆的街区、有故事的小镇，展示浓郁的市井文化、民俗风情和地方特色（图 10 ~ 图 12）。

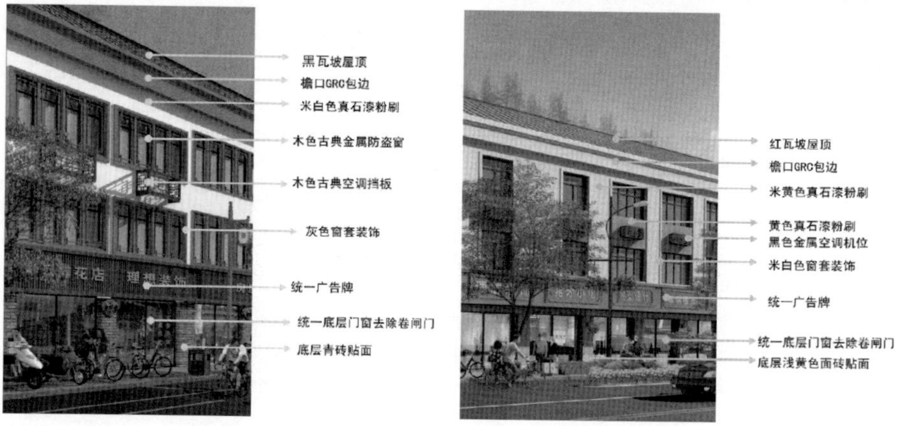

图 10　天元集镇主要街景立面改造方案示意图

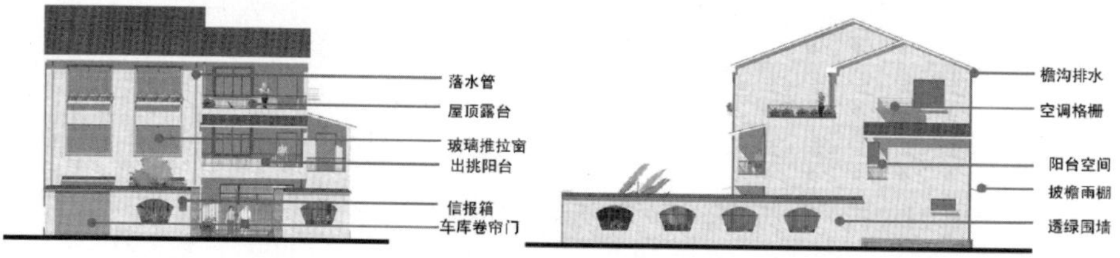

图 11　天元集镇浙东民居设计方案示意图

图 12　天元集镇天潭路整治实景图

3. 以生态环境修补为目标，落实环境卫生整治任务

天元集镇地处滨海平原，区内水系发达、水网密集。集镇内现有大面积的河道和坑塘水面，丰富的水系资源是具有重要景观利用价值的自然环境要素。但由于工业发展造成水体环境严重破坏，水体、水岸景观不佳，生态环境堪忧。整治规划通过“河道综合治理、规范企业排污、控制畜禽养殖、加强水体保洁”，实现水生态环境的整体修复。其中，河道综合治理包括：全面消除黑臭河，进行河道疏浚、护岸加固、护岸绿化，实现“水清、流畅、岸绿、景美”的河道整治目标。同时，对河道蓝线和绿线范围内的违章建筑进行拆除，建设滨河绿化，植入小品、休闲座椅等，打造居民休闲游憩的公共空间。

4. 以产业转型提升为目标，落实低小散企业整治任务

基于民营经济发达、大中型企业亟需转型升级的诉求，规划通过整理“低、小、散”企业，缓解居住与企业用地混杂的问题，在改善人居环境的同时，也为主导型产业转型升级腾出空间。针对实际情况，规划提出保留、整合、搬迁、退出四大整治对策。重点保留天元明清家具、阿尔特家具、博古旧家具、启发家具四家古旧家具大型生产企业；对与城镇定位相符的小微家具企业，如中太家具、长申古玩家具等，实施整合集聚发展，统一搬至智慧生产区；对基地内发展较好的非主导型大中型企业，如宁波科飞电器等，建议远期搬迁至周巷城东智能家电科技园区；对“四无”“低小散”，以及不符合国家、省产业政策的落后产能涉及企业实施“退二进三”，逐步退出。

结合整治过程中的产业空间整理，植入古旧家具专业交易市场、会展中心、产品研发基地等功能，使古旧家具产业从生产、加工、销售到后期运营、服务，形成完整的产业链。并可进一步延伸文化体验、旅游休闲功能，将古旧家具产业与旅游业、建筑装饰装潢业、展览业等跨界融合发展，引导观光式、体验式、互动式旅游。

目前，通过综合整治，素有“中国古旧家具民间故宫”美誉的天元古玩街开始焕发新的活力，已形成集休闲、旅游、淘宝、文化交流展示于一体的明清风格古玩特色街。在此基础上，天元正在谋划“古香艺宝”特色小镇的打造。

（四）量力而行，精选政府启动项目

从利于改善民生、利于塑造整体形象和易于产生整治效果的角度，优先选择城镇主要入口、主要街道、步行街巷、街头广场、公共建筑等重要街区、重要地段和重要节点作为重点整治对象，并针对核心区块、商业街、生活性街巷、交通性街巷、门户节点、景观性节点、交通性节点编制整治设计指引。

通过对天元集镇环境综合整治资金测算与分期可投入资金情况的分析，界定“一园一点三轴”为近三年整治重点，即古香艺宝博览园、天元大道与开发路交

叉入城口节点和天元大道、镇北路、芦庵公路三条道路风景轴，总投资约为8500万元（不含新建项目）；界定“一点两线两片”为2017年度整治重点，总投资约为2200万元（不含新建项目）（表1）。

表1　2017年度“一点两线两片”重点整治项目一览表

序号	整治项目	项目编号	项目主要内容
1	入口节点改造	1	梳理夜叉口场地，增加入口牌坊，提高入口标识性
		2	路面修缮，增设红绿灯、道路指示牌
		3	治理车乱开、道乱占、线乱拉
		4	灯光照明提升
2	天潭路沿线提升工程	5	沿街立面提升（建筑墙体清洗、刷新、增设空调机格栅）
		6	绿化水平提升
		7	完善停车场配置
		8	景观围墙改造
		9	治理车乱开、道乱占、线乱拉
3	芦庵公路沿线改造工程	10	厂房整治（消除蓝色屋面、低小散块状行业整治）
		11	沿街立面提升（建筑墙体清洗、刷新、增设空调机格栅）
		12	绿化水平提升
		13	企业围墙改造
		14	路面修缮，增设红绿灯、道路指示牌
		15	治理摊乱摆、道乱占、车乱开、线乱拉
4	天元广场提升工程	16	绿化及小品设施提升（包含庭院绿化整治）
		17	景观照明提升
		18	建筑立面提升（建筑墙体清洗、协调、增设空调机格栅）
5	永淦古玩城提升工程	19	厂房整治（消除蓝色屋面、低小散块状行业整治）
		20	绿化及小品设施提升
		21	景观照明提升

为保障小城镇环境综合整治规划落地，慈溪市委、市政府在总结现行管理与实践经验基础上，积极探索长效管控机制和综合协调机制，如创新设立“慈溪市村镇建设管理中心”，理顺市镇两级行政职权关系；制定整治项目资金补助奖励政策和市镇两级共同分担机制，积极尝试采用PPP、EPC等方式筹措资金，发起“关爱家乡”行动，发动乡贤参与小城镇环境综合整治行动等。

四、结语

小城镇环境综合整治是新时代背景下小城镇实现社会经济转型发展和空间有机更新的内在要求，面对新型城镇化和乡村振兴战略带来的历史性契机，小城镇环境综合整治任务显得尤为迫切。未来，小城镇需要更多参与区域分工，融入区域协同发展。而环境综合整治，通过功能补短、环境改善、特色塑造，吸引人才、产业、资本、信息等高端要素集聚，为小城镇产业结构优化和实现内涵式提升发展提供支撑。但面对客观存在的现实困境，小城镇唯有以“有限目标、量力而行、因地制宜、循序渐进”的理念和方法方能寻得破解之道。这必定对规划编制与实施管理提出更高的要求。

参考文献请见原文。

（撰稿人：厉华笑，浙江大学城乡规划设计研究院副院长，教授级高级规划师；谢浩东，浙江大学城乡规划设计研究院主任工程师）

乡村居民的就地城镇化意愿差异研究

——基于两省21村的调查①

一、引言

城镇化是伴随工业化的发展，非农产业在城镇空间集聚、农村人口向城镇不断集中的自然历史过程，也是人类社会现代化变迁的客观趋势。对于城镇所处的广大农村腹地而言，城镇化是解决农业农村农民问题的重要途径。然而1990年代以来，持续快速的城镇化推进导致全国出现了不均衡的城镇化现象——城镇建设用地增长快于城镇人口增长、常住城镇人口增长快于户籍城镇人口增长。根据国家统计局的官方数据，2015年全国常住人口城镇化率已达到56.1%，而户籍人口城镇化率仅为39.9%。影响农村人口最终进城的意愿并落户定居的原因是多方面的，既存在宏观层面因素，如国家人口政策和产业发展政策；也有中观层面的地方发展差异，如特大城市的入户门槛限制等；更有微观层面的个人主观意愿与实现条件，如农村人口的择居观念变化和代际差异等。不同地域农村人口的城镇化意愿差异与成因，是当前我国城镇化动力研究领域的重要议题。

作为新型城镇化的重要实现类型，“就地城镇化”在预防和治理“城市病”，解决传统异地城镇化带来的问题等方面具有举足轻重的作用。十六大后，中央提出了“坚持大中小城市和小城镇协调发展”的城镇发展方针，《国家新型城镇化规划（2014－2020）》进一步明确了这一全局均衡发展的方向。因此，在新型城镇化的今天，对于不同程度的城镇化内涵与不同地区的城镇化吸引力差异，农村人口自身的主动选择性进一步加强，主观诉求更加多元复杂。本文在海南、福建两省的农村实地调研数据基础之上，对本地农村人口的就地城镇化意愿形成方向和实现条件差异进行分析，并结合地区类型和意愿实现条件进行成因判断。

---

① 本文摘自《规划师》，2017（06）：132－138。基金项目：住房和城乡建设部研究项目（项目编号：建村〔2016〕71）；广东省自然科学基金资助（项目编号：2015A030310276）；深圳大学新引进教师科研启动项目（项目编号：201538）。

二、相关研究

（一）“城镇化意愿”的研究进展

作为城镇化动力机制的重要因素，“城镇化意愿”是农村人口接受城镇生活与城镇身份的意愿程度，反映了农村人口最直接的主观生活倾向，是个体能动性的直接反映。正如贺雪峰将这一主观意愿表述为“村庄生活的面向”——“村民建立自己生活意义与生存价值时的面向”，这一面向不仅具有个体特征，也具有显著地域差异的集体倾向，是重要的城镇化动因。近年来，随着地区发展水平差距、城乡二元结构矛盾的持续存在，对我国城镇化意愿的地区差异研究日益受到关注，主要研究结论集中反映在两个方面：意愿形成方向的分化和意愿主体条件的差异。

首先，意愿形成方向的分化，即农村人口的城镇化选择方向出现日益显著的差异，是去镇区还是不同级别的城市？这一主体决策受到不同地区的经济发达程度和城镇化水平影响，地域差异比较明显。如罗震东、韦江绿等以常州为例，发现长江三角洲高度城镇化地区的乡村居民，其城镇化意愿较高，居住与日常生活意愿也相对倾向城镇化地区。在意愿差异方面，镇区已经成为乡村居民最愿意和最容易接受的城镇化目的地，远超过相应城区。

其次是影响城镇化意愿的因素差异和实现条件差异。城镇化意愿发生主体的家庭经济条件差异，对择居意愿的影响，即处于不同家庭经济条件和不同文化价值区段农民的进城意愿是不同的，影响因素也存在差别。如夏永久、诸金龙通过在对皖北近1500名农民城镇化意愿开展问卷调查的基础上，发现皖北地区农民城镇化意愿存在明显的代际差异和分层特征，优质公共资源（尤其是教育资源）和个体社会经济特征对农村人口城镇化意愿具有显著的导向作用。

（二）研究问题：就地城镇化意愿

农民的“城镇化”问题涉及人口迁移的多个方面，主要体现为农村人口从乡村向城镇迁移定居的过程。“城镇化”作为一个多层次概念，需要对不同层次和维度的城镇化内容予以界定，“城镇化意愿”亦然。在城镇化意愿的形成方向上可包括就业、居住、生活方式和户籍等，意愿形成目的地可包括不同层级和空间距离的城市/镇。目前对于农村人口城镇化意愿的研究，往往容易淡化城镇化概念自身的界定针对性，即农村人口对于“不同程度”城镇化内容的接受差异性。国内研究多以“迁移”和“定居”作为城镇化意愿测量标准，大多以单一标准研究城镇化意愿，或以单一类型城镇化地区作为研究对象。

本文的研究概念——“就地城镇化”，是具有鲜明中国特色的城镇化类型，是相对于“异地城镇化”而言的。目前，工农兼业型的“就地城镇化”和外出务工型的“异地城镇化”现象在我国大量存在。其中“就地城镇化”是指农村建设环境的就地改造和村民在世代居住的乡村完成生产方式、生活方式的城镇化、现代化的转型，在原居住地以中心村或小城镇为依托实现就地非农就业和就地市民化的城镇化模式，小城镇镇区成为城乡连接过程的重要空间载体。本文的研究问题是不同类型（产业水平和城镇化水平）村镇地区农民的“就地城镇化”意愿表现差异及其可能成因。基于不同人口定义的城镇化指标标准，在两类不同产业发展水平、城镇化水平的村镇地区调研基础上，尝试从工作、居住和落户三个城镇化意愿形成方向对“就地城镇化意愿”进行分析比较，并对城镇化意愿形成的影响因素进行判断。

三、研究前提

（一）研究类型与选取范围

本文的研究数据来自2016年国家住房城乡建设部组织开展的全国小城镇详细调查（福建、海南）。福建与海南两省在城镇化水平与社会经济发展上存在明显区别，具有不同的城镇化水平和产业结构。根据2015年国民经济和社会发展统计公报和福建、海南两省的2015年国民经济和社会发展统计公报有关数据：福建省城镇常住人口占总人口比重为62.60%，三次产业结构为8.1：50.9：41.0；相比较，海南城镇常住人口占总人口比重为53.76%，三次产业结构为23.1：25.0：51.9。与同年全国平均水平相比，福建省具有较高的常住人口城镇化水平，当地制造业具有一定的规模优势；而海南省依靠当地自然气候条件，主要依靠农业与旅游业（旅游业主要集中于部分滨海旅游资源丰富地区）带动地方经济发展，省域常住人口城镇化水平低于全国平均水平。

针对两省的差异化的发展特征——具有一定工业经济基础的村镇地区（福建省）和主要依托农业生产为基础的村镇地区（海南省），研究选择了本次详细调查的小城镇样本——包括福建省4镇（尤溪县西滨镇、连城县四堡镇、罗源县鉴江镇、永春县仙夹镇）和海南省3镇（琼中县长征镇、澄迈县仁兴镇、文昌市冯坡镇）下辖的21个行政村。其中，（1）福建省所选的4个小城镇均具有一定程度的工业经济基础，镇域内常住人口城镇化水平与全省基本持平。福建省的4个小城镇的平均常住人口城镇化水平为61.5%，平均户籍人口城镇化水平为41.5%。（2）海南省的3个小城镇皆为“靠山吃山、靠海吃海”的农业发展型，镇域内常住人口城镇化水平较低，海南3个小城镇的平均常住人口城镇化水平为21.3%，平均户籍人口城镇化水平为11.0%，农业在三次产业就业结构中比重较高。调查对象的选取在一定程度上代表了两省的主要产业类型与城镇化水平。

（二）研究数据

根据与镇区的近－中－远距离，分别由当地镇政府选取了每个镇下辖的3个行政村进行村民抽样问卷调查。在对每个行政村开展调查时，采取入户与集中相结合的方式，一对一辅助村民填写，并现场回收，入户比例达到60%以上。原则上我们要求被访者是户主，但也酌情允许户主不在情况下由其配偶完成调查。最终完成海南省有效问卷71份（长征镇22份，仁兴镇23份，冯坡镇26份），福建省有效问卷88份（西滨镇23份、四堡镇20份、鉴江镇22份、仙夹镇23份）。

（三）研究方法

本次调查主要基于两个城镇化关联维度对于城镇化意愿进行问题设计：（1）城镇化意愿的形成方向，具体分为就业城镇化、居住城镇化和户籍城镇化。由于被访者都为当地村民，因此主要强调在条件具备的情况下其对于所在小城镇镇区的城镇化意愿，而非面向所有级别城市的普遍城镇化意愿；（2）城镇化的实现条件，从内生动力和外部吸引两个方面，具体包括农村人口的家庭经济条件（收入水平与来源构成等）、城镇公共服务功能和城乡/镇村空间联系。

（四）样本人群特征

两省被调查村民家庭都具有典型农村家庭特征，家庭户平均人数在5人左右，其中福建省农村家庭人口中外出打工比例较高，打工人数比例为28.5%，海南省打工人数比例为16.4%。另外，福建省被调查村民的学历水平相对较高，海南省被调查村民的务农比例更高。

表1 调查样本人群的平均基本特征

		福建省	海南省
家庭户人口数（人）		4.9	5.5
男性被访者比例		78%	70%
家庭常年在家居住人数（人）		3.5	4.6
被调查户主年龄（岁）		48	47
高中及以上学历比例（%）		36.4%	19.7%
职业构成（%）	第一序位	务农39.8%	务农52.1%
	第二序位	机关事业单位（含村委会等）20.5%	非农企业务工（含打零工）15.5%
	第三序位	非农企业务工（含打零工）17.1%	机关事业单位（含村委会等）8.5%

四、乡村居民城镇化意愿的总体特征

（一）城镇化意愿的形成方向差异分析

1. 农业主导型村镇地区

从海南3个小城镇的调查来看，农村人口对就业城镇化、居住城镇化和户籍城镇化意愿存在明显差异。从在城镇就业、居住直至落户，对于农村居民来讲，意味着城镇生活的逐渐稳定与城镇居民身份的最终确定，是一个城镇化的实现过程。从海南省的农业主导型村镇地区调查结果来看，当地农村人口的城镇化意愿存在显著逐级弱化趋势：就业城镇化意愿最高（73%），居住城镇化（69%）次之，而户籍城镇化意愿最低，仅占被调查人数的15%。从三个层次的城镇化意愿弱化幅度来看，就业与居住城镇化对于海南农村人口的吸引力要明显大于城镇户籍城镇化，调查选项组合中最多的是“愿意到镇区居住和工作，不愿意转为城镇户口（包括无所谓）”，占被调查总人数的46%。其次，村民的城镇化意愿具有一定的不同步现象：愿意到镇区居住和工作的村民中，不愿意（或无所谓）转为城镇户口的达到80%。可见，城镇化对于农业主导型村镇地区的农村人口来说，更多意味着获得非农就业、收入和生活条件的改善，而对获得当地小城镇户籍的意愿不强。

2. 工贸综合型村镇地区

与海南相似，福建农村居民对就业、居住和户籍三个方面的城镇化意愿也存在明显的逐级弱化趋势。就业城镇化意愿最高（52%），其次是居住城镇化（33%），户籍城镇化意愿最低（18%）。其中，福建农村人口的就业城镇化意愿低于海南省，也体现在现状就业城镇化水平：“是否有家庭成员在镇区工作?”的统计结果显示，福建省被调查村民中有家庭成员在镇区工作的比例为9.1%，低于海南省的17.9%。

表2　海南省农村居民城镇化意愿形成方向分析

1.如果有条件，您（或您家人）是否愿意到镇区居住？	2.如果有机会，您（或您家人）是否愿意到镇区工作？	3.您(或您家人)是否愿意转为城镇户口？ A、是	B、否	C、无所谓	总计
A、是	A、是	8	26	7	41
	B、否		8		8
B、否	A、是	2	10		12
	B、否	1	9		10
总计		11	53	7	71

调查结果组合中最多的是“不愿意到镇区居住和工作，不愿意转为城镇户口（包括无所谓）”，占被调查总人数的42%。另外，与海南省相比，福建省农村人口城镇化的意愿都较低，尤其是对居住的意愿大大低于海南省。这在一定程度上表明，工贸综合型的福建村镇地区，农村居民的经济水平较高，其城镇化意愿受到抑制。

表3　福建省农村居民城镇化意愿形成方向分析

1.如果有条件，您(2.如果有机会，您（或您家人）是否愿意或您家人)到镇区居住？是否愿意到镇区工作？		3.您(或您家人)是否愿意转为城镇户口？A、是	B、否	C、无所谓	总计
A、是	A、是	9	5	12	26
	B、否		2	1	3
B、否	A、是	5	6	9	20
	B、否	2	21	16	39
总计		16	34	38	88

综上，无论是农业主导型村镇地区，还是工贸综合型村镇地区，被调查村民的户籍城镇化意愿都明显滞后于居住和就业城镇化意愿。从地区类型比较来看，工贸综合型村镇地区的居住城镇化意愿低于农业主导型村镇地区，对现状的改善意愿不强烈。

（二）城镇化意愿的实现条件差异

从三类城镇化意愿形成方向的分布结果可以看出，两省间最大差异体现在村民居住城镇化意愿，其次是就业城镇化意愿。在居住城镇化意愿方面，福建省（33%）与海南省（69%）相差一倍有余。本文从意愿形成方向差异化现象的实现条件进行分析，包括被访村民的家庭经济条件及就业特征，以及城镇公共服务功能和城乡空间联系。

（1）家庭经济条件的高低，在一定程度上也反映了居住生活质量的高低，进而影响农村居民通过城镇化改善居住生活的意愿选择和强烈程度。福建农村家庭年收入水平呈橄榄型分布，其中中等收入水平家庭（年收入2万~6万）占56.8%，家庭年收入低于2万的占12.5%，超过6万的占30.7%。相比较，海南省农村家庭年收入整体较低，呈线性递减分布，低于2万的低收入人群占71.8%，2万~6万的占22.5%，超过6万的仅占5.7%。收入水平取决于不同的收入来源，福建省被调查村民的收入构成中，“打工”所占比例最高，占40.9%，其次是“务农”（27.9%），再次是“做生意”（12.9%），当地村民非农就业相当普遍。而海南省被调查村民的家庭收入极大地依赖农业生产，“务农”比例达到94.4%，其次是“打工”（40.8%）和“政府补贴”（26.8%）。

从家庭年收入与居住意愿的交叉分析来看，农业主导型村镇地区的居住城镇化意愿集中于家庭年收入2万以下的村民，达到71.5%。在工贸综合型村镇地区，家庭年收入2万以下村民的居住城镇化意愿为45.6%，年收入超过6万的居住意愿仅为18.5%。这反映出较低的家庭经济条件是村民希望通过居住城镇化改善生活水平的重要动因，其中，农业主导型村镇地区的低收入村民的居住意愿尤为强烈。

表4　福建省（左）、海南省（右）居住城镇化意愿与家庭收入交叉分析

10.如果有条件，您(或您家人)是否愿意到镇区居住

3.家庭年收入（万元）	A、是	B、否
1万元以下	2	2
1万~2万元	3	4
2万~3万元	8	8
3万~4万元	9	10
4万~5万元	2	7
5万~6万元		6
6万~7万元	1	1
7万~8万元	1	5
8万~9万元		1
9万~10万元	1	3
10万元以人	2	12
总计	29	59

10.如果有条件，您(或您家人)是否愿意到镇区居住

3.家庭年收入（万元）	A、是	B、否
1万元以下	20	8
1万~2万元	15	8
2万~3万元	4	4
3万~4万元	1	
4万~5万元	3	
5万~6万元	2	2
6万~7万元	1	
8万~9万元	1	
9万~10万元	1	
10万元以人	1	
总计	29	22

（2）城镇化对于当地村民的一个重要吸引，即在于其符合当地村民需求的公共服务体系和社会人际网络。按出行镇区的目的划分，两省村民前往镇区的最主要活动比较一致，都是以购物、买农资、看望亲戚朋友为主。

比较来看，农业主导型村镇地区的村民对其所在镇区的大多数公共活动依赖性，普遍高于工贸综合型村镇地区村民。这在一定程度上反映了农业主导型村镇地区的乡村公共设施建设水平的相对滞后，镇域公共设施集中化建设导致乡村建设资源的不足。近十年来，全国各地推行迁村并点和村小合并等举措，大大提高了各类公共服务设施的服务效率，但也在一定程度上强化了一般农村地区对镇区或中心村的公共服务依赖。如海南省海口市琼山区的红旗镇，从2005年的30多个自然村村小学，至2015年仅剩下3所正常运营，这导致很多村民需寄宿或远程接送小孩。而福建省的乡村由于自身较好的经济条件（包括侨民的捐建传统等）和山地条件制约，大多数行政村都具备相对完善的公共服务设施，对镇区的功能依赖相对较低。

从具体活动构成来看，农业主导型的海南省村镇地区以农业生产活动为主，村民对小城镇的活动需求主要体现在商业服务和政府公共服务方面。而福建省当地村民的第二大镇区活动则是“看望亲戚和朋友（29.6%）”，反映出福建省乡村社会的熟人关系网络比较广泛。

（3）城乡（镇村）空间联系水平反映了村民与镇区联系的紧密程度，具体

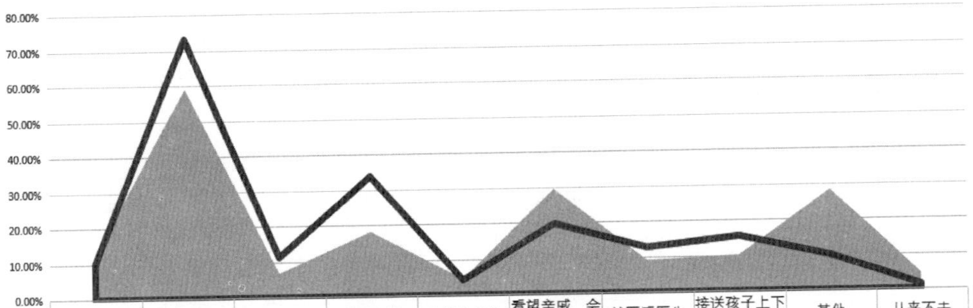

	打零工	购物	吃饭	购买农资	出售农产品	看望亲戚，会朋友	就医看医生	接送孩子上下学	其他	从来不去
福建	12.50%	59.09%	6.82%	18.18%	4.55%	29.55%	9.09%	10.23%	28.41%	4.55%
海南	9.90%	73.20%	11.30%	33.80%	4.20%	19.70%	12.70%	15.50%	9.90%	1.40%

图 1　福建省和海南省村民前往镇区活动目的构成

包括村民前往镇区的交通时间和联系频率。城乡空间联系越紧密，村民对城镇认识越全面，能更充分参与城镇生活，对于最终的城镇化意愿具有着重要影响。

从被调查村民前往镇区的交通时间来看，福建省平均为 14 分钟，海南省平均为 15 分钟，考虑到合理误差，两省村民前往镇区的路程耗时基本一致。从村民前往镇区的频率来看，海南省的结果要高于福建省：福建省村民平均 3.2 天前往镇区一次，海南省为 2.4 天。较高的镇村联系频率提高了村民对所在镇区人居环境的认知和认可程度，进一步增强了其通过城镇化方式改善家庭生活的想法。海南省居住和就业城镇化意愿水平明显高于福建省，体现了关联一致性。同时，镇村联系强度差异也与前文关于农业主导型村镇地区村民对镇区公共服务的高依赖性判断基本一致。可以初步判定，农业主导型地区的镇村联系频率、城镇化意愿（居住和就业）和村民对镇区公共服务的依赖性，彼此呈现出一定的正向关联性。

相比较而言，镇村联系频率与村民户籍城镇化意愿的强弱并不完全一致。从两省整体结果来看，不同的镇村联系频率对应的户籍城镇化意愿强度基本一致。然而，若以“至少每周一次”为标准界定高频率联系的村民，可以发现：首先，海南省在就业和居住城镇化意愿方面，全省整体样本和高频率样本高度一致，在户籍城镇化意愿方面则出现高频率样本（7.8%）明显低于整体样本（15%）。与之不同的是，福建省的居住和户籍城镇化意愿并未在高频率人群和整体样本间产生差异，三个意愿指标方面都基本保持一致。

综上，海南省在户籍城镇化意愿强度方面出现高频率样本明显低于整体样本，以及海南省整体样本的户籍城镇化意愿强度显著滞后于其就业和居住城镇化意愿，这在很大程度上与海南省当地镇区的配套设施建设不太完善、公共服务质量不高有较大关系。从本次调研中村民对所在镇区建设环境满意度问题来看，福建省的“满意”和“较满意”人群比例为 80.7%，优于海南省的 62.2%，而福建省仅 7.9% 的村民对所在镇区的建设环境不满意，也低于海南省的 15.5%。这与本次调研的基本认识一致，即无论商业设施还是公共配套设施，工贸综合型村镇地区的建设、服务水平及村民满意度都要优于农业主导型村镇地区。比如污水设施方面，海南省 3 个小城镇目前均没有污水处理厂，个别镇的处理方式仅仅是物理过滤和局部沼气池，整体生活污水处理率为 30%，而福建省 4 个小城镇的生活污水处理率达到 93%。公共空间建设方面，两地差距更加明显，福建 4 个小城镇的公园/广场平均数量为 4 个，而海南 3 个小城镇中仅一个镇设 1 处广场。

表 5 福建省（左）、海南省（右）就业城镇化意愿与前往镇区频率的交叉分析

福建省：11.如果有机会，您(或您家人)是否愿意到镇区工作？

7.最近1年，您多久去一趟镇上?	A、是	B、否
A、每天都去	9	4
B、2~3天	21	8
C、一周左右	6	11
D、半个月左右	4	8
E、三个月左右	1	6
F、半年或更长	3	3
G、从来不去	2	2

海南省：11.如果有机会，您(或您家人)是否愿意到镇区工作？

7.最近1年，您多久去一趟镇上?	A、是	B、否
A、每天都去	15	5
B、2~3天	14	6
C、一周左右	8	2
D、半个月左右	7	4
E、三个月左右	5	1
F、半年或更长	3	
G、从来不去	1	

表 6 福建省（左）、海南省（右）居住城镇化意愿与前往镇区频率的交叉分析

10.如果有条件，您(或您家人)是否愿意到镇区居住？

7.最近1年，您多久去一趟镇上?	A、是	B、否
A、每天都去	4	9
B、2~3天	15	14
C、一周左右	2	15
D、半个月左右	2	10
E、三个月左右	1	6
F、半年或更长	4	2
G、从来不去	1	3

表 7 福建省（左）、海南省（右）户籍城镇化意愿与前往镇区频率的交叉分析

10.如果有条件，您(或您家人)是否愿意到镇区居住？

7.最近1年，您多久去一趟镇上?	A、是	B、否
A、每天都去	14	6
B、2~3天	12	8
C、一周左右	7	3
D、半个月左右	8	3
E、三个月左右	4	2
F、半年或更长	3	
G、从来不去	1	

12.您(或您家人)是否愿意转为城镇户口?

7.最近1年，您多久去一趟镇上?	A、是	B、否	C、无所谓
A、每天都去	2	6	5
B、2~3天	7	10	12
C、一周左右	2	7	8
D、半个月左右	2	6	4
E、三个月左右		3	4
F、半年或更长	2	2	2
G、从来不去	1		3

12.您(或您家人)是否愿意转为城镇户口?

7.最近1年，您多久去一趟镇上?	A、是	B、否	C、无所谓
A、每天都去		17	3
B、2~3天	1	18	1
C、一周左右	3	7	
D、半个月左右	3	6	2
E、三个月左右	2	3	1
F、半年或更长	2	1	
G、从来不去		1	

五、结论与建议

（一）研究结论

（1）按“就业—居住—落户”次序的城镇化意愿形成方向来看，农业主导型村镇地区和工贸综合型村镇地区的被调查村民，都表现出显著的逐级弱化趋势，户籍城镇化意愿最低，就业意愿最高。反映出就业机会与生活改善依然是广大农村居民最关注的城镇化内涵，户籍吸引力不足。从两类地区比较来看，由于经济收入和当地农村人居环境水平差异，工贸综合型村镇地区的居住城镇化意愿弱于农业主导型地区，对现状的改善意愿不强。

（2）家庭经济条件越差，越会促使村民希望通过就业和居住的就地城镇化，来改善其当前生活水平，农业主导型村镇地区的低收入村民尤为明显。

（3）农业主导型村镇地区村民对所在镇区的公共服务依赖（商业设施和公共配套设施）要高于工贸综合型村镇地区。

（4）城乡（镇村）空间联系越强（主要指频率越高），村民的就业和居住城镇化意愿也会越强，但对于户籍城镇化意愿影响不明显。另外，在农业主导型村镇地区，由于受到镇区较低公共服务水平的负面影响，高频率（至少每周一次）村民的户籍城镇化意愿更低。

（二）发展策略建议

作为我国城镇体系最基础的、也是最接近农村人口的一个空间层级，小城镇在我国城镇化进程中扮演着至关重要的角色。小城镇具有天生的腹地区位优势和群众基础，是就地城镇化的实现空间。然而，事物的另一方面告诉我们，当前小城镇正面临着日益被边缘化的困境，尤其在与更高级别城市竞争和人们生活水平不断提高的情况下，小城镇往往由于自身规模有限、财权事权不足、公共服务设施水平较低和就业范围狭窄等因素，制约了整体人居环境的吸引力，进而影响了周边村民的就地城镇化意愿，尤其是决定人们长期生活状态的户籍城镇化意愿。这一制约现象在农业主导型村镇地区和其他偏远落后的村镇地区，尤为明显。小城镇镇区往往成为当地村民就业与生活的第一站，往往也是中转站，镇区户籍对他们的吸引力几乎可以忽略。即使对于小城镇的现有镇区居民，绝大多数依然向往更高级别的城市生活。从同期开展的海南省小城镇镇区居民的居住意愿调查[3]来看，仅31%镇区居民愿意继续居住在小城镇，更是仅有4%的居民希望其下一代继续住在小城镇。

表8　海南省小城镇镇区居民居住意愿情况

如果有条件，未来可能想去哪里？	您希望子女或孙辈居住在什么地方？				
	小城镇	县城或小城市	大城市	国外	总计
农村	1	1	4		7
不变，仍然小城镇	11	18	69		106
县城或小城市	1	34	36		71
大城市		4	127	1	133
总计	13	57	240	1	322

因此，要提升我国就地城镇化水平、尤其是户籍城镇化水平，就必须基于对不同产业类型和发展水平小城镇的系统认识，差异化对待不同类型村镇地区的现实问题和当地村民诉求，结合国家特色小镇的发展思路，有针对性地挖掘不同类型村镇地区的发展潜力和特色产业，综合改善人居环境和公共服务水平。基于本次调查结果，本文对农业主导型和工贸综合型两类村镇地区的不同特征，提出以下村镇发展方向与类型化策略建议。

（1）就业城镇化：以产兴镇、以镇带村、特色先行。就业无疑是绝大多数农村居民前往城镇的第一行为目的，也是决定他们继续居住和进一步户籍城镇化的重要基础。相较于工贸综合型村镇地区，农业主导型村镇地区的小城镇产业基础薄弱，镇区就业空间不足，难以带动周边村民向小城镇的就业转移，城乡联系主要体现为镇区充当周边农村居民的生活服务中心，城乡职住联系较弱。因此，农业主导型村镇地区应大力挖掘镇域自然资源优势，以特色小镇的发展思路探索城乡资源的整合利用，积极引入都市创业资本和鼓励本土能人，充分利用乡土特色资源，注重特色产业的培育，从而有效带动周边农村人口向小城镇的就业集聚。对于工贸综合型村镇地区，应进一步提升既有经济格局，不同于农业主导型村镇地区的劳动力参与形式，应鼓励周边村民以投资入股等多种方式，进一步增强镇区对周边的经济辐射力。

（2）居住城镇化：加强财政倾斜，提高小城镇镇区的公共设施建设水平与服务质量，打造高品质的人居环境。公共服务与商业服务是当地村民前往镇区的主要诉求与活动形式，服务水平的高低将直接影响农村居民的城镇化意愿。但由于小城镇建设经费主要来自县级财政拨款，政府建设资金、镇区公共设施和基础设施供给水平往往取决于当地乃至市县的经济水平，这也使得农业主导型村镇地区的公共服务质量不高，进而制约了当地小城镇的居住吸引力。对于广大村镇地区，尤其是农业主导型村镇地区，应进一步自上而下提高专项财政倾斜，加大人居环境建设力度，完善公共服务设施，通过提高公共服务质量进一步提高周边村民的居住城镇化意愿。

（3）户籍城镇化：优化行政辖区资源，提升小城镇户籍含金量。户籍城镇化是我国城镇化的特色形式，也是就业城镇化和居住城镇化发展到一定程度的自然结果，但并非必然结果，农村居民的户籍城镇化意愿往往取决于前两个城镇化的实现效果和自身满意度。因此，户籍城镇化是小城镇的社会经济与人居环境建设发展到一定水平的人口迁移现象，要避免“赶农民上楼”等违背客观规律的行为。在提高当地产业发展与配套设施建设的同时，小城镇的行政资源利用应有所突破创新，过多的小城镇建设在一定程度上会分散建设资源与上级财政，一刀切并不会带来全面发展。对于发展条件明显有劣势的小城镇，应适时整合行政资源，以强并（带）弱，实现不同城镇间产业条件与空间资源的优势互补。比如本次调研的海南省长征镇，其镇域范围内存在相应的长征国营农场，近年来随着海南国营农场体系的改革推进，农场正逐步纳入属地城镇的社会公共服务体系，未来也将进一步整合经济资源和土地资源，这在很大程度上拓展了当地小城镇的空间发展资源，也满足了农场职工的公共服务诉求，双方户籍含金量都得到了较大提高。

参考文献请见原文。

（撰稿人：李云，博士，深圳大学建筑与城市规划学院讲师、深圳市建筑环境优化设计研究重点实验室副主任；陈宇，博士，深圳大学建筑与城市规划学院讲师；卓德雄，福建工程学院建筑与城乡规划学院副教授）

村民自治下的传统村庄规划管理

——以曹家村灾后重建为例①

宝兴县位于四川省雅安市北部，县域总面积为3114平方千米，地势西北高，东南低，辖3镇6乡（52个村庄2个居民委员会），县域人口为5.8万人。曹家村位于宝兴县大溪乡南部山区，以农业生产为主，是一座典型的川西山区传统村落。总体格局上是大分散、小聚集、依山傍水、沿山而建，建筑形式基本以穿斗式木结构建筑为主。同时，曹家村也是“雅安生态博物馆体系一个中心，三个系统”中生态人居系统的青衣江沿线生态人居的代表村落。

2013年的“4·20”芦山强烈地震造成全村房屋严重受损，全村178户村民中申报倒塌重建的户数为126户、加固维修户为52户。上海同济城市规划设计院复兴规划设计所义务承担了其重建规划实施项目，由于在规划之初充分强调了村民自治在灾后重建中的核心作用，在“建造传统”和“传统建筑”之间取得了有机的平衡，获得了较好的实施效果。不但得到了村民和地方政府的充分肯定，也得到国内外专业机构的认可，荣获了2015年度全国优秀城乡规划设计三等奖、2015年度上海市优秀城乡规划设计一等奖、英国皇家规划协会2016年度奖（International Award for Planning Excellence，COMMENDED）、中国香港规划师协会2015年度奖。

一、从宝兴的村庄重建规划看传统村庄规划的问题

（一）政府规划管理力量薄弱

宝兴县地广人稀，而整个宝兴县城乡规划建设和住房保障局专门从事规划管理的专职干部只有2人，难以对村庄规划建设做到有效的事前管理。村庄建设管理工作主要依靠乡镇干部。在中国乡镇行政经费普遍紧张的情况下，基层干部工作积极性不高。对于村庄建设的管理，也就是针对宅基地的位置、面积确定，对于宅基地上的建设管理基本是很随意的，更谈不上对村庄传统风貌的控制。

① 本文摘自《城市规划学刊》，2017（02）：87－95。

（二）对村庄传统文化特征理解的偏差

在传统村庄规划编制过程中，很多设计单位的动机非常好，都是想打造一个富有特色的美丽乡村。但是在实际规划编制过程中，却缺乏对地方的历史、传统、文化特征的深入了解和仔细梳理，仅仅是按照规划设计人员的主观想象去构建一个“他者视角下的传统文化”。蜂桶寨乡青坪大河坝新村聚居点的首轮灾后重建规划设计就是一个很典型的案例。

该聚居点位于通往省级文物保护单位邓池沟天主教堂（图1）的路上，也是首次将活体大熊猫介绍到欧洲的戴维神父的故居。“4.20”地震以后，中国扶贫基金会委托某建筑规划顾问有限公司对该聚居点进行了规划设计，并将该村起名为“戴维村”（图2）。但设计师仅仅是按照个人的理解，认为既然和戴维神父有关，就应该是一个欧式的村庄，全然不顾邓池沟教堂的整体外观是一个中西合璧的西南传统穿斗式四合院民居的形式。反倒使得新的聚居点和当地的历史和传统文化相脱节，显得不伦不类。

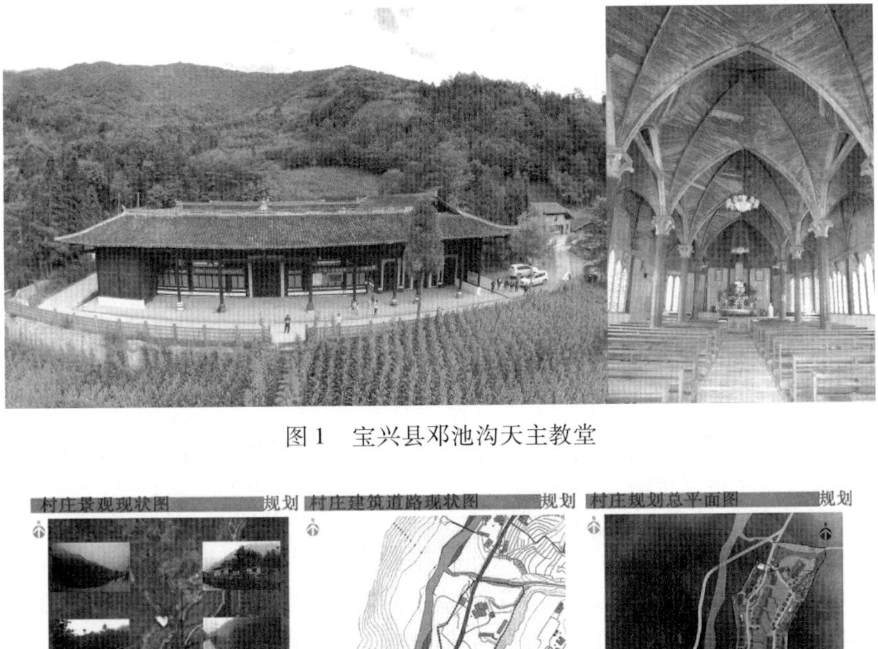

图1　宝兴县邓池沟天主教堂

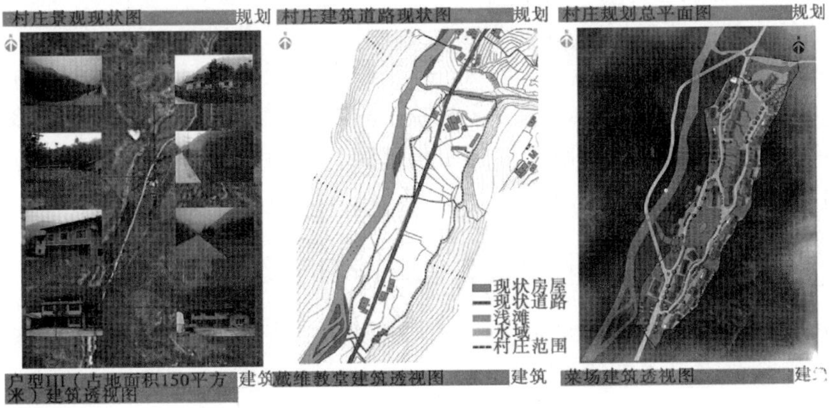

图 2　某建筑规划顾问有限公司做的戴维村规划设计方案

（三）过分强调传统建筑形式而忽视建造传统

在传统村庄的建设规划设计过程中，无论是地方干部还是规划设计人员，都会把传统建筑风貌作为一个重点问题来处理。但常以其主观的“强制审美”来理解传统建筑，将原本丰富多样的村庄规划改造成为所谓年代特征、风貌特征“高度统一”的“传统风貌”；忽视了村落千百年中自然发展所形成的传统特色的动因，也忽视了村庄历史的延续性、自然格局的完整性。这种功利性的规划设计思路以及对现代施工建造模式的引入，往往忽视了传统建筑形式是由地方建造传统而形成的一个长期过程、是地方传统文化的一个重要组成部分，而“在乡土社会中，传统的重要性比现代社会更甚”。

最后的结果往往是在规划设计过程中干部和规划设计人员兴致满满，老百姓冷眼旁观；实施过程中，老百姓别别扭扭，干部和规划设计人员焦头烂额。待到地方政府的热情过去以后，村民反而很难回到原来的建造传统上，使得传统村庄的风貌难以得到有效的维护。

二、从村民自治的角度看村庄规划机制的不适应性

宝兴县乡村地区灾后重建规划编制与实施过程中出现的种种问题也是传统村庄规划建设过程中所反应的常见问题，其根源就是现行的村庄规划编制和管理机制脱离了村民自治这个实际，简单地把城市规划的编制管理方法复制到乡村，认为乡村的规划管理是政府行政管理的简单延伸，用单一行政管理的手段来处理已实施村民自治的复杂农村问题。

（一）村庄规划编制机制对村民自治的不适应

村民自治是广大农民群众直接行使民主权利，依法办理自己的事情，实行自我管理、自我教育、自我服务的一项基本社会政治制度。《宪法》的第一百一十一条规定“城市和农村按居民居住地区设立的居民委员会或者村民委员会是基层

群众性自治组织……居民委员会、村民委员会设人民调解、治安保卫、公共卫生等委员会，办理本居住地区的公共事务和公益事业，调解民间纠纷，协助维护社会治安，并且向人民政府反映群众的意见、要求和提出建议。”《村民委员会组织法》的第二条和第八条对村民委员会的职责也有所规定。因此，作为村庄公共事务和公共事业的村庄规划编制，是村民自治的一个重要内容。

作为传统村庄规划建设管理国家层面的法律依据文件主要是2008年1月1日开始实施的《中华人民共和国城乡规划法》、国务院1993年6月29日颁布的《村庄和集镇规划建设管理条例》（以下简称《村镇条例》）和2008年4月22日颁布的《历史文化名城名镇名村保护条例》。但是制定在《村委会组织法》之前的《村镇条例》并未将村庄规划的编制和管理工作作为村民委员会的自主事务，而是作为乡镇行政管理权的延伸。《村镇条例》的第六条和第八条分别规定“乡级人民政府负责本行政区域的村庄、集镇规划建设管理工作”、“村庄、集镇规划由乡级人民政府负责组织编制，并监督实施”。《城乡规划法》延续了这一传统，在第二十二条中规定“乡、镇人民政府组织编制乡规划、村庄规划，报上一级人民政府审批。村庄规划在报送审批前，应当经村民会议或者村民代表会议讨论同意”。而2008年4月颁布的《历史文化名城名镇名村保护条例》和2013年9月下发的《住房城乡建设部关于印发传统村落保护发展规划编制基本要求（试行）的通知》通篇就没有出现“村民委员会”这个概念。即使在《住房城乡建设部关于改革创新、全面有效推进乡村规划工作的指导意见（建村〔2015〕187号）》（后简称为“住房城乡建设部187号文”）也只是“鼓励以村民委员会为主体的编制方式”，并非强制必须以村民委员会作为规划编制主体。

而传统村庄的规划，尤其是保护规划编制过程中，村民公共参与组织难度大、村民意见高度不统一，村民和规划人员往往会在如何延续地方传统建筑特色、文化特色等问题上产生分歧。当传统村庄规划建设作为政府部门的政绩工程和问责工程的时候，规划编制单位往往倾向绕过村民自治这个环节，直接向作为规划编制主体的地方政府部门汇报沟通。而地方政府在绩效考核、财政预算执行等压力下，为了保证村庄规划建设能够按照上级政府要求的时间节点完成并上报，也往往会不顾村民意见并未统一的现实，利用行政权力、财政权力强迫村委会出具规划同意意见。

（二）村庄规划实施管理机制对村民自治的不适应

自我国实行村民自治制度以来，国家行政权力并非完全退出了乡村社会，而是以新的形式存在于乡村社会。根据《村民委员会组织法》第五条的规定“乡、民族乡、镇的人民政府对村民委员会的工作给予指导、支持和帮助，但是不得干预依法属于村民自治范围内的事项。村民委员会协助乡、民族乡、镇的人民政府开展工作”，这也就意味着村民委员会事实上是双重角色。在《宪法》层面，乡镇人民政府是国家机构，属于基层政府，而村委会是群众的自我管理、自我教育和自我服务的基层群众性自治组织。如将村庄规划视为村庄公共事务和公共事业的组成部分，那么《宪法》层面的这种区分应该充分体现在村庄规划编制、实施和管理上，并积极探讨通过立法授权发挥村民自治在规划编制、实施和管理上的作用。但是在村庄规划的实际运作中，地方政府由于拥有政治、经济和社会方面的资源优势而对村委会处于一种支配地位，尤其是在村庄规划编制费用由政府承担、编制单位由政府指定的情况下，经常简单地将村委会等同于自己的派出机构或者下属机构。纵观目前所有关于村庄规划建设管理的法律法规文件，基本均忽视了在村民自治这个宪法赋予的基本权力，忽视了村民自我管理、自我服务、自我协商的重要性，即使在“住房城乡建设部 187 号文”中也还是仅强调“建立以村民委员会为主体的村庄规划编制机制”，而在“加强乡村规划管理工作”中仍是对村委会的作用只字未提。因此地方政府认为传统村庄的规划实施管理主体是乡镇政府，而不是村民委员会，这与《宪法》对乡、村两个层级的制度设计的本意相违背。

这完全忽略了村民自治权是《宪法》所赋予的权利，是通过一定形式组织起来的区域性群众组织，依据国家立法对一定范围内的公共事务进行管理的权力。这种权力来源于国家的授权，是国家通过立法，将一些可以由群众自己办好的事情交由群众自己去办理。这些事务不需要国家强制力的介入，它可以通过群众性的公共契约解决。因此，从规划编制委托开始就在规划和村民之间形成了如同“包办婚姻”般的关系，村委会仅仅是对规划的审议，而不是对规划实施的全过程参与，根本无法充分发挥村民自治在传统村庄规划编制、实施和管理全过程中的积极能动性，也使得村民并不认可已纳入村规民约的村庄规划是其必须遵守的建设行为规范，而认为是上级政府对其原来自由生活的一种强制干预，从一开始就抱有一种抵触情绪，不配合甚至于对抗政府部门的规划措施。

三、曹家村的灾后重建规划建设

（一）规划理念

基于对各种法律法规的理解以及多年来村庄规划的实践工作经验，结合与曹家村民和大溪乡干部的多次深入讨论，在以村民自治为所有规划基础的前提下，项目组紧扣灾后重建的核心目标和问题，梳理出以下规划理念：

（1）应极大地尊重村庄的自然人文特征，正视村民的产权和发展权，参照联合国教科文组织“贵阳建议”和生态博物馆理念，将曹家村的灾后重建打造为传统村庄重建工作的典范。

（2）应切实贯彻“从恢复重建到跨越发展”的重建战略，将工作重点转向扶助村民自我重建和自力恢复的方法研究和政策制定，深入重建工作的本质，推动地方力量的自强自立。

（3）应积极采取“最少干预的规划”的重建方式，全面推进村民自主的重建模式，将重建工作作为大力培育村民自主规划、自主保护、自主管理的技术和能力的实践课堂。

（二）规划思路

曹家村灾后规划重点包括了三个方面：建筑和环境重建、产业重建、村庄社会网络重建。

1. 以建造传统来重建传统建筑与环境

建筑和环境的重建着重强调了村庄传统文化的延续，而村民互助自建的建造传统是延续传统文化的主要途径。在传统村庄中，建筑的本身即是由村民和工匠按传统方式建造，村落的环境也是由村民自主规划、自主协商，逐步形成的。因此，在重建工作中，依然尊重村民自己的意见和设想，将设计师定位于“技术服务者”而非“规划引领者”，除原则性的问题外，均尽可能不加干预。“最少干预”的规划方式，避免了统一规划导致的特色缺失，保障了村庄自我发展的多样性和活力。

2. 产业重建

村民实际收入的提高是传统村庄保护的重要前提条件，而产业恢复和发展的关键在于必须寻找到适合村庄特征且能够由村民自主掌握的产业类型。虽然曹家目前有着一定的农家乐基础，但由于年青劳动力的缺乏，实际工作难以推进，仅靠县、乡灾后扶助并不能保持产业的长期发展。因此，必须由村庄外出务工的青年人自发思考、自发组织，建立起村内留守人口和村外务工人口良性互动的小型产业体系。

3. 村庄社会网络重建

村庄社会网络重建包括两个方面：一是预防大规模灾后重建可能造成的社会网络破坏，二是恢复村庄因长期外出务工造成缺失的社会网络。前者通过村民原址自主互助的重建能够得到很好解决，后者则需要和产业重建紧密结合，通过产业重建带来的就业和创业机会，强化外出村民对村庄的归属感。

（三）灾后重建规划管理的村民自治机构组织和职能

曹家村 7 个村民小组 610 人中，有 144 人在外工作学习，留村人口为 466 人，其中最具活力的青壮年（19～40 岁）是外出工作的主体，达到 119 人，占同龄人口的一半多（56.13%）。可以说，最有活力和知识的人群，也就是社区建设所需要的乡村精英基本都离开了曹家村，对建立一个有活力、负责任、有远见的村民自治组织而言是最大的挑战。

但反过来看，“有知识的年轻人大量在外地工作学习”也许反而可以成为曹家村发展的某种优势。通过表 1 可以看到外出人员具有如下的特点：地域分布广，除了成都以外，在沿海发达地区都有，这些村民的思想应该是比较开放的；行业分布多，有教师、公务员、大学生等，他们接触的人群比较多，对社会的各种需求应该有所了解。当用“优势视角”来看曹家村的时候，原来所谓的问题，也许就转变成了很多发展的资源和机会。曹家村的村民自己是否认识到了其所具有的社会网络资源优势？是否愿意积极地参与到重建和产业发展中？是否愿意将个人的资源转化为社区的资源？这一系列的问题成为下一步工作如何展开和进行的关键。

表 1　曹家村外出工作人员居住地与职业分布

		服务	商贸	制造	餐饮	运输	教师	公务员	建筑	农业	合计
四川本省市	雅安	19	4		4	4		1		11	43
	成都	18	2	8	6		1				35
	宝兴	6	9		1	6	2	1		1	26
	眉山				2						2
	甘孜								1		1
外省自治区、直辖市	西藏		3								3
	江苏			2	1						3
	广东（深圳）	1	1								2
	上海			2							2
	浙江		2								2
	安徽	1	1								2
	天津			2							2
	辽宁		2								2
	重庆			1							1
	陕西（西安）			1							1
	山东（济南）				1						1
	山西		1								1
	合计	45	25	16	15	10	3	2	1	12	129

注：因外出读书学生都为临时性居住，故外地就读 15 名大专生没有统计。

针对这一实际情况，规划项目组分别在 2014 年 1 月 28 日（农历腊月廿八）和 2014 年 2 月 8 号（正月初九），趁着在外工作学习的年轻人返乡过年的期间，组织了两次开放性的讨论会。通过两次讨论，大家一致认为在村子的重建过程中，在整体环境上一定要保持原有的山水景观格局，在建筑特色上要保持原来的穿斗式木结构，在产业发展上走以特色农业为主，农家乐为辅的生态有机农业。同时村民也普遍认为曹家村在自然资源上有一定的优势，在特色农业和农家旅游上有一定的潜力，关键是如何找对市场、如何树立品牌、如何做好管理。对曹家未来的发展潜力都有一定的信心。

在这一村民共识的基础上，以《村民委员会组织法》《四川省〈中华人民共和国村民委员会组织法〉实施办法》和《四川省村民委员会选举条例》为依据，在村民委员会下面成立了两个自建委员会，一个是由13名在乡村民组成的“曹家村灾后重建自建委员会”，一个是由3名在乡村民和5名外出务工村民组成的“曹家村产业发展自建委员会”。之所以成立两个委员会，主要是考虑到，灾后重建的工作大量是日常事务性的工作，因此灾后重建自建委员会的成员必须是在乡村民，要能随时应对村民的要求。但是外出务工青年更有见识和头脑，对村庄的发展有更长远的打算，其对村庄规划的格局、建造样式，装修标准等有更深刻的认识，而且是灾后重建工作结束后村庄的持续建设和产业发展的主导力量。因此，以外出务工村民为主成立的产业发展自建委员会，不随灾后重建工作的完成而撤销，保证村里的产业发展有延续性。

在具体工作中，借助于网络等现代通信手段（QQ群，微信群等），两个委员会一起参与产业发展计划和灾后重建规划的编制和审定，以及新建住房、旧院落改造更新、院坝建设等的验收和补助资金的发放，重建规划的日常实施管理主要是由重建自建委员会负责。

（四）灾后重建规划的内容构成和滚动编制机制

在大家都明确了“山水田园，生态曹家，传统建造”这个总的村庄建设发展目标以后，怎么做灾后重建规划成了关键性的问题。

首先，经过多方面协调，在政府的授权下，将曹家村的村庄规划编制、实施管理纳入村民自治权范围。但这并不意味着政府放弃了规划管理的行政权，一旦曹家村的规划管理不能通过村规民约来解决问题，需要国家行政权力强力介入的时候，县乡规划管理部门可以随时介入。规划管理行政权力的下放和村民自治是曹家灾后重建规划建设的法律基础。

经过和两个自建委员会以及村民的反复座谈和沟通，发现了两个现象：一是村民对于政府的要求普遍是要“一碗水端平”，所有的政策都不能有差异。但是，如果是相互之间，又有种比较的心理，谁都不愿意比别人差，谁都希望自己的家和别人不一样，也就是所谓的“要面子”。二是村民极其重视产权，尤其是在宅前屋后的空间上，私人与私人之间，私人与公共之间的空间界线非常清晰，而且这个界线是不能够随意改变的。

根据这个农民的这个特点，项目组将规划按照“私人空间”和“公共空间”的原则将重建工作分为村民自建和政府重建两个板块，均采用了滚动编制的方法（图3），结合村民自建委员会制度建立扶助验收制度。

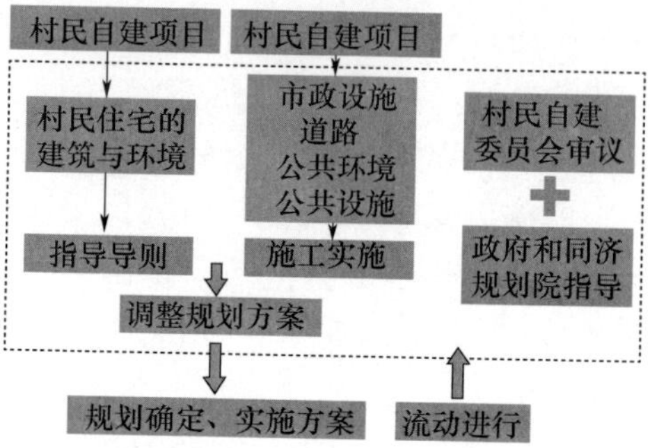

图3　曹家村灾后重建规划“滚动编制”过程

（1）由重建规划项目组建立规划总体框架，将重建项目按照实施主体分为村民自建项目和政府投资项目两类，明确不同的规划成果深度要求。村民自建项目主要是包括了住宅和宅前屋后的庭院部分。这部分的规划以导则为主，辅以适当的现场指导。为了方便村民的理解和使用，导则采用了“口袋书”的形式，以照片、图片等简单易懂的图示为主，配以少量的解说文字。整个导则包含了：

平面功能导则——以现代化生活需要、发展乡村旅游为出发点，提出“一主无厢”“一主一厢”“一主两厢”等多种适合本地的村民住房平面布置形式供村民自主选择(图4)。

建筑风貌导则——从本地民居典型风貌特征出发，对与村庄风貌直接相关的建筑建造工作进行指导。指导内容包括屋顶形式、屋顶高度、构架、窗、门、墙面等（图4）。

设施配套导则——对厨卫、客房、公共活动区等建筑内日常生活以及旅游服务相关的服务设施提出指导与建议（图4）。

院落景观导则——针对村民住房内的院落和院落外的公共环境提出建设要求与形式建议，包括典型院落示意、院落空间划分、院落布置导则和公共环境导则四部分（图5）。

政府投资项目则包括了市政道路基础设施、公共环境、公共服务设施等。这些项目都是按照修建性详细规划深度来进行编制，从而方便整体投资控制与后续施工设计指导。

（2）结合示范户的建设，项目组分别开展导则和实施规划的编制工作，完成后均由村民自建委员会审议决定是否可行。规划通过后，向村民发放导则以指导其住房自建，村民自己请工匠、选材料、自主重建，政府和项目组在建设过程中提供指导意见，并按照实施规划开展实施工作，二者平行开展。

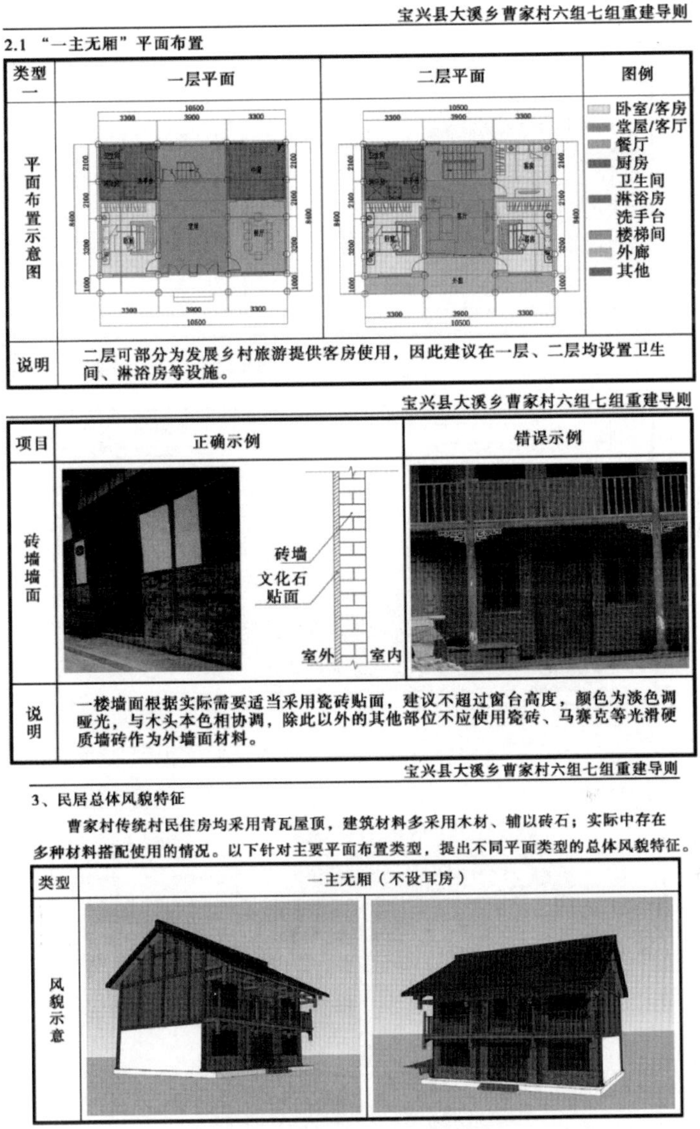

图4　曹家村重建建筑导则

（3）由村民自建委员会在建设过程中收集和汇总村民对两类规划的实施反馈意见，总结修改要求并提交规划项目组。项目组按照要求开展规划的调整，调整结果再次进入村民自建委员会审议流程。这一程序滚动进行，直至规划涉及的具体重建项目完成。

（4）由村民自建委员会和乡政府一起对实施结果进行验收，其中签订扶助协议并符合导则要求的新建住房、旧院落改造更新、院坝建设等在通过验收后能够取得约定的扶助资金。

宝兴县大溪乡曹家村六组七组重建导则

2.3 典型院落类型三

平面示意	说明
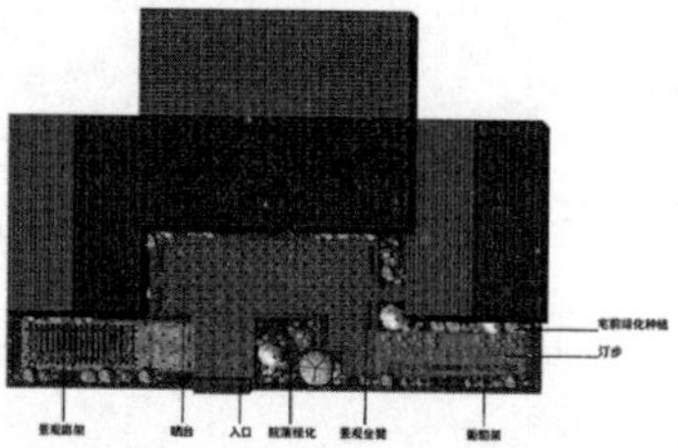	沿围墙布置小型绿化及座椅、廊架等设施。 在正房中部布置集中的硬质场坝及景观花池。 厢房正对的地方布置绿化休息活动的场地。 庭院空间较大时，可考虑小型水景。

宝兴县大溪乡曹家村六组七组重建导则

项目	图片示意	说明
竹编院墙	 	可配合植物栽种来提升院墙的景观性与遮挡性。 应定期对竹编进行替换。

宝兴县大溪乡曹家村六组七组重建导则

6.4 排水沟

项目	图片示意	说明
排水沟		目前村内无系统排水沟，污水、雨水自由流淌，影响环境卫生，滋生蚊虫，对居民生活造成不便。 规划排水暗沟依照相关规范标准修建。各户自建排水沟用鹅卵石或块石干垒。

图5　曹家村重建院坝景观导则

（五）实施效果

由于在曹家村的灾后重建工作中，坚持以村民自治为规划和建设的基本理念，坚持以村民为主专家为辅的工作思路，坚持“公私分明”的处事原则，坚持以建造传统为基础的传统建筑重建（图6），使曹家村的灾后重建不但保持了原有的村落文化景观特色，也摸索出了一条突破地域社会限制，用网络将农村社区重新组织的路径。

由于住宅重建的宅基地划分和新增道路选线都是在原有村庄建设用地基础上

由村民自行协商解决的，政府最多也就是起到一个协调的作用。因此，这次的重建工作不但延续了村庄的传统格局（图 7）、提升了村民的生活居住条件，同时也基本实现了“不多占一分农田”的目标（图 8）。同时，由于建设导则充分反应了村民的诉求，曹家村的住宅建设和院落建设都呈现出极为丰富的多样性，没有两家的建筑和庭院是相同的，这个效果是统一规划设计所难以达到的。

图 6　曹家村民集体抽屋架—以建造传统来建造传统建筑

图 7　曹家村 6 组重建前后对比

图 8　7 组王建国家重建前后对比，通过房子和院坝的对调节约了用地

随着村庄建设的快速推进，产业发展自建委员会在产业发展上也做了大量的尝试性工作。原来在镇江从事糕点加工的曹家七组应世祥（32 岁）夫妇在看到曹家村的发展势头后，愿意回乡，利用原来掌握的技术，和父亲苟全银一起开办农家乐“苟家庄”（图 9），为村里产业的发展摸索经验。

图 9　曹家村第一个灾后自发产业项目 7 组“苟家庄”农家乐

四、对传统村庄规划编制、实施和管理的再思考

（一）法律规则的清晰是传统村庄保护和发展的基础

传统村庄的保护和发展过程中出现了很多不尽人意的事情，包括最近趋于凋零的启动于 2011 年的“碧山计划”。在周韵《谁的乡村，谁的共同体？——品味、区隔与碧山计划》一文中就明确对村民自治在整个“碧山计划”中的角色和作用提出了质疑。其实，这也典型反映了在传统村庄的保护和发展过程中，村民自治这一基本法律事实往往是被大家所忽视的。

首先，要明确传统村庄的规划和保护措施是一种平等的公共契约。从田园城市开始，规划就不仅仅是技术、是政策，更是反映社会价值取向和普遍共识，是社会公众达成的对于城乡长远发展目标的一种契约。赵民指出“宏观层面的、战略性阶段的规划，包括区域性的城镇体系规划、城市总体规划……必定要突出政策性，清晰表述具体的政策目标和要求。在实施性规划阶段，以西方的区划法以及我国的控制性详细规划为例，其编制以有关的政策和高层级的规划为依据，综合各项社会性、工程性因素，协调各方利益，形成指导土地开发和利用的技术规定，其主要属性应是‘地方性法规’或‘公共契约’。”同时，从村民自治内涵来看，村民自治的内在联系，既不是传统的血缘亲情关系，也不是指令性的行政垂直关系，而是内生于社会主义市场经济基础上的平等自愿的契约性关系。这种契约性关系是一种互惠互利的行为，参与契约的双方都可能从中获益。但是，这种契约性关系必须以不损害社会公共利益为前提。

其次，要明确传统村庄的规划管理自治是在基层政府行政管理授权下的有限自治。维护公共利益的基础就是国家的法律体系，因此，村民自治所达成的公共契约/村规民约是必须服从于国家的法律体系，不能与之相违背。进而，结合《村民委员会组织法》来看，村民自治的“公共行政权力”是来自于行政机关的权力，有着双重性，一方面是在村民自治的基础上，受村民委托，行使在国家有关法规范围内所确定的村务公共行政权；一方面是受基层政权的委托，协助基层政府行使以村民为对象的部分公共行政权。在《城乡规划法》的第十一条明确我国的规划管理体制是“一级政府，一级管理”。作为基层政权的乡、镇人民政府是我国政府行政架构中的基本单元，也是规划相关的行政管理权力的基层执行者。因此，村庄规划自治的必要条件就是要获得承担规划行政管理权的基层政府的授权，村庄规划自治是在相关政府指导下的规划管理自治。

最后，要明确传统村庄的规划管理自治是以不成文法为基础的。我国的宪法、普通法律、行政法规、规章、地方性法规都是成文法，《城乡规划法》和《村镇条例》都属于这个范畴。成文法的特点是：具有学理性、系统性、确定性、内部和谐一致；具有唯理性、合理性、逻辑性；具备完整、清晰和逻辑严密；统一和集中，便于理解和运用；法律规则明确，易于掌握和适用，易于保障裁判的统一和公正，对执法人员素质的要求相对较低。但是成文法在遇到法律条文解释以外的情况的时候，灵活性非常小。而现行的《城乡规划法》对于城乡规划主管部门在村庄规划管理中的职责，还存在大量的“立法空白”。村民自治章程本质上是对传统村规民约的延续和发展，具有非常强烈的地域特征，是村民依据宪法和法律，在广泛民主协商的基础上制定的行为规范，它的存在类似于民间法、习惯法，在农村社会发挥着自我管理、自我服务的内部调节功用，构成了村民行使自治权的直接依据。一旦将村庄规划管理转变成作为农村社会规则的村民自治章程，就要以村庄原有的传统习惯和社会关系处理手段为基础来规定村民的权利、义务和职责，从而依靠村民内心的服从与自律来实施。将“不成文”的自治章程作为“成文”的国家法规的有效补充，既尊重国家法律的基本原则和精神，又充分发扬村民自治自我管理、自我教育、自我服务的内在功能，能够满足村民群众的实际需求，起到有效调节农村社会的自治秩序的作用。

通过曹家村的灾后重建实践，切实感觉到基于国家法律，明确村民的自治权和国家行政权在重建规划管理上的分界，避免二者的交叉、混淆和错位，是曹家村灾后重建能够有序、高效符合规划快速推进的有力保障。基于宝兴县极度缺乏规划管理人员的现实，县乡二级政府大胆地在行政管理范围内留出一定的空间，让曹家村民充分发挥民主管理的积极性，通过公共契约商议的形式，将重建规划管理这一公共事务行政管理权力授权委托给村民自建委员会，形成在政府监督指导下的村庄规划管理自治的机制。这个机制是对发挥村民自主积极性的最有力的支持。

（二）建造传统是传统村庄保护和规划建设的核心

正如在曹家村的灾后重建过程中所看到的，传统的建造方式不仅仅是一种建造方式，更是一种村民间的互助活动，是整个农村社区的活动，也是村民之间维持社区归属感和熟人社会的重要手段。费孝通先生就明确指出“传统是社会积累的经验，文化本来就是传统；乡土社会的秩序依靠传统来维系”。而这种建造传统，也正是现在农村建设中所忽视的，对于非乡土设计方法和施工方式的引进，往往加剧了乡情的淡漠。

对于建造传统的强调不是对于传统的生搬硬套，以过去来约束当下。在曹家村的重建过程中，对于现代材料的引入也是非常重要的一个环节。比如底层都使用了砖墙而非传统的木板墙，就是考虑到防火和保暖的需求；比如多卫生间的设置就是为了适应现代生活的需要；比如屋顶用青灰色机瓦而不是小青瓦，就是考虑到结构和维护的合理性……而这一切都是基于村民对于传统建筑与自身生活方式的理解，是村民自主地在传统和现代中找到的平衡点。也许在很多专家看来并非最理想，但在曹家村却是最真实的，是村民对地方传统文化的自我延续。正是这种建造传统带来的自主选择才使曹家村的传统风貌和生活得到了最大的延续。

五、小结

相对于城市而言，中国的农村自古以来就有着其独特的特点。在近现代以前，中国的农村是一个高度自治的社会。随着1982年《宪法》的修订，明确了村民委员会是基层群众性自治组织，也确定了村庄的行政管理与城市的不同。就近年来的规划实践来看，整个规划行业对村庄，尤其是传统村庄的规划编制管理理论体系的建设还不够完备。因此，在村庄规划的编制、实施和管理上一定要注重其“村民自治”的特征，不能把城市规划编制管理的方法简单地复制到村庄规划中来，也不能把村庄规划管理作为基层政府规划管理行政权力的简单延伸，更不能将村委会视为政府规划管理部门的派出机构。在实践中，要着重关注行政权和自治权之间的关系，国家法规和村民自治章程之间的关系，成文法和不成文法之间的关系，基层政府和村委会之间的关系，结合村庄的实际情况，因地制宜地制定当地村庄规划的编制、实施和管理机制。

参考文献请见原文。

（撰稿人：周珂，教授级高级工程师，上海同济城市规划设计研究院古迹遗址保护研究协同创新中心、复兴规划设计所主任；顾晶，工程师，上海同济城市规划设计研究院古迹遗址保护研究协同创新中心、复兴规划设计所副总工程师）